ボルノー
教育学研究
増補版

上巻

広岡義之 著

風間書房

右からボルノー先生夫妻と著者

目次

ボルノー教育学研究（上巻）

——二十一世紀の教育へ向けての提言——

はしがき

大学院の頃からボルノー教育学に取り組んで以来、ほぼ十五年の歳月が過ぎたことになる。ボルノー先生との出会いは、学生時代に感動しつつ熟読した彼の主著、『実存哲学と教育学』が契機となっている。ボルノー思想を学ぶことをとおして、実存的な人間の生の営みを実践することが、筆者自身の充実した生き方をするうえでもおおいに参考になるように思われた。すなわち、非本来的生から本来的生への転換という在り方が、追究されるべき一つの価値観として私の眼前に描かれるようになってきたのである。こうした経験を出発点にしながら、その都度、ボルノー思想の各論の広がりに関心をもち始めた。それとの関連で、少しずつ学会や紀要などで発表しながらボルノーの教育学を構築していった。そしてそれらを今回再構成してまとめたものが本書である。ボルノー教育学研究を主題とする本書は以下のように構成されている。すなわち、第一章「ボルノーの生涯と思想について」、第二章「ボルノーの哲学的人間学の根本問題」、第三章「ボルノーの教育学的解釈学」、第四章「ボルノーの教育実践論」、第五章「ボルノーの道徳・宗教論」、第六章「ボルノー教育思想の二十一世紀への展望」の各領域から構成されている。

本書の内容は、関西学院大学に学位請求論文として提出していたものであり、一九九七年三月一一日に博士(教育学)の学位が授与された。学位請求論文の作成に際しては、文学部の武安宥教授(主査)、同乾原正教授(副査)、同常俊宗三郎教授(副査)から熱心な御指導・御助言をいただき、ここに感謝の意を表したい。

ボルノーについての優れた先行研究書としては、岡本英明教授の『ボルノウの教育人間学』と川森康喜教授の『ボルノウの教育学の研究』がある。二つの先行研究書の共通点を要約するならば、両者は共にボルノーの教育思想を「教育人間学の領域」から、研究者独自の切り口で鋭く解明している点にあり、示唆深い言及が様々な箇所で展開されている。またその他の研究者による優れたボルノーについての研究論文も含めて、本書の特徴を指摘するならば、以下の二点で独自性を見いだすことができるように思える。すなわち、第一の特徴は、本書ではボルノーの思想の宗教的側面を正面から論じたということである。ここで誤解のないようにしなければならないが、ボルノーは教育学の独自性を大前提としたうえで、しかもなおかつ人間形成の問題をつきつめてゆけば、超越的な宗教性を無視するわけにはゆかないと考えている。ボルノー自身は彼の哲学的人間学の立場を明確にするために、多くの箇所でキリスト教神学と一線を画する表現を提示している。そのこともあり、ボルノーについての多くの優れた日本での研究論文を一瞥しても、彼の宗教性そのものを研究主題の前面に打ち立てている内容のものは数多くない。それゆえ、あえてボルノーの宗教性を問うことによって、本書の独自性が浮彫りにされるものと思われる。

本書の第二の特徴は、ボルノーの教育思想を二十一世紀への展望との関連で論じている点にある。特に、第六章「ボルノー教育思想の二十一世紀への展望」は、本書の独自性が全面に打ち出された中核となるべき箇所である。なぜなら、各節の主題、すなわち、第一節「家庭教育の人間学的考察」、第二節「ボルノーの女性教育論」、第三節「ボルノーの平和教育論」、第四節「ボルノーの高齢者教育論」、そして第五節「ボルノーの環境教育論」が示すように、これらの主題はきわめて現代的かつ二十一世紀の教育的課題だからである。

筆者が大学院生の時代に、一年間、ドイツのテュービンゲン大学へ留学する機会が与えられた。そのときの経験も本書作成に大きく影響している。その際には、故、O・F・ボルノー教授、ボルノー夫人、K・ギール教授、F・キュンメル教授、H・M・シュバイツァー教授に公私にわたりお世話になった。ここに改めて謝意を表しておきたい。大学院以来いつも直接に指導教授として携わっていただいたのは関西学院大学の仲原晶子名誉教授である。大学院のゼミでの御指導をはじめ、学会発表の準備などを通して学問の厳しさと喜びを御教授くださった。また今日、こうして本書が一定の体裁をなしたのは、関西学院大学の武安宥教授のおかげである。武安教授には、本書作成のために実にきめ細かな御助言をくださったばかりか、筆者の力量不足のために遅れがちな原稿を忍耐強く見守っていただいた。その都度励ましをいただき、非力な筆者がここまで到達できたのも武安教授の懇切な御指導のおかげである。幾度も幾度も構想を練り直しては修正を加え、辛抱強く筆者の研究の遅れを待っていただいた。仲原晶子名誉教授・武安宥教授のこうした御支援なしには、けっして本書は完成しなかったであろう。ここに改めて深く感謝申し上げたいと思う。

『ボルノー教育学研究　増補版』（上巻）　はしがき

『ボルノー教育学研究――二十一世紀の教育へ向けての提言――』（上・下巻）は、学位請求論文の内容をほぼ変えることなく、一九九八年に創言社から出版したものである。すでに上・下巻とも絶版になっていることも考慮して、『ボルノー教育学研究――二十一世紀の教育へ向けての提言――』（上巻）の内容に、新しい二本の拙論を追加して、新たに『ボルノー教育学研究　増補版』（上巻）を刊行した次第である。

本来ならば、旧稿に手を入れて誤字脱字等も含めて改善を図るべきであったが、時間的・予算的制約もあり、旧版には手をつけず、新たに二本のボルノー研究論文を追加して、若干の内容の充実を図り、「増補版」として旧版と区別した。

第一章　ボルノーの生涯と思想について

第一節　二十世紀の時代背景

一　精神科学的教育学の位置づけ

a　精神科学的教育学の変遷

十九世紀から二十世紀に移行する時期に、ディルタイ（Wilhelm Dilthey, 1833-1911）が「精神科学」とそれに関連する「精神科学的教育学」を展開し始めたことは周知の事実である。その結果、精神科学的教育学は今世紀の最初の数十年間に生じてきた「教育運動」と並行して、支配的な教育科学に成熟してゆくことになる。川森康喜はディルタイに依拠しつつ、ディルタイの精神科学的方法から派生した精神科学的教育学に属する人々を以下のように列挙している。精神科学的教育学の第一世代がマックス・フリッシュアイゼン＝ケラー（Max Frischeisen-Köhler, 1878-1923）、ヘルマン・ノール（Herman Nohl, 1879-1960）、テオドール・リット（Theodor Litt, 1880-1962）、シュプランガー（Eduard Spranger, 1882-1963）、W・フリットナー（Wilhelm Flitner, 1889-）、O・F・ボルノー（Otto FriedrichBollnow, 1903-1991）、ヴェーニガー（Erich Weniger, 1894-1961）とすると、第二世代はランゲフェルド（Martinus Jan Langeveld, 1905-）、デルボラフ（Josef Derbolav, 1912-）、クラフキー（Wolfgang Klafki, 1927-）らとなる。「そればかりか、クラフキーが指摘するように一九四五年以降のドイツにおける大学の教育学講座を占めた人々、あるいはドイツの教育学をリードした人々はほとんどすべてがディルタイ学派の精神科学的教育学の人々であった。したがって経験的教育学あるいは社会批判的教育学の立場にたつ人々も、精神科学的教育学の伝統から育った人々である」(1)との指摘は鋭い。

ダンナー(Hermut Danner, 1941-)によれば、一九三三年のナチスの独裁政権の誕生により、この精神科学的教育学についての議論はドイツの精神生活の他の多くと同様、中断を余儀なくされてしまう。しかし、一九四五年の第二次世界大戦の終結後、精神科学的教育学の立場にたつ教育学者たちは再び、研究活動を開始し、精神科学的教育学が西ドイツの教育学の主流の思想となり、指導的な役割を果たすようになった。(2)

しかし一九六〇年代頃から西ドイツの教育学の流れは大きく変貌し始めることになる。それはヨーロッパの他の国々やアメリカにおける社会諸科学の発展に関心が注がれるようになったからである。たとえば精神科学的教育学の代表者の一人、W・フリットナーを例に挙げてみよう。彼の著作は一九六〇年代に入ってもまだ、「教育学的生を決定づけるような多くの問題に関して方向を指し示すような回答を与えていた」(3)が、七〇年代になるとW・フリットナーの著作をめぐる議論はきかれなくなったという。すなわち精神科学的教育学は「その時代の終焉」に達したかに思われたが、「そのことによって真理の内容や説得力が得られたという具体的な例はほとんど存しない」(4)とは、デルボラフの見解である。しかしいずれにせよ、社会科学に基づく経験的教育科学の台頭によって、教育科学は圧倒的に数量的な研究へと傾斜してゆくことになる。この流れは意図的に精神科学的教育学をドイツから締め出そうとする働きとなって現れてきた。そこでは、精神科学的教育学はイデオロギー的だとして、批判や忌避の対象とされた。(5) サイバネティックス教育科学やプログラム学習、フランクフルト学派の社会批判に方向づけられた解放的教育科学、さらにはニイル（Alexander Sutherland Neil, 1883-1973）のサマーヒル教育に依拠する反権威主義教育なども、経験的教育科学の流れに加わり、ますます精神科学的教育学を押し退ける契機となる。「こうして、教育と教授は、しばしば、経験的方法によって測定可能であると同時に、表現可能であるような社会的、心的、技術的機能に還元される」(6)ことになってゆく。

しかしやがて一九七〇年代の後半、これまでの社会科学の流れの反動として、一面的な経験的考察方法の偏狭さが指摘され始め、再び解釈学の意義が自覚されるようになる。しかしそのことがただちに、精神科学的教育学の復権を意味するものではなかった。精神科学的教育学はディルタイ思想の影響を色濃く内包しており、その意味でもドイツ教育学上の歴史現象と見做されている。さらにナチス政権と第二次世界大戦、あるいはそれ以前の実証主義との対決、実存哲学、典型的なドイツ的陶冶思考への批判、現象学の受容など、実に多様な出来事との接触のなかで精神科学的教育学は変貌してきたために、精神科学的教育学が元のままの姿で復活するということはありえないとダンナーは指摘する。(7)

b　精神科学的教育学の特徴

ところで、「精神科学」という概念はひじょうに多義的であり、その科学的特質については、現在においても論議し尽くされていない。それゆえ元来、かつての哲学・神学・法学部のなかの諸学問が「精神諸科学」と見做されてきた、という理解から出発するのが妥当であろう。そしてカント（Immanuel Kant, 1724-1804）に始まるドイツ観念論、特にシュライエルマッハー（Friedrich Ernst Daniel Schleiermacher, 1768-1834）の影響のもとで精神科学的教育学の創始者であるディルタイは精神諸科学を構想して、自然科学に対置させたのである。その際、ディルタイにとって重要な手掛かりは、生の哲学と精神科学的心理学と歴史性であった。

われわれはここでシュライエルマッハーとディルタイに影響されて発展してきた精神科学的教育学の特徴のいくつかをダンナーとレールス（Hermann Röhrs, 1915-）に従いつつ、要約的に取り上げてみよう。第一の特徴としては、精神科学的教育学は「歴史性」を有するということである。この前提条件としては、人間は歴史というものを、確かめうる過去の事実として持ち、人間が歴史となりうるという点である。この事実を踏まえて初めて人間は真の意味で責任をもって行動ができることになる。(8)

精神科学的教育学の第二の特徴は、個々の教育・人間形成の「一回性・個別性」を重視するという点である。これは上述の「歴史性」とも相通じるのであるが、精神科学的教育学は一回性の個人的なものが表現されている歴史をも内包する。しかもこの一回性のものそれ自体が教育学的反省の対象となる。なぜなら教育・人間形成が関与するのは、標準化された人間ではなく個々の人間だからである。この点についてノールが「教育学的関係」を説き、W・フリットナーやヴェーニガーは「教育学的責任への配慮」を強調したように、「精神科学的教育学はひとりひとりの人間を見つめようとする側面をとりわけ重視しているのである」。(9)

精神科学的教育学の第三の特徴は、「実践関連性」（praktische Relevanz）である。精神科学的教育学が実践関連性をもつということは、「実践」（Praxis）から生まれ、実践に対して「解明的」（klärend）に働き返すことを意味する。それとの関連でシュライエルマッハーの弟子であり、かつまた彼の伝記を書いたディルタイもまた教育学的課題を、「歴史的・社会的世界」（die “geschichtliche-gesellschaftliche Welt”）のなかで実践していったのである。(10) レールスの考えに従えば、「自己の経験への、また直接的に教育現実への、教育学的理論のこの二重の実践的方向づけは、ディルタイを超え出て、かれによって築かれた学派の特徴となった。ヘルマン・ノールとエドゥアルト・シュプランガーも、またエーリッヒ・ヴェーニガー、ヴィルヘルム・

フリットナー、オットー・フリードリッヒ・ボルノーも、教育学的理論によって解明され、究極的にはまた形成されるべき『教育的実践』(erzieherische Praxis)の優位についてのディルタイから受けついだ教育学的根本思想を、かれらの教育学の中心点にしたのであった」。(11)

精神科学的教育学の第四の特徴は、改革教育学(Reformpädagogik)的実践との交互作用のなかで、理論的支柱の役割を担って生じてきたという事実である。すなわち、「精神科学的教育学が学校教育[学](Schulpädagogik)を超え出て、多様な教育現実を理論的に解明したということは、また、労作学校(Arbeitsschule)、芸術教育(Kunsterziehung)、福祉的教育(Sozialerziehung)、成人教育と婦人教育(Erwachsenen-und Frauenbildung)、その他における諸努力をともなった複合的な改革教育運動の挑戦的な働きに多くを負うている」(12)ことを意味する。

精神科学的教育学の第五の特徴は、「解釈学的方法」を採るという点にある。すなわちそれは解釈と熟考を交互に実践することによって、社会的現実は歴史的な記録を解釈するのと同じ方法で、一種の「テキスト」(Text)を形成することである。この「了解」(Verstehen)という概念はシュプランガーとボルノーによって、教育学に深く浸透させられてゆくが、この概念によって、「自然科学における『説明』(Erklären)という概念に対する意識的なアナロジーにおいて、異なった性質を有する歴史的・社会的現実——それの力の中心(Kraftzentrum)をなすのは、人間によってつくり出された諸文化領域との絶えざる対決のなかでの個別化(Individuation)である——を正当に評価することを約束する一つの方法(Verfahren)が生じた」(13)のである。レールスによれば、シュプランガーは「了解の教育学」(Pädagogik des Verstehens)の立場から、またボルノーは「教育現実の解釈学」(Hermeneutik der Erziehungswirklichkeit)において、教育現実は「理論」(Theorie)において解釈されるいわば「テキスト」として理解されるべきだとする。こうした根本思想は、クラウス・モレンハウアー（Klaus Mollenhauer, 1928-）によっても受け入れられ「批判理論」（kritische Theorie）の観点から以下のように論じられている。「すなわち、ある『テキスト』というのは、そのもともとの言葉にしたがえば、たとえば単に書き記されたひとまとまりの言葉といったものではなく、一つの『織物』（ein "Gewebe"）であり、一つの『連関』（ein "Zusammenhang"）」(14)なのである。

以上のような諸特徴を持つが故に、精神科学的教育学は、後に詳細に論じられる批判的教育科学などと明確に区別されるべきである。すなわち、「精神科学的教育学の関心は、始めに社会学的なのでも政治的なのでもなく、教育学的なのである。まず問題となるのは教育・人間形成なのであって社会の革変ではない」(15)からである。ダンナーによれば、精神科学はある意味で、人間のことを扱う諸科学を指し示すのであり、そこで問題となるべきは究極のところ、「人間性」（humanitas）に他ならない。ダンナーは、精神科学における「精神」を、広義の人間的な意味において捉えている。「こうした『精神』の把握が教育学における人間学的な見方を発展させた。つまり、こうした精神の理解のもとで、精神科学的教育学から教育人間学を標榜する立場があらわれた」(16)のである。さらにこれとの関連でクラフキーの指摘によれば、「精神科学的教育学にたいする方法論的ないし内容的な批判から、精神科学的教育学のある種の一面性の修正を意図する立場が生まれた」。(17) その立場にある教育学者としてクラフキーは、デルボラフ、ランゲフェルド、ペッツェルト（Petzelt）、バラウフ（Ballauff）、シャーラー（Schaller）、そしてボルノーの名を挙げている。

c　精神科学的教育学の系譜

二十世紀の時代背景として主として精神科学的教育学の立場に立つ最も重要な代表的研究者たちを、ダンナーの提示した次の図式(18)で鳥瞰してみよう。精神科学的教育学の基礎を築いたのはディルタイであった。

(H. Danner : Methoden geistes-wissenschaftlicher Pädagogik, s. 24.)

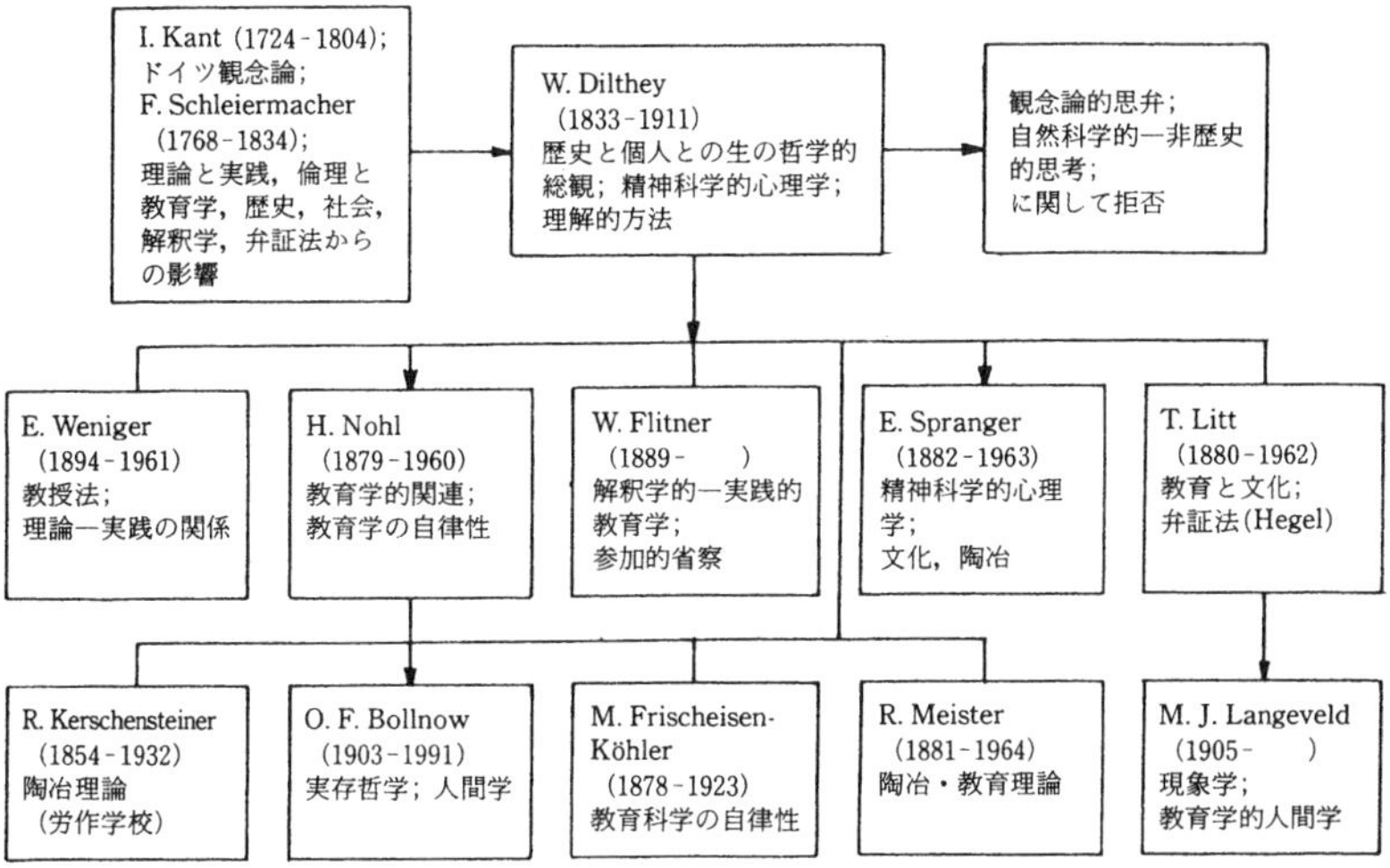

図1　精神科学的教育学の主な代表者（注，矢印は師弟関係をあらわす）

出典：川森康喜著，『ボルノウ教育学の研究』，ミネルヴァ書房，1991年，第1版，第1刷，258頁。（一部加筆修正する。）

ディルタイ自身はカントの影響を強く受けておりカントの『純粋理性批判』に対して、ディルタイは『歴史理性批判』を著した。ディルタイ以外では、シュライエルマッハーも精神科学にとってとりわけ重要な人物である。なぜなら、シュライエルマッハーが理論と実践、倫理学と教育学、教育学と歴史的社会的現実との諸関係についていかなる弁証法的構造を呈しているかを探究したからである。(19)これとの関連で、シュライエルマッハーを教育学の側面から深く考察した最近の研究書として、武安宥著『シュライエルマッハー教育学研究』(1993)がとりあげられるべきであろう。(20)またこのダンナーの図で、ランゲフェルドが精神科学的教育学者のひとりに加えられているのは「リットに師事していたことや、かれの現象学的アプローチ、そしてその独自の精神科学的省察をみれば至当であろう」。(21)

註

(1) 川森康喜著、『ボルノウ教育学の研究』、ミネルヴァ書房、一九九一年、第一版、第一刷、二五五頁。

(2) Martinus Jan Langeveld／Helmut Danner: Methodologie und “Sinn” -Orientierung in der Pädagogik, Ernst Reinhardt Verlag, München 1981.
M・J・ランゲフェルト、H・ダンナー著、山崎高哉監訳、『意味への教育』、玉川大学出版部、一九八九年、第一刷、日本語版への序、四頁参照。

(3) デルボラフ著、小笠原道雄・今井重孝共訳、『教育学思考のパラダイム転換』、玉川大学出版部、一九八七年、第一刷、四三頁。

(4) デルボラフ著、前掲書、四四頁。

(5) M・J・ランゲフェルト他著、『意味への教育』、日本語版への序、四頁参照。

(6) M・J・ランゲフェルト他著、前掲書、四頁。

(7) M・J・ランゲフェルト他著、前掲書、五頁参照。

(8) Vgl. Helmut Danner, Methoden geisteswissenschaftlicher Pädagogik, Ernst Reinhardt Verlag, München 1979. S.26 f.
H・ダンナー著、浜田順子訳、『教育学的解釈学入門』、玉川大学出版部、一九八八年、第一刷。

(9) Helmut Danner, a. a. O. S. 21.

(10) H. Röhrs／H. Scheuerl (Hrsg.) Richtungsstreit in der Erziehungswissenschaft und pädagogische Verständigung, 1989.
ヘルマン・レールス著、天野正治訳、「教育科学における流派の争いと教育学的合意」、ヘルマン・レールス、ハンス・ショイアール編、訳者代表、天野正治、『現代ドイツ教育学の潮流』（W・フリットナー百歳記念論文集）、玉川大学出版部、一九九二年、第一刷、一七頁参照。

(11) ヘルマン・レールス著、前掲書、一八頁。

(12) ヘルマン・レールス著、前掲書、一八頁－一九頁。

(13) ヘルマン・レールス著、前掲書、二一一頁。
(14) ヘルマン・レールス著、前掲書、二一四頁。
(15) Helmut Danner, Methoden geisteswissenschaftlicher Pädagogik, S.23.
(16) 川森康喜著、『ボルノウ教育学の研究』、二五六頁。
(17) 川森康喜著、前掲書、二五六頁。
(18) Helmut Danner, Methoden geisteswissenschaftlicher Pädagogik, S.24.
ここでは、川森康喜著の『ボルノウ教育学の研究』、二五八頁の図一を掲載した。
(19) Vgl. Helmut Danner, a. a. O. S.18.
(20) シュライエルマッハーの教育思想については、武安宥著、『シュライエルマッハー教育学研究』(昭和堂一九九三年)三頁―二九頁の「時代背景と教育思想」を参照のこと。
(21) Helmut Danner, a. a. O. S.23 ff.

二 精神科学的教育学への批判的立場

二十世紀の教育学的な思想潮流を鳥瞰することは極めて困難になりつつある。というのも、それは教育問題の領域の複雑化と拡大化、さらには教育学研究の個別化と専門化による細分化が進行しているからである。こうした現状を踏まえつつ小笠原道雄は、ベンナー(Dietrich Benner)に依拠しながら、今日のドイツの教育科学の主要潮流を次の五つ、すなわち、「伝統的教育学」(traditionelle Pädagogik)、「経験的教育学」(empirischePädagogik)、「精神科学的教育学」(geisteswissenschaftliche Pädagogik)、「経験と解釈学の媒介への諸端緒」(Ansätze zur Vermittlung von Empirie und Hermeneutik)、そして「解放的教育学」

(emanzipatorische Pädagogik）にまとめている。(1)

しかし二十世紀の主として西ドイツの教育学を研究方法あるいは学理論的に捉え直すと以下の四つの動向としてまとめることができるという。第一は、伝統的な精神科学的教育学に由来する研究方法の「解釈学的方法」(hermeneutische Methode)、第二は、一九五〇年代後半から主にアメリカの科学研究の影響を受けて西ドイツの教育学研究に登場し、六〇年代に強い影響力をもち始めた「経験科学的方法」(empirische od. erfahrungswissenschaftliche Methode) である。第三は一九六〇年代後半から七〇年代の「フランクフルト学派」(frankfurter Schule) の批判的社会哲学の影響を強く受けた「社会批判ないしイデオロギー批判的方法」(gesellschafskritische bzw. ideologiekritische Methode)、そして第四は一九七〇年代後半より、アメリカから逆輸入されたアクションリサーチを内包すると同時に、上述の三つの方法を統合する「行為研究」(Handlungsforschung) の方向であった。(2)

特に上述の精神科学的、経験科学的、社会批判的の三つの方法論的立場は、相互に排除しあうものではなく、むしろ相互に補完しあう関係にあると考える小笠原は、クラフキーに従いつつ以下のように述べている。すなわち、「イデオロギー批判の方法視点を基底にして、その基本的立場から、経験科学的方法と解釈学的方法との二つを補完的に媒介しあうものとして運用していくこと」(3) が二十世紀の教育科学にとって焦眉の課題となるべきであると。さらに彼は続ける。「その際、三者を『行為研究』において統合しようとする主張が、最近、強調されている。それが現代の教育科学理論――即教育哲学研究の重要な課題といえよう」。(4) 以下ではそれぞれの立場の教育学的特徴を詳細に吟味してゆくことにする。

a　批判的合理主義ないし経験的教育科学の教育科学

精神科学的教育学に対する最も鋭い批判は、ヴォルフガング・ブレツィンカ（Wolfgang Brezinka 1928-）が自ら発展させた「批判的合理主義」（kritischer Rationalismus）ないし「経験的教育科学」（empirische Erziehungswissenschaft）の側からなされている。(5) ブレツィンカの教育学は実証主義的に方向づけられたルドルフ・ロホナー（Rudolf Lochner, 1895-）の教育学を拠り所にしている。ロホナーはさらに総合的な教育学を創設したアイロス・フィッシャー（Aloys Fischer, 1888-1937）とペーター・ペーターゼン（Peter Petersen, 1884-1952）の影響を強く受けている。この流派の基準は、ディルタイ学派と意識的断絶なしに、経験的方法によって首尾一貫して教育現実に取り組んでいることである。(6)

特にブレツィンカはシュプランガーやW・フリットナー、そしてボルノーなどの主張する精神科学的教育学が「実践的教育学」（praktische Pädagogik）に分類されることについて以下のような反論をしている。上述の精神科学的教育学者たちの「著作の多くのものがかなり非実践的な性格のものになっているのは、教育技術的諸問題（erziehungstechnische Probleme）の研究を犠牲にしたうえでの、かれらの世界観的・規範的な教育哲学（weltanschaulich-normative Philosophie der Erziehung）への偏愛に関係しているといってよいであろう」。(7)

とはいえ、特に経験的研究の共同創始者であるフィッシャーは、教育科学的・経験的アスペクトと教育哲学的アスペクトの厳格な分離を明確に拒絶した。なぜならフィッシャーは、「歴史的・人間学的関連のない貧弱な事実知（Faktenwissen）を危惧したからである。懸念されているあいまいな混同が生じることなしに、教育現象の深められた解明のために教育科学的・経験的アスペクトと教育哲学的アスペクトを結合することが、学習され、かつ学問的に成就されるべきである」。(8)

b　批判的教育科学と解放的教育学構想

レールスによれば、「批判的教育科学」(kritische Erziehungswissenschaft) と「解放的教育学の構想」(Konzept der emanzipatorischen Pädagogik) は、特にホルクハイマー (Max Horkheimer, 1895-1973)、アドルノ (Theodor Wiesengrung Adorno, 1903-1969)、マルクーゼ (Herbert Marcuse, 1892-) らの社会哲学によって基礎づけられ、それはさらに、ハーバーマス (Jürgen Habermas, 1929-) によって発展させられた「批判理論」(kritische Theorie) から生じた。(9) ここで「社会哲学 (Sozialphilosophie)、いわゆるフランクフルト学派 (Frankfurt Schule) の一つの重要な目標は、ヘーゲル (Georg Wilhelm Friedrich Hegel, 1770-1831) とマルクス (Karl Heinrich Marx, 1818-1883) を背景としての権力構造の解体と、既存の社会関係の変更である」。(10)

この批判的教育科学は、必ずしも社会主義的教育学や批判理論から生じたものではなくむしろ精神科学的教育学の「自己修正」(Selbstrevision) の結果であるという。クラフキーに従えば「この前史は解釈学 (Hermeneutik)、経験主義 (Empirie)、イデオロギー批判 (Ideologiekritik)、という批判的教育科学の三対の構成部分から読みとれる。それは、精神科学的教育学から、リアリズム的転換を経て、批判的教育学に至るまでの発展段階に対応している」。(11)

精神科学的教育学を批判的教育科学へと方向づけたのは、ヴェーニガーの「批判理論の立場」であるとイルゼ・ダーマー (Ilse Dahmer) は確信した。こうした流れを押し進めたのがヴェーニガーの弟子たち「とりわけイルゼ・ダーマー、ブランケルツ (Blankertz)、クラフキー (Klafki)、モレンハウアー (Mollenhauer) であった。合理性 (Rationalität)、解放 (Emanzipation)、コミュニケーション (Kommunikation) は、この変換にとっての三つのキーワードになった」。(12)

このように批判的教育科学と精神科学的教育学の内的類似性は明白である。したがってレールスは批判理論の諸々の洞察が精神科学的教育学のなかに置かれていると考えることが重要であると考えた。「比較的狭いディルタイ派に、教育科学と社会科学的方向づけにおいて、解釈学的・経験主義的基礎（hermeneutisch-empirische Grundlage）のうえに理解している、ディルタイの思想に方向づけられたより広い一派がつけ加わった。この観点のもとにみた場合、批判的教育科学は他の可能な変種とならんで、精神科学的教育学の一つのトポスとして理解されうる」。(13)

註

(1) 川森康喜著、『ボルノウ教育学の研究』、二五四頁参照。
(2) 小笠原道雄著、「教育哲学の展開」、村田昇編著、『教育哲学』、有信堂、一九八三年、第一刷、四三頁参照。
(3) 小笠原道雄著、前掲書、四七頁。
(4) 小笠原道雄著、前掲書、四八頁。
(5) ヘルマン・レールス著、天野正治訳、「教育科学における流派の争いと教育学的合意」、二六頁―二七頁参照。
(6) ヘルマン・レールス著、天野正治訳、前掲書、二七頁参照。
(7) ヘルマン・レールス著、天野正治訳、前掲書、三二頁―三三頁。
(8) ヘルマン・レールス著、天野正治訳、前掲書、三六頁―三七頁。
(9) ヘルマン・レールス著、天野正治訳、前掲書、三七頁―三八頁参照。
(10) ヘルマン・レールス著、天野正治訳、前掲書、三八頁。
(11) ヘルマン・レールス著、天野正治訳、前掲書、三八頁。

(12) ヘルマン・レールス著、天野正治訳、前掲書、三九頁。
(13) ヘルマン・レールス著、天野正治訳、前掲書、四五頁。

三　教育学的合意のための出発点

レールスは、「解釈学的・経験的方法（hermeneutisch-empirische Verfahrensweise）へと拡大された、実用主義的・解釈学的方法（der pragmatisch-hermeneutische Ansatz）は、経験的方法にとっての真の発展可能性を示していること」[1]が重要であると考えた。つまり精神科学的教育学は、ディルタイによって論じられてきたように「近代の批判的観点」（moderner kritischer Standpunkt）から教育実践を照射し形成することができるのである。ここにおいて「批判的多元性」（kritische Pluralität）という観点から精神科学的教育学は、教育学的諸流派のなかでも重要な位置を占めていると考えられる。その理由としてレールスは最後に以下のように述べている。すなわち、学問的な構想は静止的なものではなくいつも発展途上にある。それゆえ、われわれの時代の精神科学的教育学は、過去三十年の社会諸科学における学問論議のもとで、「解釈学的・経験的」（hermeneutisch-empirische）に規定された方向へと変化してきた。そして「精神科学的教育学」（geistes-wissenschaftliche Pädagogik）の有能性は、人間的および社会政策的責任性における「解釈学的・経験的教育科学」（hermeneutisch-empirische Erziehungswissenschaft）として教育現実のよりよき解決に奉仕するために、欠くことのできないものとなった。[2]

註

（1）ヘルマン・レールス著、天野正治訳、「教育科学における流派の争いと教育学的合意」、四八頁。
（2）ヘルマン・レールス著、天野正治訳、前掲書、五一頁参照。

第二節　少年時代からテュービンゲン大学招聘まで

一　少年時代から青年時代まで

オットー・フリードリッヒ・ボルノー（Otto Friedrich Bollnow, 1903-1991）は、一九〇三年三月一四日、当時プロイセンの一州であった北ドイツ、ポンメルンの州都シュテッティーン（Stettin）で、代々続いた教員の家に誕生した。ボルノーの父親オットー・ボルノーは、改革教育学運動の闘士で、そのためにボルノーもその運動を若い日より間接的に耳にしながら育っていった。第一次世界大戦後、父親はアンクラーム（Anklam）の小学校の校長となり新たに計画された学校を設立した。「その際彼は、とくに学級幼稚園（Schul-kindergarten）の設立に努力し、その学級を『フレーベル学級』（Fröbelklasse）と名づけ」(1)た。これはヘルマン・ノール（Herman Nohl, 1879-1960）によって高く評価された。ボルノーもまたこの小さな町で、少年時代を静かに過ごしてゆく。第一次世界大戦が勃発すると、ボルノーの父オットー・フリードリッヒが召集され、彼の家庭に暗い影を落とすまで、ボルノーの青春はこの僻地の町で格別なこともなく過ぎてゆく。

ボルノーの小学校・中学校時代は順調に経過し、高等学校で彼は文科ギムナジウムに進学し、最も有能な生徒の一人として、ギリシャ語とラテン語に励んだが、この時点では、まだ現代の精神的思潮に本気で関与していなかった。一九二一年、ボルノーはアビトゥア（高等学校卒業資格試験）を済ませて、ポンメルンの小都市から戦後のベルリンに出てゆく。画家になりたいとの思いも父オットー・フリードリッヒの反対で結局挫折する。その当時の社会は厳しい経済的状況にあり、「アカデミックな職業における就職の見通しは、極端に悪いもの」(2)に思われたので、実際的な職業、つまり建築学の勉強を始めることになったが、しかしこれも一学期で中止することになる。というのも、当時のシャルロッテンブルグ工科大学における授業は、一貫して手仕事ばかりであり、ボルノーには無味乾燥なものに思えたからである。(3)

ボルノーは数学と物理の研究をベルリン大学で学び始め、さらにグライフスヴァルトとゲッティンゲンでその勉強を続けることになる。しかし、ここで専門的な学問以上にボルノーに決定的だったのは、少数の学生グループ「スクルト」(Skuld)で知り合った「青年運動」との出会いであった。その当時をボルノーは自ら振り返って次のように述べている。「硬化した文化から新たな、本来の、真の生活へと戻ろうとする渡り鳥運動の努力は、当時のわれわれを強烈にとらえた。長い、しばしば数週間におよぶ徒歩旅行は、われわれを自然や同じ志を持つ友達と、強く結びつけた。」(4)と。比較的年上の復員学生らが多くいたこの「スクルト」は、自己責任と内的誠実に裏打ちされた「マイセン方式」の道徳的気高さの漂う「教育団体」であったという。この時代をボルノーは特に感謝をこめて回想している。というのも、ボルノーがこの当時経験した青年時代の衝撃の成果をそれ以後の彼の学問的仕事で肉付けしようとしたからである。

ボルノーは数学と物理学の学問をないがしろにしたわけではなかった。とりわけ、マックス・プランク(Max Planck, 1858-1947)がボルノーにとって印象深い学者であった。自然科学の勉強と同時に、ボルノーはE・シュプランガー(Eduard Spranger, 1882-1963)とA・リール(Alois Riehl, 1844-1924)のもとで哲学や教育学の講義を聴講していた。しかし経済状況の悪化とともに、ボルノーはグライフスヴァルトに戻り、当地の小さな大学で学ぶことを余儀なくされてしまう。またボルノーの弟の大学進学も加わり、ボルノーはドイツ科学研究助成互助会の奨学金がもらえるまで第二の勉強を開始することができなかった。グライフスヴァルトの学生数の少ない大学では、それなりに厳しい勉学が課せられ、数学の講義と演習は二人だけの受講ということもあり、このことがボルノーの学問的心構えを強めることとなり、やがて経済的事情の好転とともに当時、数学と物理学の研究の中心地、ゲッティンゲンへおもむいた。ボルノーは、ボルン（Max Born, 1882-1970）、フランク（Franck）、ヒルベルト（Hilbert）、クーラント（Courant）のもとで聴講し、若い日のフント（Hund）、ヨルダン（Jordan）、ハイゼンベルク（Heisenberg）に師事した。[5] 一九二五年ボルノー二二歳のとき、「酸化チタン、ルティンおよびアナタスの結晶格子理論」の研究で、ゲッティンゲン大学で博士の学位を取得した。しかし同時にそれと並んで、ボルノーは当時、ゲオルグ・ミッシュ（Georg Misch, 1878-1965）やノールを聴講し、かれらの演習に参加していた。

ボルノーは理論物理学研究所でさらに研究を続けることになっていた。その時、ボルノーの指導教官のマックス・ボルン教授が一学期間、客員教授としてアメリカに招待されその期間（一九二五年、二六年の冬学期）を「オーデンヴァルト学園」（Odenwaldschule）へ教師として赴任した。この経験はボルノーにとって、「美しく、実り多き、本当に幸福な時間」[6] であった。学制改革の闘士である教師との共同生活、パウル・ゲヘープ（Paul Geheeb, 1870-）の畏敬の念を起こさせる風貌、さらに範例教授法で有名な、マルチン・ヴァーゲンシャイン（Martin Wagenschein, 1896-）の教授術などと出会うことにもなる。そして信頼関係をもつことのできた生徒たちとの交わり、多くの思想・哲学書の読書の時間もとれ、ボルノーの人生のなかで激しい転機となった熟慮の期間となった。

その後、ゲッティンゲン大学に戻ったときにはもはや、ボルノーは再び物理学研究への興味は湧かず、今や全身全霊を打ち込むべきものは教育学と哲学のなかにしかみいだせなかった。ボルンは共同研究の謝礼金を気前よくボルノーに譲ってくれ、それを学資にして、ボルノーは一学期をベルリン大学のシュプランガーのもとで哲学を、また別に美術史の研究に従事した。その後、彼は再びゲッティンゲン大学に戻ってきた。一九二七年、ボルノー二四歳の夏、両親の願いに応じて遅ればせながら、数学と物理学の分野の高等学校教師の資格を取る国家試験を受験した。(7)

一九二七年、ハイデッガー(Martin Heidegger, 1889-1976)の主著である『存在と時間』(Sein und Zeit)が出版され、この書は二四歳のボルノーに深い影響を与えた。そのためにボルノーは一九二八年(二五歳)のとき、マックス・シェーラー(Max Scheler, 1874-1928)に師事する代わりに、マールブルクのハイデッガーのもとに行き、さらにハイデッガーを追って二ゼメスターをフライブルグまでついてゆき講義を聴講するほどの熱心さであった。

その後ボルノーは、一九二九年の秋、ゲッティンゲン大学のG・ミッシュとH・ノールのもとへ戻り、そこで「F・H・ヤコービの生の哲学」に関する論文に着手した。一九三一年ボルノーは『F・H・ヤコービの生の哲学』(Lebensphilosophie F. H. Jacobis)で教授資格を得た。この哲学と教育学の結びつきのなかで、ノール、ミッシュ、ハイデッガー、ディルタイ(Wilhelm Dilthey, 1833-1911)の思想が交錯しつつ、みごとな思想的融合へと結実してゆき、ここにボルノー独自の創造的思想が練り上げられてゆくことになる。また同時期に、ボルノーは一九二九年から三〇年の冬学期に、生の哲学の端緒を論理学にまで高めたミッシュの講義を聴講している。このミッシュの講義は、ボルノーの学生時代にとって最も充実したものの一つで、事実、ミッシュの「ゲッティンゲン論理学」(Göttingen Logik)は、後のボルノーの方法論に強い影響力を及ぼし続けた。(8)

一九二七年から二九年にかけて、ボルノーにとっては特に以下の三つの書物刊行というまったく震憾的な出来事と出会うことになる。すなわち、第一にディルタイ全集Ⅶ巻の出版（1927）、第二にハイデッガーの『存在と時間』（1927）、第三にミッシュの『生の哲学と現象学』（最初は Philosophischer Anzeiger, 1929-30, III, Heft 2 und 3; IV Heft 3 に発表された）であった。(9)

この三人の哲学者の思想は、ボルノーの主題を形成する基盤になるものであるが、ボルノーはすでにミッシュとノールに強く影響されていて、ハイデッガーの本来的信奉者になることはなかった。とはいうものの、ボルノーにとってハイデッガーの『存在と時間』の思想の斬新さは、これまで追及してきたものがすべて色褪せるほどの説得力をもつものとして捉えられた。『存在と時間』から、ボルノーは哲学的思索の真理追及の迫力を感じとり、ボルノーはただちにハイデッガーのもとにゆくことを決心する。しかし、ハイデッガーの新しい刺激を迎え入れた充実の時期もやがては終末を迎えることになる。ハイデッガーの壮大に展開された体系は人間存在の一面的な強調に基づいていること、たしかにこの根元的に吹き込んでくる思想の圧倒的な叙述は承認するものの、それによって解明されているものは、われわれ人間存在の一面にすぎず、多くのことがあまりにも単純化されているとの理由で、ハイデッガーの思想にこれ以上ついてゆくことができなくなる。(10)

すなわち、『存在と時間』において主張された、日常性を突破する「実存」概念にボルノーは深く共感しつつも、そこから「現存在の存在論」に進むハイデッガーの立場は、生の生動的な運動を実存の形式的構造に閉じ込める「袋小路」に導かれざるをえないこと、そしてそのことによって、「実存の歴史的創造性」が奪われる結果になることをボルノーは指摘する。換言すれば、ボルノーの独自性は、ハイデッガーの人間存在理解の単純化から決別した結果、実存と生の緊張関係に立脚することによって生じたといえよう。後年、この問題は、「実存主義克服の問題」という観点から、『気分の本質』(Das Wesen der Stimmungen, 1941)、『新しい庇護性』(Neue Geborgenheit, 1955)などの著作となってさらにボルノーの思索が深められてゆく。(11)

一九二九年に話はもどる。この関連において、ボルノーは数年前から既に知られていたディルタイの思想に惹かれてゆく。そのためにボルノーは一九二九年の後半に再びゲッティンゲン大学に帰ることになる。当時ゲッティンゲン大学では、ノールとミッシュが歴史的な生の哲学をさらに各々独自に発展させつつあった。ボルノーにとっての「本来の師」であるこの二人は直接ディルタイに学び親交も深かったが、その性格においても学風においても極めて異なっていた。

ノールはヘルバルト(Johann Friedrich Herbart, 1776-1841)の後継者として、一九二〇年からゲッティンゲン大学に迎えられた。一九二〇年のゲッティンゲン大学では、ノールを中心とする「ノール学派の英雄時代」と言われた。「文化の全領域を生におけるその根源に遡って関係づけ、文化をそれが生に対して果たしている機能においてとらえようとする生の哲学の立場を貫きつつ、H・ノールはおよそ固定的なもの、死せるものに対立して、絶えず新たな生への情熱的要求のもとに一切を見ようとした」。(12) 後年、ボルノーの「教育現実の解釈学」の深化はこのノールの生の情熱にその源を発していると言っても過言ではないだろう。

ボルノーは一九二九年の終わりにゲッティンゲン大学に帰ってきたが、以前の一九二六年に一度ノールのもとに帰ったときには既にノール学派最初の熱狂的時代は過ぎた後で、ノールの哲学的思索の熱心な体系的構築の時代へと変化していた。そこでボルノーはむしろミッシュのもとで哲学の教授資格論文に着手することになるが、一九三一年には思いがけず、ノールのもとで助手になる幸運を得た。ノールは当時、一七七〇年から一八三一年のドイツ精神史についての講義を「ドイツ運動」として論じていたが、彼の助手としてのボルノーの仕事はノールのドイツ運動の手助けを含んでいたと想像される。一九七〇年にボルノーとF・ローディ（Frithjof Rodi）との共同編集によってノールの『ドイツ運動――一七七〇年から一八三〇年にいたる精神史に関する講義録と論文集』（Deutsche Bewegung）が出版された。しかし当時のボルノー自身は、ハイデッガーのもとで実存哲学を学んで帰ったばかりであり、古典的な陶冶伝統について過度に批判的言動をなしていたために、ノールとの間で多少の緊張感が漂っていた。しかし、一九四五年以降、ノールによって戦後すぐに発刊された雑誌『ザムルング』（Sammlung）の共同編集の仕事に見られるように、両者の間にはやがて曇りない人間的な関係が回復した。(13)

「ノールは同時代の重要な教育思想家、例えばT・リット（Theodor Litt, 1880-1962）やE・シュプランガーに比べると、刊行した著作の数はわずかであったが、むしろ論文と講演のほうが適わしく、また好んだ形であった」。(14) ノールの仕事は主として直接的な教授活動と講演であった。「若々しい気分の高揚のなかで聴く者をして夢中にさせ、こうして人間的に緊密に結ばれた弟子たちの集いを自分のまわりに形成し、この集いのなかで当時の教育学の諸問題が生き生きと論議された」。(15)

それに対してボルノーのもう一人の師ミッシュはまったく別の性格の人であり、ノールのような自発性に欠けていた。ミッシュはむしろ「倦むことなく掘下げる思想家であり、あらゆる一面的な単純化を嫌った。さまざまな問題をその複合性全体のなかに見、またこれらの問題を際限のない忍耐強さで慎重に（中略）『ほどこう』とした」。(16) ミッシュのこのような方法論はいつもボルノーの手本であった。ミッシュは当時新たに知られた後期ディルタイの遺稿を独自に解釈することによって、形式論理学の固定化から、思考と認識を解放し、生の豊かな意味と創造的な運動をとらえ直そうと試みた。

このサークルには、後にボルノーの思想に大きな影響を及ぼすことになるH・リップス（Hans Lipps,

1889-1941）（惜しくも第二次世界大戦中に没する）や、当時ケルン在中のH・プレスナー（Helmuth Plessner, 1892-1985）なども属していた。ノールとシュプランガーの系譜からは教育学、精神史を中心とする教育史、倫理学の領域の研究が、またミッシュやH・リップス、プレスナーの流れからは精神科学の方法論としての解釈学・言語論・認識の哲学などの諸研究が後年のボルノーの思想として結実してゆく。注目すべきは、この二つの系譜が相互に矛盾しつつも、ボルノーのなかで深く結合している事実である。(17)

H・リップスは、ボルノーがゲッティンゲンで勉強を始めたとき既に講師として働いていた。当初はお互いにそれほど親しい間柄ではなかったが、第三帝国においてボルノーを指導する教授たちが公職追放される頃から、私的な心配事を相談することができるようになり、ボルノーとH・リップスは親密な信頼関係が築き始められてゆく。一九三八年以後、ボルノーがギーセンに移り住んだときも、H・リップスと定期的に会うようになる。第二次世界大戦の初期にH・リップスは召集を受け、ボルノーはH・リップスの代講をフランクフルト大学で二学期間務めることになる。(18)

ボルノーは学問的にH・リップスから現象学を学び、H・リップスの学問論をさらに応用して、日常的な言語使用の分析へと先鋭化していった。(19) その延長線上でボルノーは言語を現象学に持ち込み、H・リップスのもとで現象学的記述の方法を習得していった。この現象学的記述の方法はH・リップス独自の表現によれば、「対象を直接的に記述するというよりは、しばしば区別のないままに使用されている概念を区別し、言葉のなかに含まれている解釈を慎重に追究すること」(20) であった。H・リップスが亡くなった後、フランクフルト大学は彼の追悼式を拒否したため、彼の代講をしていたボルノー自身の講義のなかで、二時間続きの追悼講演を開催した。ボルノーはこれほどまでにH・リップスに対する尊敬の念を持っていたのである。その講義内容は後年、さらに深められる形で、『解釈学研究第二巻』（1983）のなかに収められてい

る。(21)

H・リップスの哲学の普及に対するボルノーの貢献は極めて大きい。それは、ボルノー自身が「私がリップスの死後四十年にわたり、くりかえし、しかも力をこめて彼に人々の注目を向けさせている唯一の者だ」(22)と断言していることをみても明白である。H・リップスの思想の特徴は、より強く言語哲学において発揮され、それがボルノーの小著、『言葉の力』(Die Macht des Wortes, 1964)や『言語と教育』(Sprache und Erziehung, 1966)などに結実してゆく。

一九三一年ボルノーはゲッティンゲン大学にて哲学と教育学を視野に納めた教授資格(ハビリタティオーン)を『F・H・ヤコービの生の哲学』で獲得したとき、ノール、ミッシュ、ハイデッガー、ディルタイの各々の思想が対決し、交錯しつつ、ボルノー独自の思想の深化統合と創造的な教授活動が始まろうとしていた。しかしこの希望は国家社会主義党(ナチス)の台頭とともに無残にも破られ、ボルノーの恩師らは次々と解雇され、ゲッティンゲン大学を離れていった。時代状況がもはや自由な議論を許さなくなり、ボルノーはやむなく教育学的研究を中断し、精神科学の哲学に専念せざるをえなくなる。一九三三年、先述した教授資格論文であり処女作となる『F・H・ヤコービの生の哲学』(Die Lebens-philosophie F. H. Jacobis)が出版され、同年に『ディルタイ全集、第九巻(教育学)』の編集の仕事を引き受け、続いて『ディルタイ――その哲学への入門――』(Dilthey, 1936)が刊行されている。これと並行してボルノーは、ドイツ観念論後期の思想、とりわけシェリング(Friedrich Wilhelm Joseph Schelling, 1775-1854)などのロマンティークの神話学や自然哲学の研究を深めてゆく。

ボルノーは『ディルタイ』から出発して、解釈学的論理学へと進んでいった。そこで結実した諸論文は『解釈学研究』(Studien zur Hermeneutik, Bd.I, 1982/Bd.II, 1983)という論文集で統合された。(23)「了解する」

ということは、単に個々の人間やその人間たちによって生み出された作品に対してのみならず、同時に生命全体やわれわれが住んでいる世界に対して向けられている。このような主張はディルタイによって展開されているが、それはディルタイの死後に残された遺稿の断片に見られるだけであり、「誰もそれを取り上げて、そこから精神的な形成物の解釈にのみ限定して、そこに展開された方法によって、生や世界全体を包括する一つの解釈学を発展させ」(24) なかった。こうしてボルノーは精神科学の問題が解釈学的な認識論へと拡がってゆくきっかけを作ったのである。

註

(1) 岡本英明著、『ボルノウの教育人間学』、サイマル出版会、一九七二年、二頁。
(2) Otto Friedrich Bollnow im Gespräch. Herausgegeben von H. -P. Göbbeler und H.-U.Lessing, Mit einem Vorwort von Frithjof Rodi, Freiburg; München: Alber, 1983. S.13.
(3) ゲベラー・レッシング編、石橋哲成訳、『思索と生涯を語る』、玉川大学出版部、一九九一年、第一刷。
(4) Vgl. H. -P. Göbbeler und H. -U. Lessing, a. a. O. S.13.
(4) ボルノー著、浜田正秀訳、『人間学的に見た教育学』、玉川大学出版部、一九八一年、改訂第二版四刷、三〇三頁。
(5) 川森康喜著、『ボルノウ教育学の研究』、ミネルヴァ書房、一九九一年、第一版第一刷、二四七頁参照。
(6) H. -P. Göbbeler und H. -U. Lessing, Otto Friedrich Bollnow im Gespräch. S.16.
(7) 岡本英明著、『ボルノウの教育人間学』、四頁参照。
(8) 岡本英明著、前掲書、四頁参照。
(9) 岡本英明著、前掲書、四頁参照。
(10) Vgl. H. -P. Göbbeler und H. -U. Lessing, Otto Friedrich Bollnow im Gespräch. S.25.

(11) 森田孝著、「O・F・ボルノー——教育への人間学的な問い——」、天野正治編、『現代に生きる教育思想——ドイツ(2)——』、一九八二年、初版、四二三頁参照。
(12) 森田孝著、前掲書、四二三－四頁。
(13) 森田孝著、前掲書、四二四頁参照。
(14) 森田孝著、前掲書、四二四頁。
(15) 森田孝著、前掲書、四二四－五頁。
(16) 森田孝著、前掲書、四二五頁。
(17) 森田孝著、前掲書、四二五頁参照。
(18) Vgl. H. -P. Göbbeler, Otto Friedrich Bollnow im Gespräch. S.63.
(19) Vgl. H. -P. Göbbeler, a. a. O. S.63.
(20) H. -P. Göbbeler, a. a. O. S.64.
(21) Vgl. H. -P. Göbbeler, a. a. O. S.64.
(22) H. -P. Göbbeler, a. a. O. S.65.
(23) Vgl. H. -P. Göbbeler, a. a. O. S.55.
(24) H. -P. Göbbeler, a. a. O. S.56.

二　研究者としての教授活動の開始

一九三八年、もはや何の希望も見いだせない状況のもとで、ボルノーは思いがけない偶然によってギーゼン大学の心理学および教育学講座に就任することになる。ギーゼン大学においてボルノーは、「教育学研究室をノールの精神のもとに築き上げてノールの精神を継続しようと試みた」。(1) 小さい規模ながらも、「責任のある教授活動の美しい時代」の幕あけであり、翌一九三九年には正教授に就任し、この時期に後のマインツやテュービンゲンで着手されるべき教育思想の歴史的研究の基礎固めがなされてゆく。この仕事は後にフレーベル没後百年に当たる一九五二年に『ドイツ・ロマン主義の教育学――アルントからフレーベルまで――』(Die Pädagogik der deutschen Romantik)として刊行される。この著作は教育史五巻のうちの一巻として計画され、その後弟子たちの強い要望で晩年まで新たに書き進められ数篇の論文に結実したが、単行本としてはこれ以外に刊行されることなくボルノーが他界されたことは惜しまれる。テュービンゲン大学に移ってからは、この教育史研究は中断された。

一九四一年には、ボルノーの最も重要な著書の一つである、『気分の本質』(Das Wesen der Stimmungen)が出版される。その少し後、人間における人間的なものへの内省から、『畏敬』(Die Ehrfurcht)が書き上げられたが、紙不足のため当時は出版不可能で、戦後の一九四七年ようやく出版の運びとなった。ボルノーはなおしばらくの間、ギーセンで教授活動を続けたが、一九四三年、緊迫した戦局のなかで召集される。ボルノーは、ヴェスターヴァルトにある僻村に、ギーセン理論物理学研究所の共同研究者として兵役につくことを余儀なくされた。

第二次世界大戦が終結した後、ボルノーは鉄道の復旧も十分でないゲッティンゲンへと辿り着き、六五歳に達したノール教授によって次の任地が定まるまでの間、温かく迎え入れられた。一切の伝統的理想が疑わしくなった完全な崩壊の現実のなかでいかにして健全な道徳的・倫理的生活が可能であるのか、という哲学的な問いが人々の心を深く動かした。この哲学的な問いは、「高い理想」の領域がナチスによって徹底的に悪用されたあとでなお道徳的な生活というものが可能なのか、という根本的な問いかけであった。(2) こうした対話のなかからボルノーの一連の倫理学的・人間学的諸論文が産み出され、それらは一九四五年に、いち早くノールによって設立された雑誌『ザムルング』(Sammlung) に掲載された。そしてこれらの諸論文は『素朴な(単純な)道徳』(Einfache Sittlichkeit) という題名で一九四七年に出版された。さらにこの延長上に、『徳の本質と変遷』(Wesen und Wandel der Tugenden, 1958) が刊行されることになる。ボルノーの「素朴な道徳」という概念は、当時のスローガンにまで広がり一世を風靡した。ここでボルノーの主張したことは、ナチスの破局に直面して崩壊した「高い理想」の根底にそうした時代状況によって揺らぐことのない簡潔な道徳的諸現象が確認され、それは当然目立たぬ事実であるが、だからといって重要なものでもなく、むしろ高いエートスの諸形態を支えるものでありえた。たとえば、誠実 (Ehrlichkeit)、信用 (Zuverlässigkeit)、礼儀正しさ (Anständigkeit)、親切心 (Hilfsbereitschaft) などが、「単純な道徳」概念において脚光を浴びた徳目である。(3)

ボルノーは一九四六年の春、マインツ大学に招聘された。ここでの哲学および教育学の正教授としての新しい思想構築の実り多い美しい時代は、おそらく二度とやってこないほど力強さに満ちた精神生活であったという。それと同時に長年の精神的閉塞状態の後に、フランス占領軍の好意もあり、フランス思想界の新たな潮流との接触がなされた。フランスの占領軍は当時、フランスの精神生活、つまり展覧会、講演会、演劇や音楽会、書籍出版などの普及に努めていた。ドイツの従来の一切の価値が崩壊したさなか、唯一の誠実な答えとして現れたのが、フランス実存主義であった。元来、自己評価に厳しいボルノーであるが、このフランスの実存主義をドイツで認めた最初の思想家が他ならぬボルノー自身であることを控えめな表現ながら述べているのが興味深い。ボルノーは、それに関連する論文の大半を『ザムルング』誌上で公表した。サルトル (Jean Paul Sartre, 1905-1980)、カミュ (Albert Camus, 1913-1960)、マルセル (Gabriel Marcel, 1889-1973) らの実存的思想についてのボルノーの研究は、ドイツにおける先駆的研究の部類に入るであろう。(4) この視野のなかで、リルケ（Rainer Maria Rilke, 1875-1926）の世界がボルノーによって発見されて、名著『リルケ』（Rilke）が一九五一年に出版。また後年、『近代詩人の不安とやすらぎ』（Unruhe und Geborgenheit im Weltbild neuerer Dichter）が一九五五年に、『フランス実存主義』（Französischer Existentialismus）が一九六五年に次々と、戦後の閉塞状況を一掃するかのようにほとばしりでてくる。

また戦争による精神的圧迫の解放の後のマインツ時代の学生と教授との内的結合についても、これほど深まった時期はないとボルノーは回顧している。このような情熱的な学生グループのなかから主として教職出身の学生を中心に教育学ゼミナールが形成され、後の教育学的人間学の基礎づくりが開始されていった。マインツでの充実した共同研究にもかかわらず、他大学からのいくつかの招聘の申し出を断った後に、一九五三年にボルノーはエドゥアルト・シュプランガーの後継者として、テュービンゲン大学の招聘に応じた。ボルノーは当初さし迫っていた哲学上の諸課題に集中する計画を立てていたが、テュービンゲン大学でも、とりわけ学生たちの要望で教育学的関心がむしろさらに深められることになる。この多様な学生のサークルから、後に新設される教育大学の教授が数多く輩出されることになる。ボルノーはその代表としてG・ブロイヤー（Gottfried Bräuer）、K・ギール（Klaus Giel, 1927-）、F・キュンメル（Friedrich Kümmel）、W・ロッホ（Werner Loch）の名前を挙げている。[5] こうした実り多い共同研究のなかから主な著作だけを列挙しただけでも『実存哲学と教育学』（Existenzphilosophie und Pädagogik, 1959）、『人間の節度と僭越』（Maß und Vermessenheit des Menschen, 1962）、『人間と空間』（Mensch und Raum, 1963）、『教育学における人間学的見方』（Die anthropologische Betrachtungs-weise in der Pädagogik, 1965）、『危機と新しい始まり』（Krise und neuer Anfang, 1966）、『言語と教育』（Sprach und Erziehung, 1966）、『認識の哲学』（Philosophie der Erkenntnis, 1970）と、次々と力作が刊行されてゆく。

註

（1）岡本英明著、『ボルノウの教育人間学』、八頁。
（2）岡本英明著、前掲書、九頁参照。
（3）岡本英明著、前掲書、一〇頁参照。
（4）Vgl. H. -P. Göbbeler und H. -U. Lessing, Otto Friedrich Bollnow im Gespräch. S.29 f.
（5）川森康喜著、『ボルノウ教育学の研究』、二五三頁参照。

第三節　テュービンゲン大学への招聘から最晩年の思想形成に至るまで

一　テュービンゲン大学への招聘以後

ボルノー（Otto Friedrich Bollnow, 1903-1991）は一九五三年、五〇歳でシュプランガー（Eduard Spranger, 1882-1963）の後継者として、テュービンゲン大学に招聘された。そして、六七歳の一九七〇年の退官まで精力的に哲学・教育学の主任教授としての研究活動を貫き通した。そこでの就任講演のテーマは「希望の徳」であった。ボルノーが「希望」を意図的に選んだという事実は、同大学のブロッホ（Ernst Bloch, 1885-1977）の『希望の原理』第一巻がちょうどその年に出版されたことと無縁ではなかった。さらに神学の立場からもゴーガルテン（Friedrich Gorgarten, 1887-1967）が既に人間の希望に対する考えを表明していた。このような状況がボルノーの就任講演の主題選択に深く関連していることは想像に難くない。(1)

ボルノーはブロッホの『希望の原理』を極めて高く評価しつつも、ブロッホは希望の本質を原則的に捉えそこねているとして、以下のような異議を述べた。すなわち、ブロッホのいう「希望」は「自信」にすぎないとボルノーは批判するのである。ボルノーにとって重要な視点は、「希望のなかに目に見えない何か違ったものが絶えず支えながら人間に向かってやってくること」(2)であった。別言すれば、「自分自身の意志を排除し、自分を絶えず支えながらやってくるところのものに自らを完全にゆだねることこそ、希望の本質に属すること」(3)なのである。しかもこうした態度は、未来への責任ある計画を放棄するものではなく、むしろそれを前提とするものである。

五〇歳でのテュービンゲン大学への招聘は、ボルノーに「全精力を哲学に限定しようという意図」(4)を持たせた。就任講演での「希望の徳」が示しているように、ボルノーの関心は実存主義克服の問題に焦点づけられていた。新しい庇護性の獲得のために、感謝・希望・信頼という主題を徹底的に思索し、そこから真の「健全な世界」の重要性を発見してゆくことになる。(5)

ボルノーは、この時期の重要な著作として『新しい庇護性』(Neue Geborgenheit, 1955)と『人間と空間』(Mensch und Raum, 1963)を取り上げた。一九五五年にボルノーの哲学上の主著、『新しい庇護性――実存主義克服の問題――』が出版された。『新しい庇護性』については、「直接に実存主義との対決から生まれたもので、迫りくる不安と絶望にたいして生命の究極の土台を見いだす試みであった。これらは、あらゆる荒廃にもかかわらず究極には健全な世界の根拠があるという信頼の哲学と、われわれの未来は底なしの淵に没落するものではないその希望の哲学を、迫り来るものから苦心して勝ち取ったもの」(6)であった。

この著作では一九四五年に出版された『気分の本質』の内容がさらに展開され、「生への信頼、存在への信頼、庇護性、支える世界が、生きぬくための基本条件として――実存主義との対決において――この書物の主題を構成」(7)している。さらにこの『新しい庇護性』の教育学上の帰結は、『教育的雰囲気』(Die pädagogische Atmosphäre, 1964)において結実してゆく。

ボルノーによれば、『教育的雰囲気』に関する着想は、一九六四年初版の出版よりずっと以前に芽生えていたという。『新しい庇護性』のなかの「感謝」「希望」「信頼」という実存主義克服の諸概念を、教育学的な領域に移行して熟考して完成したのがこの『教育的雰囲気』であった。特に当時のテュービンゲン大学教授で小児科医のアルフレッド・ニチュケ（Alfred Nitschke, 1898-1968）との密接な意見交換によって、『教育的雰囲気』が生まれ出たことをボルノーは強調している。(8) 子どもはまず母親や他の信頼される人間によって庇護されて、そうした雰囲気のなかでのみ正しく発達する。

教師の子どもへの不信もまた、子どもの発達を妨げる要因となる。さらに教育者自身がこの世において究極的に守られていると感じるときこそ、真の「信頼」というものを体験しているのである。こうした体験が、まさに教育の宗教的な根底となるのである。(9)『教育的雰囲気』で論じられている内容は、突然に侵入してくる実存的で強力な事件とは異なり、人間の発展をむしろ「連続的」に「積極的」に支えるものであった。人間相互の信頼と、幼児期の発達における庇護性の感情の意義の重要性を強調するボルノーは、一九五九年に来日した際、京都の学会で日本の教育学者たちにこの思想を発表して、大きな支持が得られたと述懐している。(10) これら一連の思想は、その後に『教育的雰囲気』という著作に纏められた。

ところで実存哲学はボルノーの教育学にとって、新人文主義的な伝統、つまり調和的な人格を全面的に発展させる「教養」の概念に疑問を投げかけるきっかけとなった。(11) ボルノーを長年苦しめてきた問題は、「人が実存哲学を真剣に取りあげる時に教育学に残るものは何なのか?」(12) という問いであった。実存哲学は基本的にはその本来性を瞬間的に捉えうるものである。しかし継続的な形成を伴う教育学は、その意味で実存的な見解と相入れない。人間の生はたしかに全体としてみれば連続性で説明されうるが、時として実存哲学的な在り方で、突然に非連続的にわれわれの生に侵入してくる出来事がある。ボルノーはそれを教育の「非連続性」と名づけた。たとえば、「出会い」や「覚醒」「危機」などがそれに該当する。

これとの関連で、同時に教育学的な視点からボルノーは、「出会い」の問題について講義することを求められ、「出会い」についての思索が深められていった。その際、「実存哲学の教育学的な結論の問題を効果的にとらえる中心点」(13) がボルノーによって導き出された。それはすなわち、「たえず発展しているという空想に導かれている古典的な教育学の思考にたいして、教育の定まらぬ諸形式の意義を認識すること」(14) であった。こうした論考がさらに発展して『実存哲学と教育学』(Existenzphilosophie und Pädagogik, 1959) が完成した。「教育の非連続形式」が新しいカテゴリーとして、教育学のなかへ持ち込まれたという意味で、これはボルノーの教育学上の画期的な著作というべきだろう。(15)

ボルノーはその画期的な『実存哲学と教育学』のなかで、「教育の非連続的形式」を主張したが、そこでは、「出会い」や「覚醒」「警告」「危機」などの実存的な諸概念が取り上げられた。たとえば「警告」についてボルノーは以下のように述べている。教師たちは、警告は何の役にもたたず、生徒たちは相変わらず元の誤ちへと戻っていってしまう、と言って嘆いているが、ボルノーはこうした現実に対する人間学的な問いを次のように集約した。すなわち「このすぐに悔やまれた現象こそ、人間の本質的な規定の表現」(16) であり、「人間は、一度到達した完全性の高みにいつまでも止まることはできない」(17) ことの表れなのである。これはハイデッガー (Martin Heidegger, 1889-1976) が「非本来性」と名付けたものであり、キリスト教的には「原罪」とも表現できよう。以上のことから繰り返し人間は本来的な在り方へ立ち戻る努力が要求されてくる。それゆえ、伝統的な教育学には見られない実存哲学的な「訴えの教育学」という課題が生じてくる。

こうした例を越えて人間学的な考察の対象となる包括的な領域が存在する。すなわち、「人間と空間」「人間と時間」「人間と言語」との関係がそれに該当する。(18) このような関わりのなかでボルノーは、人間が住むということの人間学的意義を、実存哲学との対決から問うのである。ハイデッガーは『存在と時間』のなかで人間の「被投性」について語ったが、これは果たして本当に正しい人間理解であったのかとボルノーは疑問を投げかけた。ボルノーはその際、バシュラール（Gaston Bachelard, 1884-1962）を援用して「人間はこの世界に投げ出される前に、家という揺り籠のなかに寝かされている」[19]と表明した。これとの関連で、『人間と空間』における焦眉の課題は「実存主義の故郷を失った『住み家なき』人間に、ふたたび地上に安定した立場を与えること」[20]であった。ボルノーにとって「家」とは、人間生活を再び現実的なものにする場、つまり「庇護性の空間」を意味した。換言すれば、「家」とは、「空間のなかの住むことと、時間のなかの希望とが、補い合って、積極的に満たされた人間の現存在の、本質的な特徴をなす」[21]ものである。

ボルノーの時間論についても、彼はやはりハイデッガーとの対決から出発した。ハイデッガーもまた、「固定した存在に対抗する生成の強調」[22]という生の哲学的理解を自らの思索の出発点としつつも、この思想を先鋭化して「時間性」の別の理解を提示した。それは一言でいうと「先取りする決断」という概念において頂点に達した。しかしボルノーはこうしたハイデッガーの時間理解を高く評価しながらも、それは一面的な人間理解でしかないとして以下の異議を申し立てた。つまりボルノーは、「ハイデッガーの意味で、欠陥のある様態として価値を低く評価されてはならない時間性の諸形式」[23]が存在することを強調した。この思索がまとめられて『時へのかかわり』（Das Verhältnis zur Zeit, 1972）が出版された。その端緒としてボルノーは、「幸せな気分」の時間的体験をマルセル・プルースト（Marcel Proust, 1871-1922）に依拠しながら、『気分の本質』（Das Wesen der Stimmungen, 1941）のなかで、精密に分析した。この『気分の本質』はボルノー自身にとって、「精神的遺言の書」と位置づけるほどに重要な著作であった。

ところで、ボルノーの思想の特徴であるが、一つの立場が主張された後に、同時にまた他の立場の正当性が熟慮されるという傾向が見られる。[24]この傾向はけっして論理一貫性の欠如ではなく、むしろボルノーの「開かれた」方法原理に依拠するものと理解しなければならないだろう。『思索と生涯を語る』のなかでは、このようなボルノーの思想の特徴は、「二つの椅子の間に座る」という表現で提示されている。すなわち、「注意深い、断定を避ける物の言い方のすべてが、（中略）三種類の意味で『開かれて』」[25]いる。第一は、社会の既存の枠組みからいつでも開かれている態度、第二は自分にとって痛ましく厳しいことに立ち向かう態度として、第三に「思考の結果を常に新たに危険にさらす用意があるという、思考の誠実さという意味での『開かれた』態度」[26]である。

ボルノーはこの開かれた態度で以下のような「二つの椅子の間に座る」ことを思想的に実践してきた。たとえば、「生の哲学」と「実存哲学」の緊張関係を生涯持ち続け、そこから教育学に対して多大の貢献をなしたこと、また啓蒙思想の「理性」概念と非合理主義的なロマン主義に対しても、両者に責任を持ち続けようとした。[27]

ボルノーは医師として第二次世界大戦で若くして戦死した彼の恩師、ハンス・リップス（Hans Lipps, 1889-1941）の言語論に強く影響された。「言語の問題と人間の世界像を形成するときに言語の意義」[28]をボルノーは教育学の視点から練りあげて、やがて一九六六年に『言語と教育』（Sprache und Erziehung）にまとめられた。「そのさい特に対話的な会話形式が、権威的、独話的な会話形式の対極として重要となる」。[29]『言語と教育』出版の二年後の一九六八年、その数年前に設立されたドイツ教育学会での最初のテーマが「言語と教育」であり、ここでもボルノーの思想の影響力がうかがわれよう。[30]

また一九六二年から六四年にかけての冬学期、一九六六年の夏学期、一九六九年から七〇年にかけての冬学期のテュービンゲン大学での講義がまとめられ、一九七〇年に『認識の哲学』（Philosophie der Erkenntnis）として出版された。ここでの執筆動機はボルノーにとって精神科学の哲学のテーマがなにゆえに一般的な解釈学的認識論へと解消していったのかを明確にすることであった。[31] ここでは以下のような内容が展開された。すなわち一方でわれわれは了解された世界のなかで生活し、その世界を解釈しようとする。しかしこの解釈はわれわれの言葉で了解された世界である。これをハンス・リップスは、「人間は自分の言葉の観念に『とらわれている』」[32] と表現した。

ボルノーはハンス・リップスの「とらわれている」という概念から出発し、自らの思想をさらに発展させていった。ここでボルノーにとって「あたらしいものの経験」ということが決定的に重要であった。つまりわれわれの了解された世界では、われわれを妨害し、われわれを慣れきった理解から投げ出そうとする何物かが絶えず侵入してくる。われわれはそうした侵入物と対決することを通して、自分の既存の理解の枠組みのなかに取り入れてゆく。しかし、「これが成功するのは、ただ私が同時にこれまでの理解、すなわち私の『前理解』を新しいものにふさわしく拡げていき、訂正していく時に限られる」。[33] このような認識の発展は、「前理解のなかにすでにおかれているものを単にそこから取り出すことではなく、一つの生産的な過程」[34] である。ボルノーは『認識の哲学』のなかで、この事柄を「前理解と新しいものの経験」という解説的な副題で表現しようとした。

『認識の哲学』に続く第二巻目を、ボルノーは『真理の二重の顔』（Das Doppelgesicht der Warheit）という表題を付して一九七五年に出版した。真理の二面性について、ボルノーは以下のように考えている。すなわち、一方でわれわれを驚かせ一切の仮面を剥ぎわれわれを破滅へ導く「仮面を剥がす真理」が存在する。これは知的誠実さの要請からくる性質のものでもある。[35] しかしボルノーによれば、この側面だけが真理の唯一の形態であれば、人間の意義深い生は不可能となってしまう。そこで他方で「信頼や希望において開かれ、証明することはできないが、全人間の努力のなかにおいてのみ得られるところの、もう一つ別の支えている真理もまた存在する」[36]ことに気づくべきではないかとボルノーは問題を提起した。そしてボルノーは結論として、この真理の二つの形態の緊張関係を保持することこそが、われわれの生涯に与えられた課題であると強調する。

註

(1) Vgl. H. -P. Göbbeler und H. -U. Lessing, Otto Friedrich Bollnow im Gespräch. Mit einem Vorwort von Frithjof Rodi, Freiburg; München: Alber, 1983. S.32.
ゲベラー・レッシング編、石橋哲成訳、『思索と生涯を語る』、玉川大学出版部、一九九一年、第一刷。

(2) H. -P. Göbbeler, a. a. O. S.33.

(3) H. -P. Göbbeler, a. a. O. S.33.

(4) H. -P. Göbbeler, a. a. O. S.30.

(5) Vgl. H. -P. Göbbeler, a. a. O. S.31.

(6) ボルノー著、浜田正秀訳、『人間学的に見た教育学』、玉川大学出版部、一九八一年、改訂第二版四刷、三〇七頁。

(7) 岡本英明著、『ボルノウの教育人間学』、サイマル出版会、一九七二年、一一頁。

(8) Vgl. H. -P. Göbbeler, Otto Friedrich Bollnow im Gespräch. S.80.

(9) Vgl. H. -P. Göbbeler, a. a. O. S.81.

(10) ボルノー著、浜田正秀訳、『人間学的に見た教育学』、三〇八頁参照。

(11) Vgl. H. -P. Göbbeler, Otto Friedrich Bollnow im Gespräch. S.78.

(12) H. -P. Göbbeler, a. a. O. S.78.

(13) ボルノー著、浜田正秀訳、『人間学的に見た教育学』、三〇八頁。

(14) ボルノー著、前掲書、三〇八頁。

(15) 岡本英明著、『ボルノウの教育人間学』、一一頁—一二頁参照。
(16) H. -P. Göbbeler, Otto Friedrich Bollnow im Gespräch. S.48.
(17) H. -P. Göbbeler, a. a. O. S.48.
(18) Vgl. H. -P. Göbbeler, a. a. O. S.49.
(19) H. -P. Göbbeler, a. a. O. S.50.
(20) ボルノー著、浜田正秀訳、『人間学的に見た教育学』、三〇七頁。
(21) ボルノー著、前掲書、三〇八頁。
(22) H. -P. Göbbeler, Otto Friedrich Bollnow im Gespräch. S.52 f.
(23) H. -P. Göbbeler, a. a. O. S.53.
(24) ボルノー著、浜田正秀訳、『人間学的に見た教育学』、三〇八頁参照。
(25) H. -P. Göbbeler, Otto Friedrich Bollnow im Gespräch. S.10.
(26) H. -P. Göbbeler, a. a. O. S.10 f.
(27) Vgl. H. -P. Göbbeler, a. a. O. S.11.
(28) ボルノー著、浜田正秀訳、『人間学的に見た教育学』、三〇八頁。
(29) 岡本英明著、『ボルノウの教育人間学』、一二頁。
(30) ボルノー著、浜田正秀訳、『人間学的に見た教育学』、三〇九頁参照。
(31) Vgl. H. -P. Göbbeler, Otto Friedrich Bollnow im Gespräch. S.58 f.
(32) H. -P. Göbbeler, a. a. O. S.59.
(33) H. -P. Göbbeler, a. a. O. S.59.
(34) H. -P. Göbbeler, a. a. O. S.60.
(35) Vgl. H. -P. Göbbeler, a. a. O. S.60.
(36) H. -P. Göbbeler, a. a. O. S.60.

二　ボルノー最晩年の思想形成について

ボルノーの晩年の十年間を振り返ると、満八〇歳となった一九八三年という年は、ボルノーにとって外面的には特別な年であったと、ローディ（Frithjof Rodi）はいう。それは、W・ディルタイの生誕一五〇周年の年でもあり、特に「ディルタイ研究の知将」(1)ボルノーにとっても極めて名誉なことであったからである。その年、ボルノーはトリーアで開催されたドイツ現象学会での講演、また同年秋のヴィースバーデン市での講演会を精力的におこなった。

しかしローディは、ボルノー自身の「内的生活史」からいうと、一九八三年という外面上の区切りよりも、むしろボルノーの一九七九年の春に注目するべきだという。その論拠としてローディはボルノーがある講演会への招待に対して、いささか諦め気味にローディに語った以下のエピソードを紹介している。すなわち、「私（ボルノー・筆者註）は、商売をやめるために売りつくしセールをやった後のような気分です。具体的に言うと、私は何について話すべきか分かりません。古いことは繰り返したくないし、新しいことは思いつかないのです。」(2)と。これはその当時のボルノーの思索上の精神的行き詰まりを如実にあらわした言説として注目するべきである。一九七九年の当時、ある講演を依頼されていたが、ボルノーは「新しい哲学的テーマを探しあぐねていた時に、もう一度自己の哲学の出発点を熟慮して、彼の師のミッシュ（Georg Misch, 1878-1965）や一九二〇年代のゲッティンゲン学派について話されてみては如何か、というロディの具体的な提案が、彼（ボルノー：筆者註）に新しい研究の可能性を示したのであった」。(3)

ボルノーはここで彼の思想の出発点だった恩師のミッシュや一九二〇年代のゲッティンゲン・サークルの思想について再び思索を深め、それらが後に『解釈学研究』の二巻に結実してゆくことになる。一九七九年七月二〇日のローディ宛の書簡では、新しい思索のテーマを見いだせずにいささか疲れていたボルノーは、また新たな課題に真剣に取り組み始めることができ、ボルノー自身、若返ることができたとの内容が記されていたという。さらに、「バロック時代の教育学は、それゆえ、また静かに冬眠に入るかもしれません」(4)と書かれている程である。

この「バロック時代の教育学」についての説明は、一九三八年のギーゼン大学時代のボルノーの研究テーマにまで遡らなければならない。「バロック時代の教育学」は、十七世紀から十九世紀までの教育史を一般精神史との連関で叙述したもので、この研究は後にマインツ大学でも続行された。ボルノーの計画する教育史五巻のうち、一九五二年に第四巻の『ドイツ・ロマン主義の教育学――アルントからフレーベルまで』が刊行されたが、テュービンゲン大学に移ってからはこの研究は中断されていた。(5) ボルノーは多くの弟子たちにこの全五巻の教育史の執筆を懇願され、彼の晩年になって少しずつ書き続けていた。そうした状況下での、バロック時代の教育学研究の中断の意味するところは次のようなことである。すなわち、ミッシュや一九二〇年代のゲッティンゲン・サークルの思想についての深い哲学的思索の課題が、おそらく生涯で最後の研究課題となるであろうことのボルノー自身の決意表明であったと理解できよう。

一九七九年秋には、ボルノーはミッシュのゲッティンゲン大学での論理学講義の研究に着手し始め、ミッシュのタイプ原稿など、詳細な資料の収集をローディに熱心に依頼している。(6) 一九八〇年の初頭、ボルノーは既に七〇頁を越える研究論文を完成させていた。その論文の分量は「生の哲学に基づく論理学の構築」という表題の下に、『解釈学研究』(Studien zur Hermeneutik) 第二巻の半分以上を占めるに至った。(7) ボルノーは、一九七九年四月八日付けのローディへの書簡で、ボルノー自身、バロック時代の教育学について研究し始めていたが、それは一時脇におきもう一度プレスナー（Helmuth Plessner, 1892-）ミッシュ、J・ケーニヒ（Josef König）を読み始め、まだ使えないノートの山を作ったと報告している。これはボルノー自身の「徹底的な哲学的研究の新しい局面の開始」(8)を意味していた。このようなボルノーの精神的経過を踏まえてローディは、この後に成立したボルノーの著作を「後期著作」（Spätwerk）という概念で位置づけたことは注目に値する視点であろう。(9) なぜならボルノーの晩年の著作が、「首尾一貫して遂行された解釈学的哲学の可能性とは何かという問いから、その内的な首尾一貫性を得ていること」(10) をローディは確信していたからである。

一九八二年二月にボルノーは、テュービンゲンからローディ宛に次のような書簡を送っている。「解釈学的哲学――記述をとりわけ考慮した――の遥かな目標は、思うに甘美な夢に留まるでしょう。(中略) 可能性は見えているのですが、しかし私の年齢ではこんなにも遅いのです。」(11) と。こうしてボルノーは高齢と彼の病との闘いのなかで、ついに一九九〇年八月に「人間と自然」（Mensch und Natur）の草稿をまとめあげることになる。

このような新しい課題と取り組む晩年のボルノーにとって、一九八六年五月には最後の来日の機会が訪れた。大阪府国際グリーンフォーラム実行委員会の招聘によりボルノーは一九八六年、「都市と緑と人間と」と題する講演を、内外の学者一二〇〇名に対しておこなった。この大阪万国博ホールで開催された「国際グリーンフォーラム――都市と緑の文化戦略――」の記念講演は、NHK教育テレビでも放映された。さらに同年、長年の日独文化交流の功績が高く評価され、日本政府より「勲三等旭日中綬章」が授与されたことはわれわれの記憶にも新しい。(12)

岡本英明によれば、ボルノーは一九九〇年一一月に最初の手術を受ける前に、最後の夏休暇をスイス国境近くの南ドイツのヘッヘンシュヴァント（Höchenschwand）にある別荘で過ごした。ボルノーは高齢でなおかつ癌と闘いながら、最晩年の主要な思想を「人間と自然」（Mensch und Natur）と題するA４判四七枚の断片的原稿にまとめていた。(13) そしてついに、この原稿がボルノーの遺稿となってしまった。この遺稿のなかで展開されている思想は、主として「解釈学的哲学とりわけ解釈学的論理学、ミッシュとケーニヒに結び付いた『分節化する記述』（die artikulierende Beschreibung）、自然への関わり、などの問題」(14) であった。ボルノーは一九九一年二月七日、八八歳の誕生日（三月一四日）を目前にして、胃癌のためテュービンゲンで逝去された。

それから一年後の一九九二年一月三一日、テュービンゲン大学のクプファーバウ二一番大講堂で、故オットー・フリードリッヒ・ボルノー教授の追悼式が静粛に行われた。この追悼式に日本から参列した一人の森邦昭の報告によれば、ボルノー夫人、アドルフ・タイス学長の他、高弟のクラウス・ギール（Klaus Giel, 1927-）、フリードリッヒ・キュンメル（Friedrich Kümmel）、ハンス＝マルティン・シュヴァイツァー（Hans Martin Schweizer）など、同僚、友人その他多くの人々が参加して、ボルノーの人物と作品が偲ばれた。(15) 追悼式はボルノーが生前所属していた哲学部と社会＝行動学部の共催で行われ、ライナー・ヴィーマー哲学部長が両学部を代表して挨拶した。次いでボーフム大学のフリトヨフ・ロディとヴェルナー・ロッホ（Werner Loch）の講演という形で進められたという。(16)

こうしてボルノーの没後、様々な記念会などが開催されるなかで、われわれの今後の課題は、何よりもボルノーの広さと深さを兼ね備えた思想をいかにして教育現実の改善や、より良い人間形成に関わらせてゆけばよいのかを考察するという点に尽きるであろう。われわれボルノーの思想に多かれ少なかれ影響されつつ、教育哲学を学んできたものにとってはこれから、ボルノーの膨大な思想を自らの教育研究に即しつつ、応用発展してゆかなければならない重い任務が課せられているのである。

註

(1) フリートヨフ・ローディ著、大野篤一郎訳、「オットー・フリードリヒ・ボルノーの晩年の著作における解釈学的哲学」、『ディルタイ研究』、日本ディルタイ協会代表、西村皓、第六号、一九九四年三月、二頁。
(2) ローディ著、前掲書、二頁。
(3) 岡本英明著、「ボルノウの遺稿断片『人間と自然』について――その解釈学的哲学の射程――」、九州大学教育学部紀要(教育学部門)、第三八集、一九九二年、二頁。
(4) ローディ著、「オットー・フリードリヒ・ボルノーの晩年の著作における解釈学的哲学」、二頁。
(5) 岡本英明著、『ボルノウの教育人間学』、八頁参照。
(6) ローディ著、「オットー・フリードリヒ・ボルノーの晩年の著作における解釈学的哲学」、三頁参照。
(7) ローディ著、前掲書、三頁参照。
(8) ローディ著、前掲書、三頁。
(9) ローディ著、前掲書、三頁参照。
(10) ローディ著、前掲書、三頁。
(11) 岡本英明著、「ボルノウの遺稿断片『人間と自然』について」、一〇頁。
(12) ゲベラー・レッシング編、石橋哲成訳、『思索と生涯を語る』、玉川大学出版部、一九九一年、第一刷、一九〇頁の年表参照。
(13) 岡本英明著、「ボルノウの遺稿断片『人間と自然』について」、一頁参照。
(14) 岡本英明著、前掲書、二頁。
(15) 森邦昭著、「故ボルノウ教授追悼式の報告」、教育哲学研究、第六七号、一九九三年、一一五頁参照。
(16) 森邦昭著、前掲書、一一五頁参照。

第二章　ボルノーの哲学的人間学の根本問題

第一節　ボルノーにおける教育人間学の方法論について
――開かれた問いの原理の意義――

一　問題の所在

われわれの目的は、ボルノー（Otto Friedrich Bollnow, 1903-1991）の『教育学における人間学的見方』（Die anthropologische Betrachtungsweise in der Pädagogik, 1965）に依拠しつつ、彼の「教育人間学」の方法論を哲学的人間学の成立の必然性との関連において捉えることである。それとの関連で次に哲学的人間学から、教育学への移行を一つの視点としつつ、ボルノーの教育人間学の方法論がいかに実り豊かに教育学のなかへ応用されてゆくのかを考察することにある。彼の教育人間学の方法論を扱うことは、多岐にわたるボルノーの思想及び教育学の全体像の中に一貫して流れる内容の核心を把握するための一つのアプローチとなろう。

ボルノーは時間論、空間論、言語論、真理論など、個別のテーマで各論を展開しているが、そこには教育人間学にとって密接な相互関連が存在していることはいうまでもない。したがって、ボルノーの多岐にわたる思想を統一的視点から解釈するためには、その方法論を詳細に吟味する必要がある。たとえば、『実存哲学と教育学』(Existenzphilosophie und Pädagogik, 1968) のなかで論究されている危機、覚醒、訓戒、出会い、冒険と挫折などの彼独自の「非連続的形式」としての人間学的考察は、従来の伝統的連続的教育学においては見落とされ、なおざりにされてきた。しかし彼は上述の実存的概念でもって、むしろ真に子どもたちの新たな生の可能性が見出されうるのだという次元を切り開くことに成功した。ところがボルノーは、実存的・非連続的形式を説くと同時に、庇護性の概念のもとに実存主義の克服を試み、『教育的雰囲気』(Die pädagogische Atmosphäre, 1964) においては、新たな意味での連続的形式の教育を展開したのである。

このように一見矛盾すると思われるようなボルノーの考察も、たとえば教育人間学の方法的諸原理の一つである「個別現象の人間学的解釈」による理論展開から捉えなおしてみるならば、そこには共通性が窺えることが理解できよう。つまり、気分、感情、衝動などの人間の生の直接的な諸現象は再び人間の全体に連れ戻され、けっして偶然的、恣意的な表出としてではなしに、人間の不可欠な要素として解釈されるのである。「この生の事実において与えられた特定の現象が、そこで意味深い必然的な一分肢として理解されうるためには、人間の本質は全体として、どのような状態になければならないのか」[1] とボルノーが一つの方法原理を通して問いをたてることにより、上述の一見相矛盾するような二つの考察は、アプローチの仕方こそ異なれ教育学をより実り豊かにする可能性を含んでいるものとして捉えることができよう。

先行研究として、ボルノーの教育人間学に関する論文は多数あるが、方法論を扱ったものとしては、池尾健一の「ボルノーにおける教育人間学の方法原理」[2] および、高橋勝の「O・F・ボルノウの教育学的人間学における方法論的特質」[3] があげられよう。前者はボルノーの『教育学における人間学的見方』を中心テキストとして執筆されている。後者は、ボルノーの教育学的人間学の方法論的特質を、解釈学、経験および実存的価値判断との関わりで論じられている。

註

（1） O. F. Bollnow, Das Wesen der Stimmungen, Klostermann, Frankfult a. M, 5. Aufl., 1974. S.16.
ボルノー著、藤縄千艸訳、『気分の本質』、筑摩書房、一九七三年。

（2） 池尾健一著、「ボルノーにおける教育人間学の方法原理」、実存主義（教育特集）実存主義協会編、理想社、一九七四年、一四頁—二一頁。

（3） 高橋勝著、「O・F・ボルノウの教育学的人間学における方法論的特質——解釈学と実存の視点を中心に——」、教育哲学研究、一三号、一九七四年、一一頁—二〇頁。

二　哲学的人間学成立の必然性

ボルノーは哲学的人間学というものを、一般的な意味で「人間とは何か」という問いへの哲学的な返答であると考えている。しかしこの問いがさらに今日的な意味を持つとするならば、もう一歩論を深める必要があるだろう。なぜなら「この問いは必ずしもあらゆる時代においてそのような問いとして定立されていたのではない」(1)からである。

これとの関連で、哲学的人間学が何故二十世紀を迎えたところで出現したのか、また何故そうなる必然性があったのかを問う必要がでてこよう。つまり、哲学的人間学が「まったく一定の精神史的状況においてはじめて生じえたのだということ」[2]は一九二〇年代後半、シェーラー（Max Scheler, 1874-1928）の『宇宙における人間の位置』や、プレスナー（Helmuth Plessner, 1892-）の『有機体の諸段階と人間』の著述で詳細に論じられているように、有機体的世界に対抗して、人間に特有の存在根拠を与えざるを得なかったことを考えてみても、当然のことと言えよう。

このようにボルノーは哲学的人間学成立の必然性を、現代の哲学的思想潮流のなかに見出そうとしているのである。特に、彼の主著の一つである『認識の哲学』（Philosophie der Erkenntnis, 1970）の第一章のテーマ、「認識にアルキメデスの点はありえないということ」（Die Unmöglichkeit eines archimedischen Punkts in der Erkenntnis）は上述の必然性を理解するうえで、重要な箇所であろうと思われる。デカルト（René Descartes, 1596-1650）以来の近世哲学は一切の疑わしさを「アルキメデスの点」から除去した後に初めて「認識論は、一歩一歩の構成の歩を進めて行って、確実な認識の体系に到達できる」[3]と考えたのである。「アルキメデスの点」とは「それによって意見の相対性を脱し、決定的に確実にされた知識を構成しうる究極の確実な出発点」[4]を意味する。つまり「アルキメデスが、地球を動かすことのできるテコの支点は存在しないことを知っていたように、認識においても、そこから無前提に出発し、一歩一歩確実な認識の体系を築きあげることのできる、絶対的な原点はない」。[5]ここにおいてボルノーは、現代の認識論の基盤となる合理主義と経験主義とが確固たる根拠をもはや持ち得ないと指摘するのである。[6]

近世以来、人々は認識を構築する際、一つの確固たる基盤が与えられるやいなや、まったく自動的にその上へ上へと認識を積み重ねてゆくことができるものと安易に考え、その過程から精神的硬直化の危険性が生じてきた、とボルノーは指摘する。ところで、この数十年間に生じてきた「生の哲学」は、形骸化し硬直化してしまった認識、およびすべての既存の精神活動に反抗し始めた。つまり、真の生きた認識行為というものは、そのように固定化したり硬化するものではなく、もっと人間存在の根源に深く関わる生き生きとした土壌に根ざすものであって、けっして機械的に累積しながら発展するようなものではないと、「生の哲学」は主張し始めたのである。

このようにして、デカルト以来の認識論の基盤は崩壊せざるを得なくなり、さらに根源的な生命の全体、つまり人間存在の全体に遡って、もう一度「人間とは何か」と問わねばならぬ必然性が生じてきた。たとえば、われわれは自分の誕生を自明のこととして理解しているが、それはあくまでも外側から確認できるだけであり、自分の側からはどこまでいっても特定の出発点に到達することはない。ボルノーが、「『すべての始まりは任意的である』、また『絶対的な点はない』」(7) というディルタイ (Wilhelm Dilthey, 1833-1911) のことばを引用するとき、上述のような生の哲学の現世主義を一つの前提としているのである。それ故、「認識は、もはや自分で自分を基礎づけることができず、そのためには、包括的な人間的生の連関を要請せざる」(8) を得なくなり、「従来の認識論にかわって、認識の仕事をも人間生活の全体から把握しようとする哲学的人間学が、哲学の主役として登場することとなった」(9) のである。

このような抽象的な思考、形式的道徳律などを一度崩壊させ、人間存在の根底にまで遡って、そこから再び人間を総合的に考察しようとする哲学的人間学的方法論が、それではいかにして教育学へ有効に移行できるのか、ということが今後の課題となってくる。特に第二次世界大戦後、「教育を孤立した現象として捉える (そしてしばしば学校という一面的な視野から見る) 見方を脱皮して、教育を統合的な、かつ人間の全体理解にとって決定的である省察として把握する」(10) 姿勢は、われわれにこれからの教育学の一つの方向を示してくれるものになるであろう。

哲学的人間学から教育学への移行に際して、われわれが考察しなければならない一つの点は、哲学的人間学の方法論上の諸原理の基礎づけである。なぜなら、一つ一つの教育学的素材がいかに周到に準備されていようとも、もし一つの学問としての教育学を成立させるための方法論的根拠が希薄であるならば、けっして個々の有意義な教育学的萌芽は実を結ばないからである。それ故、以下で哲学的人間学の骨格ともなるべき方法論上の原理を論じてゆくことにする。このことは、後に展開される教育学的人間学が、教育学における人間の諸現象を解釈する際の手法を基礎づける重要な意味を帯びるものである。

註

(1) O. F. Bollnow, Das Wesen der Stimmungen, S.13.
(2) O. F. Bollnow, a. a. O. S.13.
(3) O. F. Bollnow, Philosophie der Erkenntnis. Kohlhammer, 1970. S.12.
ボルノー著、西村皓・井上担訳、『認識の哲学』、理想社、一九七五年。
(4) O. F. Bollnow, a. a. O. S.12.
(5) O. F. Bollnow, Einführung in die philosophische Pädagogik.
ボルノー著、浜田正秀訳、『哲学的教育学入門』、玉川大学出版部、一九七三年、四刷、五三頁—五四頁。
(6) Vgl. O. F. Bollnow, Philosophie der Erkenntnis. S.12-23.
(7) O. F. Bollnow, Die Lebensphilosophie, Berlin-Göttingen-Heidelberg 1958. S.123.
ボルノー著、戸田春夫訳、『生の哲学』、玉川大学出版部、一九七五年。
(8) 池尾健一著、「ボルノーにおける教育人間学の方法原理」、一五頁。
(9) 池尾健一著、前掲書、一五頁。
(10) 岡本英明著、『ボルノウの教育人間学』、サイマル出版会、一九七二年、二頁。

三　ボルノー教育人間学における方法論の諸原理

哲学的人間学を唱える人々の方法論の諸原理は、シェーラー以来さまざまな形で表現されているが、ボルノーは特にプレスナーに依拠しつつ、その方法論を展開している。以下に論述する諸原理はお互いに独立したものではなく、しかもそれらは哲学的人間学の独特な問題提起であると同時に、教育人間学にもきわめて実り多い考察法と言えよう。

第一の原理として「人間学的還元（Die anthropologische Reduktion）の原理」(1) が挙げられる。これは人間が築き上げてきた文化というものを、その創造者である人間の側から理解する試みである。この原理はディルタイ、プレスナーなどに依拠するものであるが、道徳・宗教・科学・経済・芸術などのあらゆる人間の文化的営みというものはけっして人間を抜きにしては考えられず、いつでも人間存在の根源へ引き戻され還元されて初めてそれの真の意味が把捉されうる、とする。

ボルノーがフォイエルバッハ（Ludwig Andreas Feuerbach, 1804-1872）の還元概念――つまり、人間の願望と要求のもとに造りだされた人間の投影としての神概念でもって、神学を人間学に解消しようとする試み――を文化領域全般に拡大する点にわれわれは注意しなければならない。ボルノーの言う「還元の原理」は何か高次の形而上学的存在を低次の俗物的存在に引き下げることではなく、あまりにも細分化し個別化して自分の位置を見失ったような状態にあるさまざまの文化現象を、人間の内なる根源に還元することにより、血の通った統一体にする試みと言えよう。「宗教的、倫理的、法律的、芸術的、科学的現実の超―外―人間的要求を、創造的な主体の勢力圏へ取りもどすこと」(2)は、ある意味ではカント(Immanuel Kant, 1724-1804)の先験的哲学の命題の応用であり、文化の全体的な連関をより拡大することでもある。(3)

第二の「オルガノン原理」(Das Organon＝Prinzip)は、人間から文化を理解した「人間学的還元」とは逆の方向からのアプローチであり、種々の文化的領域から人間存在を把握しようと試みるものである。たとえば、客観的形成物としての芸術作品は、「もはやそれだけで存在している現実とは見なされず、むしろ人間から理解」(4)されると同時に、「人間自身は自分が生み出した作品からよりよく理解」(5)されるのである。特に、シェリング(Friedrich Wilhelm Joseph von Schelling, 1775-1854)が芸術を哲学のオルガノン(道具・手段)として利用したように、ボルノーはここで芸術・科学・社会など、すべての文化領域を道具として捉え、それらの文化領域を創造した人間が逆に、文化そのものから再び問われることになるのである。(6)そしてディルタイが、「人間は直接的な自己考察法という道においてではなく、彼の客観化物を経由することによってのみ自己自身を知る」(7)という原理を樹立したとき、それは哲学的人間学的なレベルでの「オルガノン原理」となり得たのである。

第三として「個別諸現象の人間学的解釈」(Die anthropologische Interpretation der Einzelphänomene)の原理」が挙げられる。人間の生というものは驚くほど深くまた複雑であるが故に、客観的な文化的側面からだけでは捉え尽くせない数多くの諸現象が厳然として存在する。人間の生には、文化的営みという範疇に含めることは困難であるが、そうかといって人間存在そのものにどれほど大きな影響を与えているかわからぬような、たとえば気分・感情・衝動に関わる諸現象が存在することもまた事実なのである。従来の体系的な合理論や経験論では一つの付加物として看過されてきたというよりも、学問的に果たしてどれだけの信頼を勝ち得ていたかが疑問であったこれらの諸現象は、哲学的人間学を基盤とした「個別諸現象の人間学的解釈の原理」を通して、人間全体を理解してゆく過程ではむしろ必要不可欠な要素であることが明確化した。

こうした思想の端緒は既に『気分の本質』(Das Wesen der Stimmungen, 1941)のなかに見出すことができるが、ボルノーはそこで次のように述べている。「哲学的人間学は、人間の個々の様相を組み合わせて、はじめて徐々に全体へ向おうとするのではなく、固有の効果的な方法で個々の様相を人間の生の全体に対する直接的根源的関係のなかへ持ち込むことによって、成果を得るのである」。(8) それゆえ、「この生の事実において与えられた特定の現象が、そこで意味深い必然的な一分肢として理解されうるためには、人間の本質は全体として、どのような状態になければならないのか」(9) と問うとき、まさに第三の原理が適用されることになるのである。

これら三つの原理は、人間からの方向と、人間へ向かっての二つの方向の円環的相互作用とみてとれる。池尾健一はこの三つの原理の関連の重要性を次のように論じている。すなわち、「一般に文化は、人間的生全体にとっては、一つの部分現象にすぎず、したがって第一と第二の原理は、第三の原理の特殊な場合にすぎず、後者こそ、もっとも包括的な原理」(10) であり、「哲学的人間学が、直接的な生の経験にのみ自己を制限してしまうと、その出発点が、偶然にゆだねられる危険に陥りがちである」。(11) それ故に「円環的な作業によって、哲学的人間学は展開」(12) されねばならず、「それは個別から普遍を、逆に普遍から個別を理解する哲学的人間学の、円環的なるがゆえに開かれた問いを発するその性格の、反映とみなすこともできる」(13) のである。

このような三つの方法原理を基盤とする哲学的人間学ひいては教育人間学の方法論全般に関わる共通項とはいかなるものなのか。われわれは『気分の本質』においてその端緒をみることにしよう。ボルノーはその共通項を「人間の不可測性の原理」、あるいは「未解決の問いの原理」として把捉している。哲学的人間学が未解決であるということは、けっしてそれの構造の欠陥に由来するものでもなく、理論構築の力量のなさを意味するものでもない。というよりも逆に、それは人間存在のアプローチには必要不可欠なものたり得るのである。未解決とは「開かれた問い」であり「閉ざされた人間像」への抵抗でもある。ボルノーはそれを「(根本的)非像性」(Bildlosigkeit)という言葉で捉えている。(14) 昨今、教育界において、あるべき人間像というものが提唱され、その人間像へ向かって真の教育陶冶が遂行されるという議論が説得力をもって一世を風靡したが、この「開かれた問いの原理」はそのような議論に一石を投じるものと言えよう。ボルノーがプレスナーに依拠しつつ主張している「開かれた問い」とは、まさに「新しい現象ごとに新たにかつ偏見なく着手すること、予期できない新しいものに対していつも開かれていること、そして断言的な本質規定へのあらゆる誘惑に男らしく反抗すること」(15) なのである。それ故、哲学的人間学は人間存在の深さ、測り難さに対して、どこまでも謙虚であり、「許容できない単純化を深い責任から断念」(16) し、人間の豊かな可能性に対して認識の体系化を保留することに、その責任を見出すのである。

註

(1) Vgl. O. F. Bollnow, Die anthropologische Betrachtungsweise in der Pädagogik.Essen, 1968, 3. Aufl. S.30 ff.
ボルノー著、岡本英明訳、『教育学における人間学的見方』、玉川大学出版部。

(2) O. F. Bollnow, Neue Pädagogik und Philosophie.
ボルノー著、浜田正秀他訳、『新しい教育と哲学』、玉川大学出版部、一九七八年三刷、三〇頁。

(3) Vgl. O. F. Bollnow, Die anthropologische Betrachtungsweise in der Pädagogik. S.27 f.

(4) O. F. Bollnow, Erziehung zur Frage.
ボルノー著、森田孝・大塚恵一訳編、『問いへの教育』、川島書店、一九七八年、第二版、六頁。
(5) ボルノー著、前掲書、六頁。
(6) Vgl. O. F. Bollnow, Die anthropologische Betrachtungsweise in der Pädagogik. S.32 f.
(7) O. F. Bollnow, Dilthey. Einführung in seine Philosophie, Kohlhammer. 1955, S.167 f.
ボルノー著、麻生健訳、『ディルタイ――その哲学への案内――』未来社、一九七七年。
(8) O. F. Bollnow, Das Wesen der Stimmungen, S.16.
(9) O. F. Bollnow, a. a. O. S.16.
(10) 池尾健一著、「ボルノーにおける教育人間学の方法原理」、一六頁。
(11) 池尾健一著、前掲書、一六頁。
(12) 池尾健一著、前掲書、一六頁。
(13) 池尾健一著、前掲書、一六頁。
(14) Vgl. O. F. Bollnow, Die anthropologische Betrachtungsweise in der Pädagogik. S.51.
(15) O. F. Bollnow, a. a. O. S.39.
(16) O. F. Bollnow, a. a. O. S.38.

四　哲学的人間学から教育学への移行

教育学における人間学的考察を学問理論として進めてゆくために、われわれは哲学的人間学から教育学への移行を軸として以下論じてゆく。ボルノーはロッホ（Werner Loch）のいう「教育学的人間学」と「人間学的教育学」から出発する。その際に、ボルノーは「人間学」を二つの点から捉えている。第一の問題は、ボルノーがロッホのいう「教育学的人間学」を「人間についての個別諸科学の教育学的所産」として把握している点である。(1) すなわち、人間学という言葉が「人間についての経験的個別諸科学の総括として、つまりポルトマン(Adolf Portmann, 1897-1982)やフリットナー(Wilhelm Flitner, 1889-)の意味での基底人間学(basale Anthropologie)として理解されている」(2) という点である。たとえば生物学、医学、心理学、社会学など各々独自の学問理論に依拠しつつ、人間存在にアプローチしている個別諸科学を、ボルノーは広義の人間学に含めている。

教育学と最も相互関連性の強い教育心理学との関わりはいかなるものであるのか。「教育心理学が心理学の全体から教育学にとって重要である断面を論ずるならば、それはやはりその対象とその研究からして心理学の一部であって教育学の一部ではない」(3) ように、仮にロッホのいう「教育学的人間学」における人間学が個別諸科学の範疇に存するのであれば、それは重要な補助科学ではありえても、厳密な意味で教育学とは認められない。それゆえ、各々の諸科学の統一ということに関しては、まだ「問題があり、つねにほんの端緒にとどまっているにすぎないので、むしろ複数形のままにしておく方がよく」、(4) ボルノーはそれを「人間学的個別諸科学」(anthropologische Einzelwissenschaften) という言葉で表現した。

以上が人間学の個別諸科学的な捉え方であった。ボルノーは第二の問題点として、人間学の一般概念を哲学的人間学と理解している。つまり、「一部は個別諸科学の成果をふまえて、一部は科学以外の生理解を手段として、全体としての人間の本質を問う」(5) ことを意味する。哲学的人間学が「教育学的人間学」にとって一つの補助科学として成立する場合でも、それは人間学的な個別科学とは異なる。なぜなら、「哲学的人間学は、他の人間学的な個々の科学のように、教育学に役立つ独自の『結果』を生むのではなく、まったく間接的に教育学的な意味」(6) をもつからであり、「その結果ではなく、その問題設定、その考察法が教育学に役立つ」(7)からなのである。

ロッホのいう「教育学的人間学」とは、「人間全体の全次元を教育の相の下に」取り扱うのであるから、それは教育学であるとボルノーは考える。ロッホのいう「教育学的人間学」はW・フリットナーの意味における基礎的で統合的な個別諸科学の面と、人間の生理解から人間の本質を解明しようとする哲学的人間学の面を合わせもっている。そこでボルノーは、ロッホのいう「教育学的人間学」が統合的個別諸科学の一部門と誤解されることを懸念して「教育の哲学的人間学」と名づけた。それゆえボルノーに従えば、ロッホのいう「教育学的人間学」は「教育学の視点から見ていても哲学的人間学の一部門」(8)ということになる。

他方、ロッホのいう「人間学的教育学」をボルノーは教育学の一部門、しかも哲学的人間学と関連しあった教育学であるとみなす。つまり「人間学的教育学」は「教育現実をばその人間学的内実に関して問うべきであり(中略)教育をば人間存在の所与性から把握する」(9)のである。そこでは「哲学的人間学において形成された見方を教育学へ移行することが問題」(10)なのであり、ボルノーが「教育学の内部で人間学的問題提起という言葉を用いる」(11)ときには、彼はこの「人間学的教育学」だけを厳密な意味で対象とする。したがって、それはどこまでも教育現象を追求してゆき、そこから教育学的意義を引き出してゆく。

人間学的教育学は、教育心理学とか教育社会学などという教育学の一部門ではない。なぜなら、人間学的教育学にとって重要な問題は、「新たに根拠づけられるべき一学科、つまり教育学の全体のなかで特殊な課題を果たさなければならないような一分科なのではなくて、全教育学を貫く一つの見方(考察法)」(12)に存するからである。そこでボルノーはロッホのいう「人間学的教育学」の代わりに「教育学における人間学的見方(考察法)」という名称を提案する。すなわち、ボルノーはこうした人間学的考察法を、何か教育の目的に利用するための人間学として捉えるのではなくて、「教育からの、つまり教育をふまえた人間学」(13)(傍点筆者）として取り扱おうとするのである。

註

(1) Vgl. O. F. Bollnow, Die anthropologische Betrachtungsweise in der Pädagogik. S.17-21.
(2) O. F. Bollnow, a. a. O. S.65 f.
(3) O. F. Bollnow, a. a. O. S.19.
(4) O. F. Bollnow, a. a. O. S.65.
(5) O. F. Bollnow, a. a. O. S.65.
(6) ボルノー著、『新しい教育と哲学』、四二頁。
(7) ボルノー著、前掲書、四二頁。
(8) ボルノー著、前掲書、四三頁。
(9) 岡本英明著、『ボルノウの教育人間学』、一一四頁。
(10) O. F. Bollnow, Die anthropologische Betrachtungsweise in der Pädagogik. S.48.
(11) O. F. Bollnow, a. a. O. S.48.
(12) O. F. Bollnow, a. a. O. S.49 f.
(13) O. F. Bollnow, a. a. O. S.46.

五　教育人間学の理論的考察の困難さ

以上のように、詳細な学理論上の区別を認識することによって、筆者はボルノーの哲学的人間学の方法原理が、教育学とどのような関連にあるのかということを考察しようとした。なぜなら、ようやく人間の本質を問うことのできる具体的な教育現象を教育学のなかで位置づけられたとしても、その解釈方法自身が教育学の範疇を逸脱したところのものである危険は常に存在しているからである。もちろん人間を問うことと、教育を問うこととは切っても切り離せ得ない相互連関のなかでのみ成立するものである。ボルノーのいう哲学的人間学の方法原理が循環的な相互作用を営んでいるように、人間学的考察と教育学的考察の関係もそれと同様なのである。

ところで、なにゆえこのような教育学における人間学的な考察がこれまでひじょうに困難であり、またなおざりにされてきたのだろうか。人々は、人間学と教育学のあまりの親密さのゆえに、両者の連関の学問的探究の端緒を見出す術を知らなかったのである。気分・感情などの個別諸現象の人間学的解釈の根本問題にしても、人々はそれらを教育学的に扱う術を知らず、議論を単純にするために、「心理学化的考察法」や「倫理学化的考察法」へとすり替えて済ませていた場合もなくもない。それゆえ「いまここで問題なのは、人間的生の全体のある一部分を構成する特定の心的活動なのではなく、人間の全体をくまなく支配し、人間のあらゆる個々の行動の仕方を支え、かつ規定しているところの、人間の全体的態勢なのである」。(1)

以上のことは、「この教育現象がそこにおいて有意義かつ必然的な項として把握されるためには、全体としての人間の本質はいかなるものでなければならないのか」(2)と公式化したロッホの命題にそって、教育というものをそれ自体からではなく、教育において示される人間の現実から理解することでもある。(3)人間存在の全体が、教育という視点のもとに考察されるのでなければ、「教育全体の理解をうる新しい通路」(4)は開かれず、教育学にとってきわめて実り多い個別諸現象でさえも、再び皮相的な考察法として扱われてしまう危険に陥るのである。

このような視点は、教育学における個別諸現象を論ずる際の理論的省察の困難さを示すものと思われる。教育学を論ずる場合に、理論的省察は「教授と、本来の道徳的な教育とに即して、つまり認識と実践との二つの領域について行われなければ」(5)ならず、それゆえ、「感情的、気分的な諸前提のような、単純かつ自明なもののように見える諸連関は、かえって理論的徹底を容易には許さない」(6)現実をボルノーは鋭く指摘した。信頼、庇護性、感謝、希望などの「教育に携わったことのある人なら誰しも何らかの仕方ですでに知って」(7)おりつつも、「把握不可能なものへと、たえず落ちこむおそれのある」(8)個別諸現象は、それゆえに「練り上げられた人間学的方法」(9)によってのみ扉が開かれるのである。

註

(1) O. F. Bollnow, Die pädagogische Atmosphäre. Heidelberg, 4 Aufl., 1970, S.107.
ボルノー著、森昭・岡田渥美訳、『教育を支えるもの』、黎明書房、一九八〇年。

(2) W. Loch, Die anthropologische Dimension der Pädagogik, 1963.
in O. F. Bollnow, Die anthropologische Betrachtungsweise in der Pädagogik. S.46.

(3) B. Gerner, Einführung in die pädagogische Anthropologie, Darmstadt, 1974.
ゲルナー著、岡本英明訳、『教育人間学入門』、理想社、一四二頁参照。

(4) O. F. Bollnow, Die pädagogische Atmosphäre. S.109.

(5) O. F. Bollnow, a. a. O. S.109.

(6) O. F. Bollnow, a. a. O. S.109.

(7) O. F. Bollnow, a. a. O. S.109.

(8) O. F. Bollnow, a. a. O. S.109.

(9) O. F. Bollnow, a. a. O. S.109.

六　「連続性」と「非連続性」とを止揚する第三の可能性

以上述べてきたように、「教育学の基礎そのものがより深められた仕方において目に見えてくる」(1)ということ、換言すれば、「教育全体の理解をうる新しい通路」(2)が開けてくるということは具体的には何を意味するのだろうか。

ボルノーは、『教育的雰囲気』(Die pädagogische Atmosphäre) において、信頼・庇護性・忍耐・希望・感謝などの諸現象が、「旧来の教育学理論の枠内においてはいかなる場所を占めることもできなかったのは何故か」(3)と問いつつ、従来の教育学をある意味で乗り越えようと試みた。ボルノーによれば、従来の伝統的な教育学の大部分は「技術論的な作る」教育学と、「有機体論的な成長に委ねる」教育学が互いに交錯しながら展開されてきた。(4) 技術論的・手仕事的な教育は、「ちょうど職人が一定のあらかじめ与えられた材料から、すでに出来上がっている計画どおりにかれの対象を製作するように、教育者は子どもを一定の教育目標に向けて型通りに作る」(5)ことができるという見解に立つ。他方、有機体論的な成長に委ねる教育とは、まさに植物がそれぞれの発育の可能性を人間が提供しさえすればおのずから成長するように、子どももそれと同様に扱いうる、という立場を強調した。

翻って、ここで人間学的考察法に身を置くならば、上述の二つの見解以外に「第三の可能性」ともいうべき、旧来の伝統的教育学では捉えることのできなかった新しい通路が発見されることになるのである。(6)

ボルノーは、従来の伝統的・連続的教育理論を、教育者の「心にうかぶ目標にむかって、かれにゆだねられた人間を、一定の仕方で形成」(7) しうるとみる手仕事的見解、もしくは植物が自然に成長するように人間も同様に育ってゆくとみる有機的見解の二つに要約する。このような従来の教育理論では捉ええなかった第三の可能性を、ボルノーは「出会い」「訴え」「危機」などの教育の「実存的・非連続的諸形式」という概念で、『実存哲学と教育学』(Existenzphilosophie und Pädagogik, 1959) において、見事に教育学の領域へ新しい光を投げかけたのであった。ところが、それから五年後に刊行された『教育的雰囲気』(1964) における精緻な人間学的考察によって、上述の諸現象の実存的把握とはまた一線を画する別の次元での教育学的範疇が、ボルノーによって見出されたのである。その範疇とは、「出会い」(Begegnung)「訴え」(Apell)「危機」(Krise) といった実存的、非連続的領域とは異なり、「完全に連続的な生の諸過程そのものの圏内において」(8) (傍点筆者) 庇護性・信頼・感謝と愛・忍耐と期待などの諸現象を原理的に扱おうとするのである。しかもここでわれわれが「連続的な生の諸過程」という場合、それは伝統的教育学における連続的とも次元が異なるものである。それではいったい、その新たな「連続的領域」とはボルノーにおいて何を意味するのであろうか。

ボルノーは非連続的領域を「出会い」「訴え」「危機」などの概念により、全体的人間像を教育学のなかで顕著にしてゆくことで、教育の営みにおける実存の重要性を浮彫りにすることに成功した。ところがこのような捉え方は、不可測で多面的な人間存在の実存、もしくは非連続的領域以外の在り方を閉ざしてしまう危険を孕むものである。つまり「危機が人間にとって唯一の在り方であるとはいえず、むしろ人間にとってはそれに劣らず他に全く別個の広い重要な領域がある」。(9) それゆえ、「このような閉鎖性に対してボルノーはG・マルセル (Gabriel Marcel, 1889-1973) のいう『随意性』(disponibilité) の概念をとり入れる」(10) ことになる。マルセルのいう「随意性」とは、ボルノーでは「開いた問いの原理」であり、諸々の可能性に対して常に自己を閉ざすことなく開放しておくということを意味する。そうなると、実存そのものの硬直性と危機とが克服された「随意性」の徳においては、「主観的閉鎖の克服と共に、孤立した瞬間を乗り越えた未来との『支持的関係』(tragendes Verhältnis)を獲得することが要請」(11)されるのである。この要請を人間はいかに満たすことができるのであろうか。それは、人間がある精神的状態、つまり「人間をとりかこんでいる世界と未来に対して維持される敬虔な『信頼』(Vertrauen)」(12)に到るときに初めて形成される。随意性の主要な徳は、「この信頼を根本的前提として形成」(13)され、安らいでいること・忍耐・希望・感謝などが随意性の主要徳目として考察されることになるのである。(14)

以上を要約すると、ボルノーは『実存哲学と教育学』のなかで、従来の伝統的な教育学においては見落とされ、なおざりにされていたような現象を「非連続性」という実存的な個別諸現象の方法原理によって教育学のなかへ意味ある営みとして甦らせた。ところが今やボルノーは再び伝統的教育学を意味する「連続的」諸形式を含みつつも、それと実存的領域に含まれる「非連続的」形式をいわば止揚する形で、庇護性・信頼・感謝と愛・忍耐と希望などの諸現象を随意性の主要な徳として、教育のなかで「新たな連続的な生の諸過程」のもとに捉えようとしているのである。以上の論述において筆者は、ボルノーの教育現実、現象への思索の根本的姿勢というものが、たえず硬直化することを許さぬ「開かれた問いの原理」として、忠実に実践されていることを示したかったのである。

註

(1) ゲルナー著、『教育人間学入門』、一五二頁。

(2) O. F. Bollnow, Die pädagogische Atmosphäre. S.109.
(3) O. F. Bollnow, a. a. O. S.109.
(4) Vgl. O. F. Bollnow, Existenzphilosophie und Pädagogik. Versuch über unstetigen Formen der Erziehung. Kohlhammer, Stuttgart, 6 Aufl., 1984, S.16 ff.
ボルノー著、峰島旭雄訳、『実存哲学と教育学』、理想社、一九八七年、一三刷。
(5) ボルノー著、『問いへの教育』、二一六頁。
(6) Vgl. O. F. Bollnow, Die pädagogische Atmosphäre. S.110 f.
(7) O. F. Bollnow, Existenzphilosophie und Pädagogik. S.16.
(8) O. F. Bollnow, Die pädagogische Atmosphäre. S.110 f.
(9) 水野清志著、飯島宗享・吉澤傳三郎編、『実存主義講座Ⅷ――実存主義の可能性――』理想社、一九七四年、一四四頁。
(10) 水野清志著、前掲書、一四四頁。
(11) 水野清志著、前掲書、一四四頁。
(12) 水野清志著、前掲書、一四四頁。
(13) 水野清志著、前掲書、一四四頁。
(14) Vgl. O. F. Bollnow, Neue Geborgenheit. Das Problem einer Überwindung des Existentialismus. Kohlhammer, Stuttgart, 3 Aufl, 1972. S.54 ff.
ボルノー著、須田秀幸訳、『実存主義克服の問題――新しい被護性――』、未来社、一九七八年。

七　教育人間学における方法論の開放性

このような教育学における人間学的考察の方法論を通して理解された様々の個別諸現象が、どれほど深く教育の全体へとその扉を開くことができ、またそれらがいかに「人間本質の解明にとって根源的かつ同等の重みをもって招致」(1)されうるかがようやく明確になり始めた。様々の欠点と長所を含め持った、まさに測り難い人間存在を取り扱う教育人間学は、けっして人間を「完結し閉ざされた像」として研究してはならない。むしろ、「つねに新たなとらわれのない態度で取りかかり、完結した人間の本質の規定をあわただしく求める希望に男らしく抵抗」(2)しなければならないのである。われわれは、硬化し完結した人間像から出発することは許されない。なぜなら、そのことは、人間の創造的自由を閉ざすのみならず、(3)「これまで注目されなかった新しい面を眺めさせ、人間全体を新しい光のなかに浮かびあがらせ、場合によっては、それまで当然だと思われていた解釈を、より深い理解による修正へと導くこと」(4)ができなくなるからである。

それゆえ、教育人間学の方法論的端緒は、絶えず新たな可能性を秘める予測不可能な子どもたちのみならず、人間存在一般の人間解明のためにも開かれていなければならないのである。われわれはさらにこのことから、教育人間学の方法論は、教育そのもの、人間そのものがより深い層において現れてくるための必要不可欠の手段であることを理解できるのである。

註

(1) ゲルナー著、『教育人間学入門』、一四二頁。
(2) O. F. Bollnow, Die anthropologische Betrachtungsweise in der Pädagogik. S.195.
(3) 岡本英明著、『ボルノウの教育人間学』、一一三頁－一一四頁参照。
(4) O. F. Bollnow, Die anthropologische Betrachtungsweise in der Pädagogik. S.196.

第二節　ボルノーにおける「時間論」
――それの教育学的意義――

一　問題の所在

われわれはここで、ボルノー（Otto Friedrich Bollnow, 1903-1991）の「時間論」[1]を哲学的人間学の手法で把握し、人間の生や教育における「計画思考」の過度の追及がみすごしがちな焦眉の課題を論証することにする。そこでまず初めに、人間の「時間的態勢の基本構造」（die elementare Struktur unserer zeitlichen Verfassung）を「積極的な未来の自由な形成者」と特徴づけ、その結果、人間の「目標志向的行動」は必然的に「計画性」に従って展開される、という見解を導き出す。しかしどのような用意周到な計画も偶然や運命によって措定される限界に行きあたり、そのとき計画的思考に慣れきった人間にとってどのような問題が生ずるのかを検討する。その後、われわれは「閉じられた時間」としての計画的思考の彼岸で与えられる「開かれた時間」としての「希望」概念を明らかにしてゆく。この生の究極的前提としての未来への信頼に満ちた関係である希望を論究するために、ブロッホ（Ernst Bloch, 1885-1977）とマルセル（Gabriel Marcel, 1889-1973）の思想を基軸として考察を進める。最後に、希望のなかにのみ一切の計画と期待を越えて広がる究極の根底が存するという教育学的見解の立場に触れ、教育計画の重要性を認めたうえで、なおその計画がなおざりにしている教育的課題をボルノーの哲学的人間学における「時間的態勢」の文脈のなかで探り出してみたい。

註

(1) O. F. Bollnow, Das Verhältnis zur Zeit. Ein Beitrag zur pädagogischen Anthropologie. Bd.29. Quelle und Meyer, Heidelberg, 1972.
ボルノー著、森田孝訳、『時へのかかわり——時間の人間学的考察——』、川島書店、一九七五年、第一刷。

なお、ボルノーの時間論についての先行研究としては以下の論文を参照のこと。

岡本英明著、『ボルノウの教育人間学』、サイマル出版会、一九七二年、第七章、「ボルノウの時間論の問題」、一七六頁—二〇一頁。

横山利弘著、「時間性への教育——教育におけるゆとりの問題——」、名城大学紀要一〇巻、一九七七年、三七頁—四六頁。

伊藤幸子著、「ボルノーの教育思想——人と『時間性』のかかわりあい——」、緑ケ丘学園延岡短期大学紀要、八号、一九七七年、一頁—一六頁。

大西恭子著、「O・F・ボルノウにおける『希望』(Hoffnung)の概念についての一考察——"Das Verhältnis zur Zeit" を中心に——」、関西教育学会紀要、二号、一九七八年、五頁—九頁。

加澤恒雄著、「新しい教育学の地平をめざして——O. F. Bollnow における『時空』の問題——」、酒田短期大学研究紀要、九号、一九七七年。一頁—一二頁。

川勝清司著、「O・F・ボルノーにおける人間の開放性についての考察」、京都大学教育学部紀要、XXVIII号、一九八二年、二六七頁—二七七頁。

西村義人著、「『倫理の原動力としての希望』の現在——ブロッホ・ボルノー・モルトマンに即して——」、八五頁－一〇二頁、『実存のパトス――実存思想論集二――』、実存思想協会編、以文社、一九八七年、第一刷。

二　計画思考の本質と限界

ミンコフスキー（Eugène Minkowski, 1885-1972）においては、「われわれの生は本質的に未来に向けて定位づけられている」[1]と言われ、同様に時間の三つの次元のうちで未来の優位を強調するハイデッガー（Martin Heidegger, 1889-1976）も「根源的かつ本来的な時間性の第一義的な現象は未来である」[2]と言い切っている。こうした根源的でありながら未だ決定されておらず、さらにわれわれに開かれている重要な未来の領域をボルノーは彼の「時間論」のなかでも最重要の課題と考えていた。未来とは「まだ決定されていないもの、開かれたもの、まだ確定されていないものの領域」[3]である、と考えるボルノーにとって、未来の優位性とはこの「開放性」を意味する。それ故、われわれはこの未来の開放性という視座に従ってさしあたり彼の時間論を考察してゆくことにする。

第一の方向として、人間が仮に自分自身を固定した存在とみなすならば、未来は「自分の方に向かってくるもの」[4]となり、人間は「未来がかれに示してくれるものに引きわたされていると感じ」[5]ることになる。このような固定化された人間の「時間的態勢の基本構造」[6]からみると、われわれの生において「未来の出来事を予見し、おそらくはあらかじめ計算することさえできるような、いくつかのことがあるということ、しかし、それに並んで、われわれがまったく予見することのできない、きわめて多くのこと」[7]が存するのである。もちろん、現実のなかで生きている人間は寄るべもなく彼の周囲で生起する出来事に引き渡されているが、同時に彼はまたこの出来事に自ら介入することができるし、またある程度は自己の未来を規定しうる。それ故、ここから人間の未来への関わり方の第二の方向、すなわち人間を「自ら積極的に未来へとおしすすんでゆくもの」(8) あるいは、「自分の未来の自由な形成者」として把握する方向で、われわれはさらにボルノーの時間論の考察を進めてゆくことにする。

ボルノーによれば、人間が上述のごとく未来の形成者であり責任を負う存在であるならば、彼はその未来を「気にかけ」「利用しつく」すべきである。そうした在り方は、いみじくもニーチェ (Friedrich Wilhelm Nietzshe, 1844-1900) によって指摘された「獣のように心配ごともなく漫然と」(9) 無頓着にのらくら暮らす「群衆」の本質とは正反対の「時へのかかわり」方をするはずである。それ故、ここでは「人間が未来のなかへと目標を投企し、それに必要な手段について熟考するような事例」(10) が問題となってくる。ボルノーは人間の未来へのこうした「目標志向的行動」つまり、「未来への責任ある先取り」(11) を「計画」と呼ぶ。換言すれば計画とは「一定の目的を達成するために合理的に構成しつくされた投企」、(12) もしくは「目標に向かって、努力するこの未来へ向けての関係態度」(13) と定義できよう。冷静な計算に基づく計画はそれ故に「一切の感情要素」が排除されねばならないとボルノーは考え、そこから人間の計画の本質とその限界への問いを追及してゆこうとしている。

生活秩序がますます複雑になる現代において、人間の投企が予見しがたくなるにつれ、ますます意識的な計画は必要不可欠なものとなる。その上、「自主性、主体性を過度なまでに重んじる現代の『進んだ』思考にとっては、まさにこのような『責任ある形成』を許す未来のみが、真に開かれた未来と考えられていると言ってもよいだろう」。(14) しかしボルノーはむしろ計画の本質に横たわる時間理解をもう一度問い直そうとして次のように述べている。すなわち「プランニング思考の無批判な過度の追及は未来の関連のもう一つの少なからず重要な諸側面を無視し、ついには人間の生活に宿命的な作用を及ぼす」[15]と。それでは、ボルノーは計画の本質をどのように捉えているのだろうか。彼によれば「プラン」(Plan)という語は、ラテン語の"planum"(= eben 平面の)に由来し、最初は建築物などの空間の平面図から次第に時間的な概念へと転用されるようになった。したがってここで重要なことは、時間が空間と同様に「鳥瞰図」的に見渡しうるものでなければならずその限りにおいて、時間は流動性をその本質とするにもかかわらず「完結した世界」を表し、そこでは進歩のようなものは存在しえない、という点である。[16] すなわちボルノーは時間表象の「空間化」の根本的誤謬を「閉じられた時間」(geschlossene Zeit) もしくは「閉じられた世界」(geschlossene Welt) と定義づけている。これは「そのなかで起こりうる一切のことがすでにあらかじめ、それの本質上、確定しているような世界」[17] つまり、計画の完全さと世界の閉鎖性とが厳密に対応する世界においては、原則的に何ら新しい事物は存在せず、また存在してはならない、ということを意味する。

しかし、こうした人間の時間投企の探究において「どのように用意周到なプランニングでも、予見しえないものによって、偶然と運命によって措定されている限界、一切の人間の努力を挫折させうる限界にぶつかる」[18] のである。われわれは技術的に予測し計算することのできる世界に慣れきって生活しているので偶然や運命は克服することのできない災難として現れうるにすぎない。それ故ボルノーは次のように言う。「現代の技術的態度は人間の生の運命的性格に対して盲目にし、またまさにそれゆえに、大きな破局が現実にかれの上にくずれ落ちるとき、人間をよるべなく置きざりにする」。[19] それでは、人間の未来に対する運命的かつ脅威的な局面に対して、われわれはいかなる態度を取ればよいのであろうか。

人間がその日暮らしの無思慮な安逸さに甘んずるならば右のような脅威や悪しき偶発的出来事を考慮に入

れずに生き続けることもできようが、真実なる生を探究しようと試みる限り、「人間は人生の原則的に廃棄しえざる不確実さを意識して自己に引きうけなくてはなら」[20]ない、というボルノーの主張もうなずける。こうした未来の宿命的な出来事に対しては、人間のいかなる綿密な計画も究極的には真の解決をもたらすものではないこと、すなわち人間の計画の完全さが崩壊することを、われわれは熟知している。

しかし、ここで注目すべきはボルノーの次の言説である。もし人間が彼の運命や威嚇を回避せず、真向からその生の底知れぬ危殆と取り組むならば、そのときにのみ「かれは類いまれな経験をする」。[21]これは、人間とは未来の見通しが困難であるにもかかわらず未来への信頼に満ちた関わりを獲得しうる可能性のあることを暗示している。彼は続けて言う。「人間はこの瞬間に、根拠づけることはできぬが、しかし神秘的に現前する確実さ、自分が底無きものの中に転落するのではないだろうという確かさ、（中略）まさに最悪の危殆に瀕して或る包摂的な存在（中略）によって自分が支えられていると感ずる確かさ、を経験するのである」。[22]ボルノーはそれを極めて明快に「希望」（die Hoffnung）と呼んだ。すなわち、「わたしが希望しながら未来に対処する仕方において、わたしは、未来の贈物の根本的に全く予見できぬものにたいして、開かれている」[23]とボルノーが言うときに、そこでの「希望」とは、生の究極の前提としての「未来への信頼に満ちた関係」であることがわれわれに理解できよう。

人間の生を充実させる未来への関わり方の一つの力が「計画的形成」とするならば、この「希望」は未来に対する人間のもう一つのしかも究極の力の源泉となりうる。しかも両者の関係はけっして相反するものではない。むしろ希望は「プランニングに味方するものであり、プラニングがそれの限界にぶつかる場所で一切にひろがり一切を基礎づけつつ、姿を現わす」。[24]われわれは次に、ボルノーの希望概念の特徴をさらに深く探究するためにブロッホとマルセルの思想の核心を分析してゆくことにする。

註

（1） O. F. Bollnow, Das Verhältnis zur Zeit, S.56.
（2） M. Heidegger, Sein und Zeit. Halle／Saale. S.329. 桑木訳、『存在と時間』、岩波文庫版、下、五七頁。in: O. F. Bollnow, a. a. O. S.56.
（3） O. F. Bollnow, a. a. O. S.56.
（4） O. F. Bollnow, a. a. O. S.56.
（5） O. F. Bollnow, a. a. O. S.56.
（6） O. F. Bollnow, a. a. O. S.58.
（7） O. F. Bollnow, a. a. O. S.58.
（8） O. F. Bollnow, a. a. O. S.57.
（9） ボルノー著、浜田正秀訳、『対話への教育』、玉川大学出版部、一九七三年、第一刷、五一頁。
（10） O. F. Bollnow, Das Verhältnis zur Zeit, S.60.
（11） O. F. Bollnow, Pädagogik in anthropologischer Sicht, Tamagawa University Press, 1971. S. 140.
（12） O. F. Bollnow, Das Verhältnis zur Zeit, S.60.
（13） ボルノー著、『対話への教育』、五二頁。
（14） 川勝清司著、「O・F・ボルノーにおける人間の開放性についての考察」、二七二頁。
（15） O. F. Bollnow, Das Verhältnis zur Zeit, S.61.
（16） 岡本英明著、『ボルノウの教育人間学』、一九二頁参照。
（17） O. F. Bollnow, Das Verhältnis zur Zeit, S.62.
（18） O. F. Bollnow, a. a. O. S.89 f.
（19） O. F. Bollnow, a. a. O. S.71.

(20) O. F. Bollnow, a. a. O. S.72.
(21) O. F. Bollnow, a. a. O. S.72.
(22) O. F. Bollnow, a. a. O. S.72.
(23) O. F. Bollnow, Neue Geborgenheit. Das Problem einer Überwindung des Existentialismus. Kohlhammer, Stuttgart, 3 Aufl. 1972, S.113.
ボルノー著、須田秀幸訳、『実存主義克服の問題――新しい被護性――』、未来社、一九七八年、第三刷。
(24) O. F. Bollnow, Das Verhältnis zur Zeit, S.72.

三 「開かれた時間」と「希望」

ここでは、未来に対する「計画的形成」と予測しえない偶然や運命との対決を考察することが課題となる。その際、「一切の運命的な脅かしを克服する信頼にみちた未来関係の相応の分析によって、すなわち希望の分析によって」[1] 論考を進めてゆくことにする。具体的に、ボルノーは、「まったく相互に異なった出発点から独自の考えぬかれた希望の哲学を発展させた現代の二人の思想家」[2] であるブロッホ（Ernst Bloch, 1885-1977）とマルセル（Gabriel Marcel, 1889-1973）の思想との対決をとおして自らの思想を展開している。

a　ブロッホの知的希望とその限界

さてブロッホは好んで「知識のある・具体的な希望」（wissend-konkrete Hoffnung）とか「希望の知識」（Wissen der Hoffnung）という言葉を使用するが、それは彼の思索のなかでは「理解された希望」（docta spes）もしくは「情報知を与えられた希望」として定式化されている。しかし、「知」と「希望」の結合ということがはたしてありうるのか、という批判的な問い、すなわち、「知的であるということは、どこまで希望の本質と結びつきうるのか」[3]という問いがボルノーと共に提出されなければならない。ブロッホの「知的希望」の概念はむしろ人間の計画の契機ではないのか、という観点からボルノーのブロッホ批判は始まる。「知ることと希望することとが同じように必要であることが強調されるのは正しい」[4]としても、知及び知に基礎をもつ計画と希望とは決定的に次元の異なった時間構造ではないのか。つまり、知や計画は人間の認識や理性の働く場であり、そこではぎりぎりの限界にいたるまで、計画可能なものは計画どおりに実施すべき性格を有するものと考えられよう。

先述の事柄を受けてボルノーはさらにブロッホ批判を展開してゆく。いかに厳密な計画といえども、予測しえない偶然と運命によって遂行不可能となることが現実には生ずるわけで、そうした限界状況では、計画も知も全く意味を喪失してしまう。そこでは人間の一切の企ては無に帰せしめられ、ここで初めて「より深い、本来的な意味における希望、すなわち人間が一切の脅威にもかかわらず底知れぬ深淵に落ちることなく、何らかの仕方でともかく切りぬけてゆくという人間の信頼としての希望が出現する」[5]とボルノーは考えた。それ故、真の「希望」はけっして知的、理性的な範疇に属するものではありえず、むしろ包括的な存在根拠へと止揚された宗教的な根本感情ともいうべき領域に属するものと言わねばならない。

ここでボルノーのブロッホ批判はより鮮明なものとなる。ブロッホにあっては外部からやって来る妨害的な偶然や予測しえぬ運命を積極的に自己の希望概念のなかに取り入れようとはしないが故に、「仮借なく尖鋭化して言えば、ブロッホが希望と名づけているものは、自らの力の限界において、救いとなって意を迎えてくれるものに身を任ねる、真の希望ではまるでなくて、自己信頼であり、自己の力への信頼」[6]以外の何ものでもない。換言すれば、ブロッホにあっては、人間にとって希望の最も内奥の本質に属すると思われるもの、すなわち「未来から自己に向かってやってくるところのある支え運ぶ土台によって受け止められていると感ずる」(7)ものが欠落している。こうしてブロッホの希望が人間の理性的存在に基づく自己信頼に立脚するのに対して、他方ボルノーのそれは、未来への信頼に満ちた関係態度に依拠することが理解される。

b　マルセルの「絶対的な希望概念」

それでは、人間は自らの力の限界において希望に身を委ねてよいというボルノーの立場は運命や偶然との関わりでいかなる意味をもつのか。(8)この点を、ブロッホとは異なり実存哲学を全面的に拒否することなく、「この克服の可能性を希望のなかに見て」(9)いる、マルセルの思想に依拠しつつ論究してゆくことにしよう。「希望は生と兄弟のように結びつけられている」(10)とのマルセルの言説を援用しつつ、ボルノーは、この「希望」こそが「人間の生をその時間的状態において把握しうる根本構造」(11)であると考え、以下詳細な分析を続けてゆく。

マルセルは単純な希望「私は＊＊＊ということを希望する」と、絶対的希望「私は希望する」とを区別した。単純な希望は「人間の一定の、直観的に表象しうる結果の出現を希望する」(12)性質のものであり、それは実現されるか否か全く当てにならない。他方、絶対的な希望は一定の表象された目標に固執することなく、内容的にも無規定のままで一定の願望に凝縮することなく人間の魂の一般的状態を表している。マルセルは重い病人を例にとり次のような説明を加えている。すなわち、その病人が一定の期間の後に治癒すると考えにこだわっている限り、現実がそれと反対の形で現れたときには幻滅に陥る他ない。しかし、仮に病状が回復しなくともけっして一切が終わりなのではなく、その時にも「何とか（irgendwie）」なりゆくという人間の限界を越えた根源なるものによって支えられていることを人間が認識するとき、そこで彼に生ずる「純化と変容」が、まさしく真の「絶対的な希望」なのだとマルセルは言い切っている。ここに自己の力への信頼としての「知的希望」を主張してやまぬブロッホの思想との根本的な質的相違点が明確に示されているように思える。

しかし誤解を避けるために繰り返せば、こうした「絶対的な希望」とはひとりでに人間の手のなかに入るものではなく、逆に多くの特別な努力によってのみ獲得される内的状態を人間に要求する。そのことはすなわち、「人に近づいてくる、他の人間の要求に対して開かれているという用意と能力」[13]（傍点筆者）を意味し、そうした内的状態をマルセルは「自在性・随意性」（Disponibilität）もしくは「自由な処理能力」（Verfügbarkeit）という概念で表した。「自在性・随意性」とは未来に対する開放性の意味で、希望と直接に関係する。マルセルの別の表現を借りれば、「自在性・随意性」とは「たんなる環境を機会に、あるいは恵まれた状況（faveurs ＝ 恩恵）にさえ変える能力」[14]である。逆に、一切の予見しえない出来事を厄介な妨害としか捉えられず、自己自身の意図のなかに閉じこもっている人間を「不随意」的すなわち、自在でない内的状態にある、という。それ故、「さしあたりは妨害的と見えるもののなかに、まさにそれを摑みとり、利用し尽くすことが肝要である新しい創造的な可能性を認識する人間は自在」[15]なのである。計画的思考のみに固執する不随意な者は、自己満足の結果、自己の殻のなかに閉じこもり、新たな経験を拒絶する危険を孕む。他方、自在的で随意的な人間とは、「固い殻を突きやぶり、新たな経験をなし、その助けをかりて生を修正し、更新する能力を」[16]保有する者に他ならない。

しかしボルノーは深くマルセルの思想に共鳴しつつも、次の一点に彼の希望概念の限界をみてとる。ボルノーによれば「希望」に基づく人間の「自在性・随意性」が未来からの贈与としての「生の呼びかけ」に応える能力であるとするならば、そのとき人間は「偶然が瞬間から瞬間へと目まぐるしくかれにもたらす、さまざまな『呼びかけ』に無方針に引きわたされ」[17]たままであり、いつでも「人間は本質的に反作用的な、外部からやって来る刺激を当てにした存在」[18]でしかないことになる。こうしてボルノーはマルセルの思想の限界を次のように指摘する。すなわちマルセルは「人間を、計画し、自分の世界を責任をもって形成する存在だとは考えない。(中略)かれは自発性をなおざりにしている」[19]と。そのうえでボルノーの最終的見解に従えば、「自在性・随意性」もしくはまったく予見しえない出来事に対する受容能力は、「〔内部〕からやってくる能動的な形成意志と、『外部』からやって来る呼びかけを受容する応答への用意との間の交互作用においてはじめて」[20]創造的な発展を可能ならしめるのである。

c 「期待」と「希望」

とはいうものの、ボルノーの以上の批判、すなわち、マルセルの希望概念には自発性が欠如している、という欠点の指摘がなされたからといって、マルセルの「希望」もしくは「自在性」の本質的意義はいささかもそこなわれるものではない。ところで、ボルノーはこれとの関連で、「期待」と「希望」の根本的差異についての鋭い人間学的分析を試みている。しかもこの両者の比較分析は、ボルノーの時間論の考察からさらに発展する思想的可能性の萌芽を包含している「時間論の教育的意義」の中心テーマとも密接に連動する重要概念である、ということもここであわせて明示しておきたい。

「単純な希望」(マルセル)に相当する「期待」は「あらゆる外見での受動性にもかかわらず、緊張した傾注のなかに現れる、強い内的能動性」[21]を有するのに対して、絶対的な「希望」にはかならず、「ある種の内的弛緩状態」[22]がみられる。あるいは「期待は一定の志向を含んでいるのに反して、希望には不定性と内的解放性とが属している」(23)とも言えよう。さらにボルノーは次のように述べている。「人びとは期待の際に、期待されている出来事に向かって動くが、希望の際には、それと逆に、出来事が自分の方に向かって来るにまかせる」(24)のである。ここから理解できることは、「期待」の時間構造は「閉じられた時間」に基づくという点である。期待された出来事が現れることによって、「現在自体のなかにすでに存在している間隙がぎっしり詰められ」(25)るがゆえに、人が期待するとき「未来はすでに、全くはっきり下図ができている」。(26)すなわち、時間は閉ざされた状態になっているのである。そこでもし期待した出来事が実現しなければ、「流れ去る瞬間は(紐が切れた真珠だまのように)意味もなく滑り落ちていくのである」。(27)さらに、閉じた時間構造の期待にとって「未来は、現実に入りこむずっと以前に、その内容はすでに決定している、予見できる結末であり、それは本質的に(中略)機械的結末の時間経過にほかならない」。(28)人間が未来に対して、期待する在り方で向かうときにはいつでも、彼は時間のなかに閉じこめられ、他の一切の出来事から遮蔽され、彼の心的態度は他のものにたいして「不随意」のまま諸々の生の可能性の地平から遠ざけられてしまう。これに反して真の希望は「開かれた時間」のなかでのみ生ずる。希望は未来の根本的に予見しえないものに対して自己を開放することにより、諸々の可能性を人間に与える。ボルノーは別の箇所でも次のように論じている。「この未来は、全く見透すこともできず、計算することもできないものであるにもかかわらず、決してわれわれを嚇やかすものとは感ぜられない」。(29)ボルノーによれば予見しえない未来をも合理化したがるわれわれの計画的意識とは全く逆に、希望する人間は、予測しがたい未来をもはや「威嚇」として捉えるのではなく、人間を慈悲深く庇護し、「空虚のなかに転落させない、支持的な根底」(30)として理解するであろう。それ故ボルノーにあっては、真の希望は人間に対する「信頼の表現」であり「生の究極の前提」となるのである。

註

(1) O. F. Bollnow, Das Verhältnis zur Zeit, S.73.
(2) O. F. Bollnow, a. a. O. S.73.
(3) O. F. Bollnow, a. a. O. S.81.
(4) O. F. Bollnow, a. a. O. S.108.
(5) O. F. Bollnow, a. a. O. S.82.
(6) O. F. Bollnow, a. a. O. S.89.
しかし西村義人はここで、ボルノーのブロッホ批判は失当である、との見解を述べている。ボルノーによれば、ブロッホは、「予期せずに降りかかる運命を知らないか、或は少なくとも自らの体系に本質構成要素としてとり入れず」(O. F. Bollnow, a. a. O. S.89.) したがってブロッホにおいては「破局乃挫折の可能性が視界に納められていない」(O. F. Bollnow, a. a. O. S.89.) とボルノーは考える。しかし西村はブロッホの『希望は失望(幻滅)させられることが可能か』とする講演に依拠しつつ、次のようなブロッホの希望理解を展開している。すなわち「危機のあるところまた救いも増す」(ヘルダーリン)という「危機と信念を真理態とする希望」(das Prinzip Hoffnung, S.127.) は救いの保証などではなく、むしろ「失望可能」である。それどころか「希望は失望可能でなければならない。さもなければ、それは全く希望ではないことになろう」(Literarische Aufsätze, S.386.) というブロッホの言説を引用して、ボルノーのブロッホ理解を一部批判している。しかしここではこうしたブロッホ理解も存するということを明示するにとどめる。さらなる考察は次の機会に譲ることにする。(西村義人著、「『倫理の原動力としての希望』の現在――ブロッホ・ボルノー・モルトマンに即して――」、九二頁―九三頁)
(7) ボルノー著、『対話への教育』、七〇頁。
(8) 大西恭子著、「O・F・ボルノウにおける『希望』(Hoffnung)の概念についての一考察―― "Das Verhältnis zur Zeit" を中心に――」、七頁参照。

(9) O. F. Bollnow, Das Verhältnis zur Zeit, S.91.
(10) O. F. Bollnow, a. a. O. S.91.
(11) O. F. Bollnow, a. a. O. S.91.
(12) O. F. Bollnow, a. a. O. S.92.
(13) O. F. Bollnow, a. a. O. S.93.
(14) O. F. Bollnow, a. a. O. S.94. また、G. Marcel, Homo Vitor. Prolégomènes à une Métaphysique de l'Espérance. 1944. 西谷啓治他訳、『旅する人間』、マルセル著作集四、春秋社、一九六八年、二八頁参照。
(15) O. F. Bollnow, Das Verhältnis zur Zeit, S.94.
(16) O. F. Bollnow, a. a. O. S.90.
(17) O. F. Bollnow, a. a. O. S.96.
(18) O. F. Bollnow, a. a. O. S.96.
(19) O. F. Bollnow, a. a. O. S.96 f.
(20) O. F. Bollnow, a. a. O. S.97.
(21) O. F. Bollnow, Neue Geborgenheit. S.110.
(22) O. F. Bollnow, a. a. O. S.110.
(23) 岡本英明著、『ボルノウの教育人間学』、一九六頁。
(24) O. F. Bollnow, Neue Geborgenheit. S.110.
(25) O. F. Bollnow, a. a. O. S.110.
(26) O. F. Bollnow, a. a. O. S.110.
(27) O. F. Bollnow, a. a. O. S.112.
(28) O. F. Bollnow, a. a. O. S.112.
(29) ボルノー著、小島威彦訳、『希望の哲学』、新紀元社、一九七〇年、重版、二七頁。
(30) O. F. Bollnow, Neue Geborgenheit. S.113.

四　「時間論」の教育学的意義

ここで最後に、ボルノーの「時間論」を教育学の領域に移行して言及することにする。ボルノーによれば「教育的関係の本質には、教育者が希望と期待をもって、現在をこえて未来へ先走るということが含まれている」[1]という。なぜなら、教育とは「たとえそれがずっと先の未来であっても、未来において実現すべき目標をめざして積み上げてゆく仕事」[2]だからである。具体的な教育の営みのなかでも、両親や教育者はある程度までは、子どもに「期待」をかけることは許されるし、むしろ必要なことでもあるとボルノーは確信する。その場合、親や教師が慎重に計画した子どもへの要求を実現することが期待されることになるが、しかし「そのような正当な期待さえも、つねに、比較的短い時間の範囲についてのみ、それをかけることが可能」[3]であるにすぎない。換言すればそうした期待が、教育者や親たちの虚栄心によって理性的な限度をこえるようなことはけっして許されてはならないだろう。そこで設定された期待が真に意味あるものたりうる限度は「あくまで、生が計画可能な経過として人間の手で左右される範囲において」[4]ということになろう。予見できない未来に対して、すなわち教育の領域に限定するならば、あらかじめ見通すこともできず計画どおりに成長しかねない子どもの発達に対しては、あまりにも一方的に形づくられた親や教育者の期待は有効でありえない。というのも、こうした期待は親や教育者自身の視野をせばめるのみならず、子どもへの期待がはずれるやいなや、自らに失望し、子どもを非難することにもなりかねないからである。

元来、教育学は「教育者が目標を意識した行為をとおして計画的に引き起こすことのできるものだけで」[5]（傍点筆者）、すなわち教育者が自ら作り計画したものだけで満足できない性格を有する、とボルノーは考えている。なぜなら教育学こそが、今ここで自らの問題に悩み苦しんでいる子どもに「生の援助」を提供する学問であるべきだからである。おそらくそれはもっと鋭く、次のように理解してよいだろう。すなわち教育学は教育的意図や計画がどこまで子どもたちに意味深く関与できるかを明確にし、また子どもが何らかの危機的状況におかれている場合に、教師はどのような援助がその子どもに可能なのかを自ら問うてみる必要があろう。

たとえば教育者は自らの教育的活動において、できる限りの合理的計画を立案し実践するべきであり、そこからおのずと「計画可能性」の限界も明確になってくるであろう。何故なら、人間の生について十分に配慮された合理的計画といえども、予測しえぬ偶然と運命によって繰り返し妨害されるからである。ボルノーは言う。「人間は絶えずその意図の新たな方向づけや変更を余儀なくされる」[6]がゆえに、教育者も同様に「自分の教育計画の奴隷になることを警戒」[7]しなければならない。全く予期しえない出来事が教育者の準備した教育計画を妨害するとき、彼は挫折する他ない。それ故に「教育はきわめて限定された範囲でのみ計画可能」[8]なのである。

いずれにせよ、このような予知不可能な領域をも自らの手中に収めようとする企ては、人間の弱さやひいては教師や親のなかに潜む虚栄心にすぎず、そうした人間の「未来という時間的態勢」への誤った関わり方が、知らず知らずのうちに子どもの固有の生を不当にゆがめ、傷つける結果になってしまっていないだろうか。ボルノーはそのことを決定的な問題点として明確にしたうえで教育者や親に以下のような根本的な転換を促している。すなわち、「未来が新しいものや予期しなかったものに垣間見させてくれることがらに対して、開かれた信頼の心をもつこと」[9]（傍点筆者）が教育者の子どもに対する心的態度にとって全き重要性を帯びることとなろう。それはまさしく前の箇所でとりあげたマルセルの主張する「随意性・自在性」の概念、すなわち「先入見にとらわれることなく、予期せぬ新たな展開の呼びかけに応える能力」[10]をさし示すことに他ならない。

この「随意性・自在性」[11]は、「期待」とは正反対の人間の徳である「希望」においてのみ成立する。子どもの発達に対して信頼に満ちた関係を保持している、と教育者が実感しうる場合にのみ、彼の究極的かつ決定的な基盤となる希望概念が未来という人間の時間的態勢の文脈のなかで捉えられてくる。仮借なく尖鋭化して言えば、希望している者は、「多くの望ましい期待さえも裏切られ、未来に期するあらゆる試みも全く失敗に帰するとき」[12]でさえ具体的な形はとるものではないが、「予見しがたい可能性の贈物に対して常に開かれており、また、現在のあらゆる困難の中にあってもなお、たとえいまは見えなくとも、必ずや『なんとかして』突破口を見いだす」[13]者のことなのである。

こうした希望はとりわけ教育が成立する大前提でなければならない。なぜなら、魂を支える究極の本質であり未来をめざす生を可能ならしめる基盤としての希望こそが、子どもを正しい仕方で発達させるからである。さらにこの希望こそが、手ひどく失望し落胆しているかもしれない子どもに対して、「やがてはきっとすべてが『なんとかして』解決されるという確信を持ち、困難に打ち勝つ内的優越性」[14]をもたせるからである。こうしてボルノーの捉える「希望」概念は教育の「未来へ開かれた時間性」との関わりでひときわ重要な働きを有するものとなる。それ故この真の希望こそが「完全な生の未来における可能性へ開かれているもの」[15]であり、生と世界のなかでせめぎあう幾多の矛盾を包含しつつも、「全き（聖なる）世界」に包まれ、庇護されているという感情に支えられる根拠となりうる。この一点で希望という時間態勢は人間にとって宗教的な徳になり、「この究極の根底からのみ、一般的には人間的生が、また特殊的には教育的行為が」(16)成立しうるのである。

註

(1) O. F. Bollnow, Die pädagogishe Atmosphäre. Untersuchungen über die gefühlsmässigen zwischen menschlichen Voraussetzungen der Erziehung. Quelle und Meyer. Heidelberg. 1970. 4 Aufl., S.54.
　ボルノー著、森昭・岡田渥美訳、『教育を支えるもの――教育関係の人間学的考察――』、黎明書房、一九八〇年、一一刷。
(2) O. F. Bollnow, a. a. O. S.54.
(3) O. F. Bollnow, a. a. O. S.55.
(4) O. F. Bollnow, a. a. O. S.55.
(5) ボルノー著、森田孝・大塚恵一訳編、『問いへの教育――哲学的人間学の道――』川島書店、一九七八年、二刷、一八頁。
(6) ボルノー著、前掲書、二〇頁。
(7) ボルノー著、前掲書、二〇頁。
(8) ボルノー著、前掲書、二〇頁。
(9) O. F. Bollnow, Die pädagogishe Atmosphäre, S.56.
(10) O. F. Bollnow, a. a. O. S.56.
(11) 森昭・岡田渥美の両訳者は disponibilité を「融通・ゆとり」と訳されている。
(12) O. F. Bollnow, a. a. O. S.60 f.
(13) O. F. Bollnow, a. a. O. S.61.
(14) O. F. Bollnow, a. a. O. S.61.
(15) O. F. Bollnow, a. a. O. S.61.
(16) O. F. Bollnow, a. a. O. S.62.

第三節　ボルノーの「空間論」
――それの教育人間学的意義――

一　実存主義克服の端緒――都市建設の必要性――

フランス語の原題では『城砦』（シタデル）と名づけられ、ドイツ語の翻訳では、『砂漠のなかの都市』と意訳されている、サン＝テグジュペリ（Saint-Exupéry, 1900-1944）の壮大な遺作は、これから論じようとするボルノー（Otto Friedrich Bollnow, 1903-1991）の「空間論」(1)にとっては、きわめて示唆的な文学作品である。なぜなら、既に『砂漠のなかの都市』という表題が示すように、ここでボルノーは人間の本質を「砂漠」のただなかにあって堅固な「我が家」（de meure）に定住すること、と考えるからである。ボルノーは続けて述べている。すなわち、「このような後楯をもたない『放浪者』である人間、安らぎのない永遠に駆りたてられた旅人である人間は、旅のなかばで歩みを止めて、自分のために『わが家』を建てることを学ばなければならない」。(2)その意味で人間が健全な生を営むためには、その本質において「都市の建設者」でなければならない。サン＝テグジュペリが、「わたしは都市の建設者である。わたしはここに、わたしの城砦のための礎石を置こうと決心した」(3)と言明するとき、ボルノーはそこに人間の現存在の新しい問題、すなわち、人間は「住むこと」においてのみ、自己の本来性に到達することができる、という課題の萌芽を読み取っていた。このようにボルノーが繰り返し、サン＝テグジュペリの『城砦』の思想に立ち帰るのは、そこに「住むこと」のできる故郷のような世界を規定する「秩序」の概念を、「実存主義克服」の視点で述べているからであろう。ここで、『城砦』の本質が、人間の生の秩序の追究であるという場合、それは明らかに、いかなる秩序構成も持たない実存的孤独の足かせを断ち切ることを意味している。(4)

ボルノーの「住むこと」への言及の重要性は、ハイデッガー（Martin Heidegger, 1889-1976）の「建てること、住むこと、思考すること」(5)（ダルムシュタットでの講演）を援用することによってさらに補強されてゆく。現代という「安らぎのない」「根こそぎにされた」「寄る辺なき」状態に運命づけられた人間にとって、「滞在する」という在り方は、人間の根源的な本質を歪めるものである、という実存主義的主張に対してボルノーは毅然たる態度で否と表明し、次のように述べている。すなわち、「人間は本質上、〈住む者〉である。（中略）人間はただ住むことによってのみ、存在する。（中略）人間が、建てながら自分の空間を創造し、形態づけることによってのみ、また、人間がこの根源的な意味で、ただ空間のなかに存在するだけでなく、空間、すなわち自分の運動の活動の余地、もっとも広い意味での生活空間をもつことによってのみ、人間は自分の存在を獲得するという意味で、人間は世界のなかに投げ出されているのである」。(6)

このような「被投性」としての現代人の問題をボルノーは、「家なき人間」として特徴づけ、そこから以下の人間存在の本質を捉えてゆこうとする。ボルノーはゲーテ（Johann Wolfgang von Goethe, 1749-1832）の『ファウスト』における「森と洞窟」という陰鬱な場面での人間の絶望を次のように描写する。「おれは逃亡者ではないのか。宿無しでは？　当てもなく、安らぎもない非人間ではないのか？」(7)と。このゲーテからの引用は、まさしく現代のニヒリズムに曝された人間の意味を文学の地平から探ろうと試みたカトリック実存主義に立つドイツの詩人・批評家ホルトゥーゼン（H.E.Holthusen, 1913-）の評論集、『住みかなき人間』[8]（Der unbehauste Mensch, Mnchen 1951）の以下の主張とみごとに符号する。つまり「実存主義者は実際に家なき人間であり、より深い精神的な意味でも、不気味に恐ろしく襲いかかってくる環境世界に包まれて故郷なき者となった」。[9]（傍点筆者）ハイデッガーの、人間は世界のなかに「投げられ」（geworfen）ている、との言明もこうした脈絡で理解されるべきであろう。[10] 同様に、サルトル（Jean Paul Sartre, 1905-1980）が、人間はその世界のなかで無意味なもの、「余計なもの」（de trop）であり、それ故に「不安」と「嘔吐」が人間を支配する感情となるというとき、彼はそこに深い危機に陥った現代人の宿命を指摘したのである。しかしそれと同時にボルノーはこうした実存主義者たちの主張が、ただちに人間一般の状況にも当てはまるのかと疑問を呈し、「住みか無き人間にも平和に住み得るような家を再び考えることこそ、まさに人間の課題」[11] ではないのかと反論する。

ボルノーの本来的な人間の課題を論ずる前に、前述の「故郷なき者」と別の意味で非本来的な在り方としての「定住者たち」の特徴を、ボルノーは次のように分析している。すなわち、わが家に平穏無事に住むことができると思いこんでいる「定住者たち」はいつも侮蔑的に語られているのであるが、それにもかかわず、サン＝テグジュペリによって「都市」建設の必要性が強調されるとき、「定住の侮蔑的概念と、人間がそれによって住みながら自己の存在に到達する、真のわが家の所有とが、ぜひとも区別されれ」[12] なければならないだろう。別言すれば、侮蔑的な意味での「定住者たち」とは、「自己の狭い境界のなかで疑いのない安全さをもっていると信じこんでいる者」[13] であり、「かれの視界は、かれのいく教会の塔から見える範囲の狭い地平線にまでせばめられ」[14] てしまう。ボルノーはこうした怠惰な人間像を否定し、同時にまた実存主義の欠点である冒険者の危険をも批判する。

以上、まとめると次のように言えよう。ボルノーはここに二重の危険を見ている。一つは、「『定住者』の危険、すなわち、生が脅かされている状態を前にして目をつむり、小さな限られた組織のなかで固定してしまう俗物の危険である。他の一つは、故郷との結びつきを見つけないために、まったく固定ということを知らず、その人間の実体が発散してしまう、冒険者の危険である。（中略）ところが実存主義者は、一方の危険、すなわち固定化の危険だけに着目しており、そのために他の危険、すなわち、『基盤喪失』の危険におちいりがちである。だが、この二つの危険の間に、人間の道が通じている」。(15) ここでボルノーが言わんとすることは、人間が新たな拠り所をこの世界で獲得するためには、前述の二つの危険の間の道を行くこと、すなわち、ただ一途にこの世界の何か特定の一点に腰を据えて、しっかりと根づき、そこから人間の秩序を形成すると同時に、外部空間から自分を脅かしてくる威嚇に対抗する以外に道はない。その後に初めて人間は自分の安らぎを見いだし、真の故郷・都市を建設することができるのである。(16)

註

（1） O. F. Bollnow, Mensch und Raum, Kohlhammer, Stuttgart, 4, Aufl., 1980.
ボルノー著、大塚恵一・池川健司・中村浩平訳、『人間と空間』、せりか書房、一九七八年、第一版第五刷。

なお、ボルノーの「空間論」についての先行研究としては次の論文を参照のこと。

岡本英明著、『ボルノウの教育人間学』、サイマル出版会、一九七二年、第六章、「ボルノウの空間論の問題」、一四六頁－一七三頁。

戸江茂博著、「人間の生に於ける『Wohnen（住むこと）』の教育学的問題」、関西学院大学教育学科研究年報、第一号、一九七七年、三六頁－四二頁。

川森康喜著、『ボルノウ教育学の研究』、ミネルヴァ書房、一九九一年、第一版第一刷、第五章、「ボルノウにおける空間と教育」、一七一頁―一九四頁。

粂田勲著、「『住まう』ことへの人間学的一考察―― O. F. Bollnow における『住まう』こと――」、岐阜女子大学紀要、第七号、一九七八年、七一頁―八二頁。

森田美千代著、『人間の生と教育』、創言社、一九八五年、第五章、「ボルノーの空間論」、一三七頁―一五八頁。

(2) O. F. Bollnow, Neue Geborgenheit. Das Problem einer Überwindung des Existentialismus. Kohlhammer, Stuttgart, 4 Aufl, 1979. S.172.
ボルノー著、須田秀幸訳、『実存主義克服の問題――新しい被護性――』、未来社、一九七八年。

(3) O. F. Bollnow, a. a. O. S.173.

(4) Vgl. O. F. Bollnow, a. a. O. S.184 f.

(5) M. Heidegger, Bauen, Wohnen, Denken. Darmstädter Gespräch 1951. バルトニング編、『人間と空間』(Mensch und Raum, hrsg. V. O. Bartning, Darmstadt 1952, S.72 ff.)所収、『講演論文集』(Vortrage und Aufsätze, Pfullingen 1954, S.145 ff.)に再録。

(6) O. F. Bollnow, Neue Geborgenheit. S.175 f.

(7) ボルノー著、浜田正秀・他訳、『新しい教育学と哲学』、玉川大学出版部、一九六八年、一五三頁。ボルノーはゲーテの『ファウスト』、第一部、三三四八―九行を引用している。

(8) この『すみかなき人間』(1951)は、カトリック実存主義にたつドイツの詩人で批評家のホルトゥーゼンの代表的な評論集である。

(9) ボルノー著、『新しい教育学と哲学』、一五四頁。

(10) Vgl. M. Heidegger, Sein und Zeit. Halle a.d.Saale, 1927, S.135.

(11) ボルノー著、『新しい教育学と哲学』、一五六頁。

(12) O. F. Bollnow, Neue Geborgenheit. S.222.

(13) ボルノー著、森田孝・大塚恵一訳編、『問いへの教育』、川島書店、一九七八年、一四五頁。

(14) ボルノー著、前掲書、一四五頁。

(15) O. F. Bollnow, Neue Geborgenheit. S.198.

(16) ボルノー著、小島威彦訳、『人間の棲家』、明星大学出版部、一九七六年、八二頁参照。

二 「体験された空間」概念における内的秩序

さてわれわれはボルノーの空間論を考察するにあたり、まず「数学的空間」と「体験された空間」の区別から始めるのがふさわしい手順であると思われる。ボルノーが抽象的な「数学的空間」と区別した意味で「体験された空間」(der erlebte Raum)という場合、それは、「具体的な人間の生に開かれるような空間」すなわち、そのなかで人間が毎日生活し、そして人間の生を発展させるためにわれわれが必要とする、あの今一つ別の空間を意味する。(1) この「体験された空間」とはたんなる傍観者という単純な役割に満足している関わりでなく、むしろ現実の具体的な空間を意味する。またこの空間は、けっして精神的なものでなく、かといってたんに体験されたものでもなく、ましてや想像上の非実在的なものでもなく、現実的な具体的空間である。(2)

他方、「数学的空間」とは、等質性と価値中立性をその特質とし、どの点も線も他の点や線に対して優越しない測量可能な抽象的空間である。それゆえ、体験された空間はそこで「体験している人間の居場所をとおして与えられている、他に優越する原点がある」(3) ために、価値に対して決して中立でありえない。体験された空間とはいずれにせよ人間の身体と密接に関連した生活様式の場のことなのである。

これとの関連で、ボルノーは空間の言語史的な意味を次のように述べている。「最も初期の言語的意味における空間とは、人間の移住する場所として、森林内に開墾してつくられた間伐地のことである」。(4) ここからも明らかなように、空間の元来の意味は、それ自体で手もとに存するものでなく、荒地を開墾する人間の行為を媒介とするもので、空間とは人間が努力して初めて獲得されるべきものであることを示している。ここで述べられている空間は、そこに住む人間の生活空間としての生活様式の場であり、想像上の非実在的なものでなく、現実の具体的な空間であるがゆえに、体験された空間は、単なる空間体験とは質を異にする。

換言すると、ボルノーの空間論が目指すところは、抽象的な数学的空間はもちろんのこと、「体験された空間」の内容的諸規定を分析することでもなく、むしろ「人間とその空間とのあいだに成立するかかわりあいが問題」(5)となる。すなわち、体験された空間との関わりによって規定される人間の「現存在」そのものの構造が問われようとしているのである。ボルノーの空間論は、ハイデッガーの『存在と時間』から多大の影響を受けていることは周知の事実である。「存在論的によく理解された『主観』、つまり現存在は空間的である」(6)とハイデッガーが語るとき、それは、人間が自分の身体で一定の空間を占めることを意味するのではなく、むしろ人間は彼の生活空間への態度によって規定されていることを意味する。このようにボルノーにとっての空間論の関心事は、体験された空間の内容を分析的に論述する点にあるのではなく、むしろ人間の生と空間の関わりにあると言えよう。そこでボルノーは言う。「どのようなものであれ、人間の生とか現存在とかいうものは空間と関連してのみ存在するということ、すなわち、人間の現存在が展開しうるためには空間を必要とする」。(7)

ハイデッガーの『存在と時間』のなかで、「存在論的によく理解された『主観』、つまり現存在は空間的である」というハイデッガーの命題に着目して、ボルノーは「空間性は人間の現存在の一つの本質規定である」(8)と自らの立場を明確にしてゆく。ボルノーが生活とは根源的に空間との関わりで成立するものだと捉える背景には、「ハイデッガーがその世界-内-存在」(das In-der-Welt-sein)〔世界・に・あること〕に関連して展開している『内－存在』(das In-sein)［に・あること］の問題性」(9) が潜んでいるという事実に、われわれは気づかずにはおれない。

ここで述べられている内存在とは、例えば水がコップの「内」に存するような「事物的存在者」(Vorhandenes) がそのなかにある「内存性」(Inwendigkeit) のことではなく、ハイデッガーのいう「内存性」とはさしあたりボルノーの言う数学的空間で関わる特性と軌を一にする。それに対してむしろ内存在の「内」(in) は「内に住む(滞在する)」という現存在固有の、人間の生活空間での存在の仕方を表す「内」を意味する。(10) それゆえに、内存在こそがボルノーが抽象的な数学的空間と厳しく区別した「体験された空間」と深く関わりうるものである。なぜなら、内存在とは「何々のもとで住んでいる、何々と親しんでいるということを意味する」(11)(傍点筆者)からである。

このような「体験された空間」としての都市(砦)や一般的に親しい空間が、人間にとって意味ある機能を果たすことができるためには、人間はこの自分の空間に「秩序」を創造することが必要になってくる、とボルノーは考えた。「住むということは、もはや永遠の逃亡者のようにいつも追い立てられ、ある空間内の任意で偶然の場所にいることではなく、世界のすべての道がそこから出発し、またそこへと帰って来るような一定の場所に帰属し、その場に根をおろして、そこから自己の世界を築き上げること」(12) なのである。とすると、そういう空間(居住地)こそ、ボルノーの言う「秩序ある世界の中心」であり、人間がそこで住み得る限りにおいて、その世界は秩序を有することになろう。

それではボルノーは秩序ある世界の象徴としての「都市」をどのように捉えているのであろうか。「都市はまさに大規模な家屋にほかならない」(13) と考えるボルノーは、その本質として人間の生活の「秩序」をそこに読みとろうとする。ボルノーは以下の文献を縦横に駆使して、都市(家屋)の特質を浮彫りにしようとする。ブルンナー（H. Brunner）によると、エジプト文字で「都市」を表す特別な象形文字は、十字形が対角線状になった環であるという。この印は紛れもなく都市の略図を示し、「多数の家屋が都市の中心点で直角に交差する二本の道路によって四地区に分けられている」。(14) このような古代ローマ帝国の都市は、家屋や神殿と同様、世界秩序の鏡像として把握されていたと言っても過言ではない。ボルノーは、フォン・ヴァカーノ（O. W. v. Vacano）を援用しつつ次のように述べている。すなわち、「この空間分割は（中略）境界をきめ、また聖なるものへの関連を媒介にして、個々の住民ならびに住民全般の場所感情を（中略）規定している。このような原理に基づいて、〈秩序正しく〉すなわち、祭式的に正しく建設された都市は、なによりもまず住宅や店舗の連合体の外箱ではなく、神々によって接合され、保持されている世界の聖化された中心である」。(15)（傍点筆者）

同様に、ハイデッガーもまた家の内部の秩序の問題について考察をめぐらせている。特にハイデッガーは空間の片付け（Einräumen）という術語を使用し、そこで彼は部屋や棚を整頓する過程を、人間が組織だて秩序づけようとする空間の問題へと移行させようと試みるのである。ハイデッガーにとって、空間の片付けとは、「人間が自分の暮らしのなかで使用しているそれぞれの物に、後で使う時のためにちゃんとすでにそこにあるような一定の場所（Ort）を、それぞれ割り当てることを意味している」。(16)

類似の意味合いをもってハイデッガーは、「手もと存在」（Zuhanden-sein）という概念を用いているが、これはまさにある物が属する場所にすでに用意され、あらかじめ見いだされ、「世界－内－存在」として勘定に入れられていることを意味する。それゆえに、人間の生活空間とは、「自分の身のまわりの事物が属している場所と位置に関するそれぞれの目的にかなって、完全に組織づけられた秩序体系」(17) と言い表すことができよう。

ディルタイ（Wilhelm Dilthey, 1833-1911）は、ハイデッガーよりもすでに以前に、この完全に組織化され形成された空間が、どのように客観的精神の構成部分となっており、またその空間が客観的精神からどのように理解されうるかを指摘したのである。具体的に言うならば、居間における椅子の配置、街路沿いの家並みなど、こうした一連の秩序は、人間の目的設定がそこで客観化されているがゆえに、われわれには自明のものとして理解できる。[18] それとの関連で、岡本英明は次のように述べている。すなわち、「ディルタイによれば、世界（Welt）（彼はこれを単なる現実［Wirklichkeit］からは区別する）は、生の交渉（Lebensbezüge）において現れる。世界は、人間の目的定立がそのなかで客観化されている、秩序づけられた全体における生の交渉の全体である」。[19]

しかし同時にこのような秩序は、生活全体によってすぐに混乱させられる場合がでてくる。というのも、人間はたとえば道具の使用後、無造作に投げやりにしたり、所かまわず放置するために、そこから自己の内部空間の無秩序が生ずることになるからである。ボルノーも指摘するように、あまりにも形式的な秩序は既に死んだものだが、無秩序の拡大もまた人間の生活空間をせばめ、結局は行き詰まりの危険に陥る。そこでボルノーは言う。「だから、人はたえず新たに無秩序と戦い、失われた秩序を回復しなければならない。すなわち、人は整頓された世界でのみ生きることができるので、人は『片づけ』ねばならない。」[20] と。

しかしこうして人間が自ら創りあげた秩序は、いつでも崩壊する危険に脅かされているので、繰り返し新たな努力によって保持され守られねばならない。ここで教育的に重要なのは、物を片付けて整理するという空間に対する基本的な仕事であり、子どもの頃から訓練されるべきであろう。それとの関連でボルノーは次のように言う。「子どもとその狭い周囲の空間とのあいだに生じたこの美徳は、空間的な意味を越えて、世界の秩序を創り保つという重大な意味を持っている」。[21] 換言すれば人間の空間に対するふさわしい教育的課題とは、われわれ大人が現代という混乱のなかで故郷を失った人間に再び「住むこと」を教え、子どもたちに庇護された空間を与えるのみならず、彼ら自身に「住むこと」を可能にさせる内的な前提を育てることにほかならない。(22)

註

(1) 岡本英明著、『ボルノウの教育人間学』、一四八頁参照。
(2) Vgl. O. F. Bollnow, Mensch und Raum, S.19.
(3) O. F. Bollnow, a. a. O. S.17.
(4) O. F. Bollnow, a. a. O. S.37.
(5) O. F. Bollnow, a. a. O. S.22.
(6) M. Heidegger, Sein und Zeit. S.111. in: O. F. Bollnow, Mensch und Raum, S.22.
(7) O. F. Bollnow, a. a. O. S.20.
(8) O. F. Bollnow, a. a. O. S.22.
(9) O. F. Bollnow, a. a. O. S.22.
(10) 渡辺二郎編、岡本宏正著、『ハイデッガー「存在と時間」入門』、有斐閣、一九八三年、六四頁参照。
(11) ハイデッガー著、原佑訳、『存在と時間』、中央公論社、一九七四年、一三七頁。
(12) ボルノー著、『新しい教育学と哲学』、一六一頁。
(13) O. F. Bollnow, Mensch und Raum, S.145.
(14) O. F. Bollnow, a. a. O. S.147.
(15) O. F. Bollnow, a. a. O. S.147.
(16) ボルノー著、小島威彦訳、『人間の棲家』、明星大学出版部、一九七六年、一五頁。
(17) ボルノー著、前掲書、一一五頁。

(18) ボルノー著、前掲書、一一六頁参照。
(19) 岡本英明著、『ボルノウの教育人間学』、一五〇頁。
(20) O. F. Bollnow, Pädagogik in anthropologischer Sicht. S.118.
ボルノー著、浜田正秀訳、『人間学的に見た教育学』、玉川大学出版部、一九六九年。
(21) O. F. Bollnow, a. a. O. S.118.
(22) Vgl. O. F. Bollnow, a. a. O. S.119 f.

三 「被投性」と「住まうこと」

ボルノーは空間への関わり方の一つとしてハイデッガーから出発し次のような考察を展開した。すなわち、ハイデッガーは人間が世界のなかに存在すること「世界ー内ー存在」を「投げ出されていること」(das Geworfen-sein)、すなわち「被投性」として性格づけている。(1) この人間の「被投性」は、実存哲学の「空間」への関わりの核心を最も鋭く描き出したものであり、人間は自分の意志を越えたものによって投げ出され、未知な敵意のある媒体のなかに在るのを覚える。こうしてボルノーは現代に生きる人間を、バシュラール(Gaston Bachelard, 1884-1962)と共に「故郷喪失者」、あるいは「根こそぎにされた人間」として特徴づける。

ボルノーは人間の空間に対する本来的な関与の仕方は「被投性」ではなく、むしろ「住まうこと」であると確信する。もちろんボルノーは、ハイデッガーの捉える人間の「被投性」(Geborfenheit) の概念が、根こそぎにされた寄る辺なき現代人を特徴づけるのにふさわしい空間への関わりを示すものであることを認めている。その上でボルノーは、しかしただこの「被投性」という概念を人間全体に転用することには十分用心をせねばならないと警告するのである。ボルノーはさらに続けて言う。むしろ逆に、ハイデッガーの被投性は「人間の空間への関係において人間に何か本質的なものが欠けているかぎりでの現代人を特徴づけているにすぎないのである」。[2] それとの関連でボルノーは人間の本質を「住まうこと」と定義づけ、その思想の根底に家のなかに安らぎを感じ、「庇護される状態」(Geborgenheit) の概念を樹立した。

ボルノーのこうした思想の背景には、「実存主義克服」という契機が含まれていることが忘れられてはならない。「純粋意識の観念論的決着に代わって、人間が環境のなかに結びこまれていることを認めたのは、正に実存哲学の功績であった」[3] と述べつつも、ボルノーはさらに実存主義の克服の途を模索しようと試みる。そこでの彼の問題の所在は、人間存在の基盤そのもの、すなわち、ビンスワンガー (Ludwig Binswanger, 1881-1966) のいう「存在許容」の感情に相当する「存在信仰」あるいは「存在肯定」「庇護性」の感情をわれわれが保持しうるのかどうかという問いかけの一点に集約できよう。

ここからボルノーはハイデッガーの「決意性」(Entschlossenheit) の概念を、人間を孤立化し束縛する「閉鎖性」(Verschlossenheit) として批判してゆく。佐伯守も指摘するように「ハイデッガーの『決意性』の概念は、死を先どりする『先駆的決意性』によって極限化されるものであるが、死の先どりというネガティブな方法でしか、自己肯定にいたりえない発想への批判として、ボルノーが提起する概念は『希望』(Hoffnung) あるいは『希望の地平』である」。[4] 換言すれば、ボルノーの「希望の地平」概念は実存の「ある」そのものであって、ハイデッガーのいう死に直面した先駆的決意性から本来性へ回帰する実存運動も、ボルノーにあってはやはり希望の地平での出来事となる。それゆえに、ボルノー的視点からみると、現存性の存在の意味は、ハイデッガーのいう「憂い」としての関心ではなく、どこまでも「希望」としての関心ということでなければならないだろう。

こうして希望に基づく「存在信頼」という独自性を主張しえたボルノーも、残念ながら「希望の存在論」とも呼ぶべき展開が積極的になされておらず、彼の著、『希望の哲学』（新紀元社）においても実存主義批判に力点が置かれて、存在論の展開までに至っていないという佐伯守の指摘は鋭い。(5) しかし、われわれのこでの中心テーマである「住まうこと」（Wohnen）の思想のなかに、ボルノーの希望の存在論の端緒を見いだすことができるのではないだろうか。それゆえ、われわれは佐伯守と共に次のように述べることが許されよう。すなわち、「住まうこと」が成立するためには、その地平は希望的・肯定的なものであり、人間に安らぎと庇護性を与えるものでなければならない。(6)

このようなハイデッガーの「被投性」を克服する人間の態度について、ボルノーはバシュラールから多くの影響を受けている。ボルノーは次のようにバシュラールを引用している。「人間は『世界のなかへ投げ出される』まえに（中略）家屋というゆりかごのなかに横たえられている」。(7) また別の箇所では、「このような家は（中略）宇宙に抵抗するための道具である。家は私たちが万物に向かって、また万物に抵抗して、私は世界の住人でありたい（後略）」。(8) ボルノーは断固として実存主義の哲学者が考える「被投性」への誤解を批判しつつ、人間は世界のなかへと投げ出される前に、家のなかで庇護され、その場所に根をおろして「住まっている」のである、と主張する。

さてそれでは、これまでに端的に「住まう」と述べてきたが、それはいったい何を意味するのか。その効果的な説明として、われわれはボルノーが先述のハイデッガーのダルムシュタット講演、「建てること、住まうこと、考えること」を取り上げている点に注目してみよう。ここでハイデッガーは、以前の「被投性」としての人間存在の規定を修正して次のように述べている。人間であるということは「住むこと」である、と主張するハイデッガーはさらに、人間は住むことを「学ばねばならぬ」と強調する。ボルノーはこれとの関連で次のように考える。「なぜなら、住居を所有するだけでは決して住むことを意味せず、むしろ住むこと自体が一つの課題であって、それは世界にたいする人間の全関係を徹底的に変化させることを意味し、人間が極度の緊張と最も内面的な本質の革新、まさに実存主義の克服によって初めて見いだし得るものだから」(9)である。

ボルノーが、家屋の人間学的概念の核心として「住まう」という概念を提示するときには、住まうということのなかに表れている人間自身の構えが問われることになる。そこで第一に取り上げられるべき特徴は、「根つき」の問題である。ボルノーによれば、「住まうことはある特定の位置に、そこにふさわしいものとして適合し、そこに根をおろし、そしてそこでくつろいでいることである」。(10)(傍点筆者)

岡本英明は、この「根つき」の概念を、ボルノーの「新たな居住化」(neues Wohnhaft-werden)の問題として捉え、その根本課題を次の点にみている。すなわち、この世界に生の確固たる拠り所を見出し得ない「家なし子」、あるいは「寄る辺なき存在」、「故郷喪失者」としての現代人が、この世で「新しい故郷」をいかにして創り出すことができるのか、またそれは本質的に可能な営みであるのかを問うことが焦眉の課題となろう。ここで注目すべき点は、ボルノーの「新たな居住化」の概念を意味する故郷の創造が、シュプランガー(Eduard Spranger, 1882-1963)のいう「根つき」(Einwurzelung)と異なる点を岡本英明が鋭く指摘している箇所である。すなわち、「ボルノウの故郷概念は、それが『精神的根つき感情』としてのシュプランガーの故郷概念と同一視されるならば、シュプランガーにあまりに引き寄せられ過ぎているであろう。シュプランガーの背景は、ライプニッツ(Gottfried Wilhelm Leibniz, 1646-1716)とペスタロッチ(Johann Heinrich Pestalozzi, 1746-1827)であり、(中略)生活圏の理論で(中略)ある。それに反してボルノウは、メルロ＝ポンティ（Maurice Merleau-Ponty, 1908-1961）に遥かに接近している」[11]という指摘は鋭い。

それとの関連で、われわれは次の点にボルノーとメルロ＝ポンティの共通点を見いだせよう。メルロ＝ポンティの人間存在理解は身体的に把握されるが、その際、身体は対象的あるいは客観的身体ではなく、生きられる主体的身体である。その意味で、われわれの身体は空間のなかに存するのではなく、空間に属しており空間に住みつくのである。メルロ＝ポンティは身体の空間性を状況の空間性と名づけ、主体が世界に直面して身体により状況づけられているがゆえに、状況の空間性と名づけている。[12] これはまさしくボルノーが言うところの「体験された空間」概念に呼応するものである。一方、身体の空間性と対照的な外面的諸対象間の空間性は、幾何学的・等質的空間であり、これはボルノーのいう数学的空間にあたる概念である。いずれにせよ、ボルノーは『人間と空間』のなかの随所でメルロ＝ポンティの用語法を援用して、「新たな居住化」すなわち、「根つき」概念を説明している。一例としてボルノーはメルロ＝ポンティの最近の論文、『眼と精神』のなかの有名な言説である「科学は諸物を操作し、諸物に居住することをあきらめる」[13] という文言を引用している。ここで明らかなことは、客体を自分に対立させるところの科学的客観性は居住しえない、ということである。しかしながら他方で、「心は身体に居住する」とメルロ＝ポンティが言うとき、「彼はある空間的形成物における心の『受肉』という緊密な関係を考えている」。[14] ここにわれわれはボルノー的な「根つき」概念との共通項を看てとることができるのである。

さて、空間が人間にとって本質的なものならば、人間は空間のなかでそこにしっかりと根をおろしていなければならない。すなわち、「根つき」の問題は、人間が空間のなかに「滞留」し「住まう」ことであり、それはまさしく人間の「居住」の問題へと直結する。このようにボルノーは現代人の空間についての焦眉の問題を、根こそぎにされた故郷喪失の状態として捉えようとする。神話的な考え方をする古代人にとって世界空間は固定されており、客観的にどっしりと根をおろしていたがゆえに、彼らにとって「住まう」ことは何ら問題とはならなかった。しかし現代という客観的な中心が消えてしまった時代に生きる人間は、もはやいかなる場所にも結びつけられておらず、現代人は自分に襲いかかってくる世界のなかで「永遠の逃亡者」とならざるをえないとボルノーは考えるのである。(15)

それでは、このままでは「根こそぎ」にされ、「故郷も持てない」永遠の逃亡者として宿命づけられた現代人が、世界の攻撃と脅威に対して確固たる拠り所、つまり自己の平安を獲得することは、もはや不可能なことなのだろうか。ボルノーはこうした現代人の危機の唯一の突破口を、とりわけ実存主義との対決から生ずる空間感情の根本的変化を特色づける「住まう」という根本概念を用いることによって、われわれに一つの示唆を与えてくれる。

「根つき」の問題とは、人間が何よりも安全に庇護され、安らぐことのできる空間を獲得することであり、一般的空間から境界づけられた特別な空間、すなわち、この私的空間を特に内部空間として捉え、一般の外部空間と区別することである。そこでボルノーは次のように述べている。すなわち、「内部空間と外部空間というこの二重性は、『体験されている空間』の総体をさらに構成していくうえで、もちろん人間的生一般にとって決定的に基礎となる重要なことである」。(16)

ボルノーによれば、「内部空間」とは人間の居住空間、すなわち、人間がそこで初めて庇護されていることを感ずる領域であり、サン＝テグジュペリが言うところの砂漠のなかの「都市」に相当する空間概念である。ボルノーはそれを端的に「家屋」と定義づけている。この「内部空間」の象徴としての都市、もしくは家屋とは、「人間が『自分の家族』といっしょに、『他人』から隔離されて平安裡に生活する『やすらぎ』(Geborgenheit) と『安全性』(Sicherheit) の領域」(17) のことである。

したがってこうした「内部空間」での愛と信頼に支えられてのみ、健全な生活を営むことのできる人間は、同時にまた外へ出て行き、共同事業に着手せねばならない。こうした家屋外の外部空間は先述の内部空間における人間相互間の信頼関係よりも、はるかに無情な雰囲気が支配している。そこでボルノーは次のように言う。「外部空間は世界のなかでの行為の空間であり、そこではいつも数々の抵抗にうちかち、敵対者から身を護ることが必要である。この空間はやすらぎのない空間であり、危険の空間であり、そして見すてられている空間である。」[18]と。この外部空間に対して、内部空間とは、「起こるかもしれない脅迫に対して、人間がたえずゆだんなく注意をはらうのをやめることのできる安息と平安の領域であり、人間が他人とのかかわりから身をひいて、緊張をといてくつろぐことのできる空間」[19]の意である。

ボルノーは、やすらぎの支配する自己の殻に固執して、一切の外部空間との接触を拒むところから生ずる人間の「生活力の喪失」を指摘したうえで、「危険負担の覚悟」が求められる外部空間で使い尽くした体を休ませ、保護するための「家屋」（都市）という支えが人間にとって必要不可欠のものとなると説く。換言すれば、人間が繰り返しやすらぎを感ずることのできる空間を保持できなくなったとき、人間の生はその拠り所を喪失するという主張がボルノーの空間論の端緒となる。[20]

註

（1） Vgl. M. Heidegger, Sein und Zeit. S.135.
（2） O. F. Bollnow, Mensch und Raum, S.275.
（3） O. F. Bollnow, Neue Geborgenheit. S.152.
（4） 佐伯守著、『経験の解釈学』、現代書館、一九七九年、第一版、一九八頁。

(5) 佐伯守著、前掲書、一九九頁参照。
(6) 佐伯守著、前掲書、一九九頁参照。
(7) Bachelard, La poétique de l'espace, Paris, 1958.（独訳、Poetik des Raumes, übers, V. K. Leonhard, München, 1960, S.39.）in: O. F. Bollnow, Mensch und Raum, S.275.
(8) Bachelard, a. a. O. S.39.（独訳）in: ボルノー著、『新しい教育学と哲学』、一六〇頁。
(9) ボルノー著、前掲書、一五九頁。
(10) O. F. Bollnow, Mensch und Raum, S.277.
(11) 岡本英明著、『ボルノウの教育人間学』、一五三頁。
(12) 常俊宗三郎著、「生きられる空間」、雑誌「理想」〔一一〕、一九七九年、第五八号、三九頁－四一頁参照。
(13) M. Merleau-Ponty, L'oeil et l'esprit Les Temps Modernes. No.184-185. S.193. メルロ＝ポンティ著、滝浦静雄・木田元訳、『眼と精神』、みすず書房、in: O. F. Bollnow, Mensch und Raum, S.279.
(14) O. F. Bollnow, Mensch und Raum, S.279.
(15) Vgl. O. F. Bollnow, a. a. O. S.124.
(16) O. F. Bollnow, a. a. O. S.130.
(17) ボルノー著、『問いへの教育』、一三七頁。
(18) O. F. Bollnow, Mensch und Raum, S.130.
(19) O. F. Bollnow, a. a. O. S.130.
(20) ボルノー著、『問いへの教育』、一四六頁参照。

四　真の安らぎの空間

ボルノーは一九八六年、日本での「都市と緑と人間と」と題する記念講演(1)で、『人間と空間』で展開した「家」の定義は「間違ってはいないけれども不十分であり、（中略）この講演を機に、補正したい」[2]と述べ、彼自身の空間論をさらに深めようと試みた。[3]ボルノーはこの記念講演のなかで、旧著、『人間と空間』に即しつつ、「家屋の人間学的機能」について論じ、そこで家屋の三つの根本規定として次のようにまとめている。第一に家屋とは、もはや安らぎの欠落した場所ではなく、人間がそこにしっかりと根ざすことのできる一つの空間を意味する。第二に、「人間がこの場所にとどまる、つまり実際に住まうことができるためには、人間がそのなかで自由に振る舞える、空間内の一定の拡がりが必要」[4]となる。そして第三に（ここで最も注目されるべき箇所となるが）ボルノーは次の点を指摘する。すなわち、「人間がここで平穏無事に住むことができるためには、人間はその居住空間を庇護する垣根と壁によって、また蔽ってくれる屋根によって、天候のきびしさや敵意をもった人間の攻撃に対して守らなくては」[5]ならないと言う。同じ主張を別の箇所では、人間の健全さは世界という外部空間と、家屋という内部空間のなかでの安息の均衡に基づくがゆえに人間は「自分の家を建て、侵害にたいして防衛すること」[6]が重要になると主張してきた。ところが、一九八六年の日本での記念講演では上述の点について、間違ってはいないけれども、不十分であり補う必要がある、と明確に述べている点をわれわれは見逃してはならない。ボルノーによれば、これまで、「世界に対する不信や生の不安」を自明の前提としたうえで、「家とは、そのなかで人間が環境世界に対して立てこもる要塞であるかのように」[7]論述してきた。さらにボルノーは家の「扉」を、世界に対して自己を閉ざす手段として、そして「窓」を、ありうる敵の動きを追跡する監視所としてこれまで捉えてきた。「家屋のなかに住んでいる人間が自ら戸口を自由に通過することができるのにたいして、戸口はよその人間を閉めだす。（中略）そして人間は、自己の家屋を他の人間にたいして閉ざし、こうして他の人間には到達しがたいままにしておきうることによって、内的な独立性を獲得する」[8]とボルノーは言う。

このような一連の家屋についての叙述は、堅固な要塞か、外部者の侵入をはばむ城のイメージを彷彿とさせる。しかしボルノーが一九八六年の記念講演で訂正しようと試みる点は、家とは決して要塞でもなく、そこから派生する人間不信は決して意味深い生活態度ではないという事実である。「家」が提供している安全性が疑わしいものである、というボルノーの主張をより具体的にするために、彼は二つの新しい例をこの記念講演でわれわれに示している。第一は、「人の手に成るものはみな、はかないものにすぎない」と述べているテオドール・フォンターネ（Th. Fontane, 1819-1898）の詩、「ティ川にかかる橋」の例である。そこでは自然の暴威に対していかに人間とは無力な存在であり、家に住まうどんな仕方も究極的には安全でないという事実が強調されている。

第二にボルノーは、フランツ・カフカ（F. Kafka, 1883-1924）の小説『巣穴』において、「絶対に安全な住まいを求める努力の見込みなさを印象的な仕方で描き出し」[9]ている。巣穴の住人「大モグラ」（筆者註：まごうかたなきわれわれ現代人の象徴）はいつも巣穴に住まっていようと、絶え間ない不安感に駆り立てられている。ボルノーはこうした現代人の姿を指摘したうえで、人間の実存という視点から見る限り、家屋のなかの人間の絶対的な安全を獲得する一切の努力は無駄であると主張する。

これとの関連でわれわれは、ボルノーの内部空間としての庇護された「家」への確信を以下の引用文のなかに読み取ることができるだろう。すなわち、「ひとが信頼に満ちた態度のなかで、家もまたそれなりに、より大きな、家をも包括する全体のなかに包まれ守護されていることを知っているときにのみ、ひとは家のなかで守られていると感じうる」[10]のである。特にここで重要な点は、「守られてあること」すなわち、「被包性」あるいは「庇護性」はたんなる「安全性」と決定的に異なった次元の性質のものであるということであり、ボルノーはそれを次のように説明している。つまり「不信感を抱く人間が自力で創り出そうと試みる安全性とは反対に、被包性、守られてあること、やすらぎは、人間に外側から歩み寄ってくる何か包み守ってくれる力に対する信頼的なかかわり」(11)である。たとえば幼児にあって、被包性とは母親の限りない愛であり、成人した人間にあっては、「存在一般への信頼」、しかもここに至っては倫理・道徳を越えた広義の宗教的な関係としか言いようのない領域であり、「それは立証可能な安全性からははっきり区別されねばならない性質のものとなる。」(12)

こうした真の「やすらぎ」について、ボルノーは『新しい庇護性』(邦訳では『実存主義克服の問題』)のなかでは、「包括的な存在信仰としてのやすらぎの徳」という文脈で把握している。無神論的実存主義者たちが主張するように、現代の不庇護性に対抗する可能性が、決意性と絶対的自己投入を代表とする人間の最後の強さとして、見いだされてきた。「決意性は、無信仰となった世界の最後の偉大さである」。(13)そこで頼れるものは自己だけなので、人間は本質的にやすらげず、寝つくことができない。他方、やすらぎの空間のなかにいると自覚できる者は、自分が倒れそうになるときでさえ、その自分を守り抱き上げてくれる力が湧き起こることを信頼している。ボルノーによれば本来、人間は「あらゆる威嚇の背後にはどうしても救助してくれる存在が(中略)控えていることを確信している、いっそう包括的な存在信仰の基盤のうえで、やすらいでいる」(14)ことができるのである。

ただここで誤解してならないのは、やすらいでいることが、素朴な安全さとして人間に与えられているのではなく、むしろこの「やすらぎ」は恩寵として人間に授けられる一面が存するという点である。やすらぎとは、「人間に外側から歩み寄ってくる何か包み守ってくれる力に対する信頼的なかかわり」(15)であり、「幼児にあっては、それは全く具体的に母親であり、幼児は母親の献身的な愛によって支えられている」(16)ことを知っている。ボルノーはこうしたテーマを『教育的雰囲気』(邦訳は『教育を支えるもの』)において次のように論じている。子どもの健全な人間的発達にとって、意味のある安心してやすらげる世界は、母親に対する人格的な信頼関係のなかに開けるのであるが、しだいに次のような問題が生じてくる。すなわち、「信頼によって支えられ、完全に支配されている子どもの世界は、実ははじめから、無常の芽をはらんでいる。（中略）なぜなら、いつかは母親の人間的な不完全さがわかってくるからである」。(17)

ここに教育の新たな課題、すなわち、信頼が崩れたときに人間はどうしたらよいのかというボルノーの問いが生じてくる。彼は、教師はすべての幻滅のかなたにある一般的な信頼へ子どもを導いてゆくことが重要である、という。キリスト者は、そうした存在一般への信頼を、神への信頼と捉えるであろうが、いずれにせよ、それは「最も広い意味での宗教的な関係であり、それは立証可能な安全性からはっきり区別されねばならないものである。(19)」(18)

註

（1）　ボルノー著、森田孝訳、「都市と緑と人間と」、雑誌『世界』、一九八六年九月号、岩波書店。この論文は一九八六年五月九日から一二日までの四日間、大阪万国博ホールで開催された「国際グリーンフォーラム――都市と緑の文化戦略」での記念講演をもとに加筆・修正されたものである。現在、本論文は、ボルノー著、森田孝他訳、増補版『問いへの教育』、川島書店、一九八八年、に収録されている。

（2）　ボルノー著、前掲書、四九頁。

（3）　ボルノー博士のこの補正部分についての以下の筆者の論述については、この論文の訳者、前大阪大学の森田孝教授から多大のご教示をいただいた。ご多忙中にもかかわらず筆者の質問に快く応じてくださり、この場を借りて感謝の意を表すことにする。

（4）　ボルノー著、前掲書、四八頁。

(5) ボルノー著、前掲書、四九頁。
(6) O. F. Bollnow, Mensch und Raum, S.155.
(7) ボルノー著、「都市と緑と人間と」、五〇頁。
(8) O. F. Bollnow, Mensch und Raum, S.155.
(9) ボルノー著、「都市と緑と人間と」、五〇頁。
(10) ボルノー著、前掲書、五〇頁。
(11) ボルノー著、前掲書、五〇頁。
(12) ボルノー著、前掲書、五〇頁。
(13) O. F. Bollnow, Neue Geborgenheit. S.59.
(14) O. F. Bollnow, a. a. O. S.63.
(15) ボルノー著、「都市と緑と人間と」、五〇頁。
(16) ボルノー著、前掲書、五〇頁。
(17) O. F. Bollnow, Die pädagogische Atmosphäre, Quelle und Meyer, Heidelberg, 4 Aufl. 1970, S. 22.
ボルノー著、森昭・岡田渥美訳、『教育を支えるもの』、黎明書房、一九六九年。
(18) ボルノー著、「都市と緑と人間と」、五〇頁。
(19) 拙論、「ボルノーにおける実存主義克服の一考察——新たな庇護性の教育学的意義——」、関西学院大学人文論究、第三四巻第二号、一九八四年、一一五頁—一一六頁参照。

五 「空間論」の教育学的意義

先述のボルノーの外部空間と内部空間の図式から教育的課題に導くことのできる第一点は以下のとおりで

ある。すなわち、現代はマス・メディアによる外部空間の公共的なものが私的領域へ侵入し、私的なものの領域・内部空間をますます蝕もうとしている。これらの影響に対して人間がいかにして自主的な判断を下すことができるかという点に最大の努力を払う必要が存する、とボルノーは述べている。(1) こうしたボルノーの主張は、現代文明のなかで生きる人間にとって、必要不可欠なマス・メディアを拒絶することを意味するものではない。むしろマス・メディアと正しくつきあうという前提のもとでボルノーは、さらに「自己判断力の養成」の必要性を訴えるのである。

ここでボルノーのいう自己判断のための能力とは、集団生活のなかで外部空間からの影響や操縦に対抗できる能力、換言すれば公共的要請から退却する「熟考」の能力のことであり、この「熟考は、原則的にいって、孤独の中でのみ、つまり人間が妨げられずに自分ひとりでいる時にのみ、可能」(2) なのである。それゆえ、「自己の判断を形成するということは、私的生活を確保することともっとも密接に関係しているのであり、この私的生活の確保はまた、特定の外部条件のもとでのみ、すなわち外部から区切られた内部空間である家の中でのみ、可能」(3)（傍点筆者）となるのである。

とはいうものの、判断能力のための教育は、ボルノーの「空間」概念に即してみるならば、以下の二重の方向を持っていると言えよう。一面においては、自己の判断形成のための心構えを喚起するために、自己態度を決定することが肝心である。その場合、人間は流れゆく生の自明なものや表面的なもの・集団生活などの外部空間から距離を保つことによって、内部空間において自分の内的自主性を形成することができる。と同時に他面で人間は、内部空間で獲得された自主性や自己の判断力を、今度は緊張した競争の場としての外部空間で実践することが要請される。ある場合には他人の意見に反対してまで自らの熟考を主張しなければならず、なおかつそのために生ずる不快さや不利益をも引き受ける勇気が必要となることがあるかもしれない。いずれにせよ、人間は内部空間でのみ養成されうる判断能力によって初めて、闘争の領域としての外部空間でも自己主張することができるのである。(4)

ボルノーの空間論から導きだせる教育学的な意義の第二点目としてわれわれは、ボルノーの弟子の一人であるA・シュテンツェルの博士論文、「逍遥の人間学的機能とその教育学的意義」(5)をとりあげてみたい。シュテンツェルは、「なぜ人間は逍遥するのか」という問いから出発し、「非合目的性」にその特質を見いだした。逍遥する空間としての小径（Pfand）は、ある一定の目的を果たすために備えられた街路（Straße）と異なり、どこまでも自己自身の安息、その意味では無目的性の空間と言えよう。換言すれば、公共的領域、もしくは外部空間としての「街路」を歩く場合、人間は「彼の日常生活の目的要求の中に縛りつけられている」。(6)しかしながら他方で、同じ人間が私的領域もしくは内部空間としての「小径」を逍遥する場合には事情が異なってくる。すなわち、小径において「逍遥者は、事物をもはや〈彼の日常の皮相さ〉の視点のもとでは見ないことによって、事物は彼に初めて、その完全な深みにおいて自己を示す」(7)のである。

以上は、シュテンツェルの見解であるが、「逍遥」について岡本英明は次のように述べている。すなわち、小径という私的空間での逍遥によってのみ、人間は目的連関的な日常生活の皮相さから、「生の根源」へと回帰することができる。こうした意味において、逍遥とは「根源への回帰」（Rückkehr zum Ursprung）であり、そのなかで人間はいわば精神的に「武装を解いて」やすらいでいることができる。それゆえに、人間は自己を取り巻く世界にいかなる先入観や偏見からも解放されて無条件に没頭できるようになる。

これとの関連で、逍遥の教育学的意義として規定された「根源への回帰」は次のことを意味する。すなわち、「世界はもはや〈教養〉（Bildung）の中間世界によってではなく、つまり習い覚えた生半可な知識の範疇とともにではなく、直接的接触において体験され」、(8)その結果、人間はハイデッガーに即して言えば、非本来性から本来性へと目ざめることになる。(9) しかしながら、合理性と効率性に価値を求める現代においては、教育の営みも同様に、主知主義的に偏って整えられた教育目標が蔓延してしまいその結果、人間の生の「教育化」(Pädagogisierung) の危険に陥ってしまった。ここからシュテンツェルは、内部空間もしくは私的領域に関連する「小径の逍遥」の人間学的機能と教育学的意義とを「根源への回帰」に見るのである。(10)

「街路」という公共的・外部空間においては、実利的・機能的営みが問題とされ、それはある意味では日常生活の習慣に囚われた効率だけを求める状態で最終的には非人間的な空間となるが、他方で、「小径」という私的・内部空間においてのみ、「根源への回帰」が可能となる。それは、われわれの生活にとって直接役立つものではなくとも、世界の根源的な豊かさを再び回復する働きをもつという意味で、「自然に帰れ」という、自己の本質の回復を求めたルソー (Jean Jacques Rousseau, 1712-1778) の叫びと相重なる主張となる。(11)

ここに至ってわれわれは、外部空間と内部空間、あるいは街路と小径との間の「均衡の必要性」を認識し、さらに現代という外部空間重視の時代にあって、ボルノーが繰り返し主張した、人間は住むことにおいてのみ自己の本来性に到達することができる、という意味を理解することができるのである。

註

(1) ボルノー著、浜田正秀他訳、『対話への教育』、玉川大学出版部、一九七三年、二六二頁―二六三頁参照。
(2) ボルノー著、前掲書、二六四頁。

(3) ボルノー著、前掲書、二六四頁。

(4) Vgl. O. F. Bollnow, Maß und Vermessenheit des Menschen. Philosophische Aufsätze. Vandenhoeck und Ruprecht, Göttingen. 1961, S.128 f.
ボルノー著、須田秀幸訳、『現代における人間性の運命』、未来社、一九七一年。

(5) Tübingen. 1954. In gekürzter Fassung abgedruckt in: Erziehung und Leben. Reihe, Anthropologie und Erziehung, Bd. 4. 1960, S.96-122.
ここでは岡本英明著、『ボルノウの教育人間学』に依拠する。

(6) 岡本英明著、前掲書、一六一頁。

(7) 岡本英明著、前掲書、一六一頁。

(8) シュテンツェルの言葉。岡本英明著、前掲書、一六二頁。

(9) 岡本英明著、前掲書、一六二頁参照。

(10) 岡本英明著、前掲書、一六二頁参照。

(11) ボルノー著、『対話への教育』、一五八頁参照。

第四節　ボルノーにおける「言語と教育」の関わりについて

一　問題の所在

ボルノー（Otto Friedrich Bollnow, 1903-1991）における言語と教育の関わりについて語る場合、もっとも重要な視点は「言語教授ではなくて、もっと深い問題、人間の人格性の構成において言語がどのような機能を果たすべきか、またそこから、どのような帰結が教育に対して生ずるか」[1]という点に帰するであろう。これを簡潔に、教育学の人間学的基礎づけと呼ぶことが許されるならば、こうした人間学的な考察にあっては、言語の内的構成、すなわち語の形成や文法が問われるのではなく、より根源的な意味で「世界の把握ならびに自由で自己責任をもつ人格性の発達にとって言語がもつ意義」[2]が焦眉の研究課題となる。

それを踏まえたうえで、言語を人間の生の構造全体のなかで必然的な働きをするものとして捉え、そこから言語の教育学的意義が考察されねばならないだろう。翻って、言語と教育の関連を一瞥すると、特に学校教育においては、言語を媒介として行われてきた読み書きの学習から国語教育、さらに外国語教育を経て文学作品の鑑賞にいたるまで、明らかに言語が教授活動の対象そのものであることは周知の事実であろう。しかしながらこの自明さにもかかわらず、言語はこれまでその根本的な教育的機能においては十分な解明が施されてきたとは言い難い。つまり一方で、言語は教育において、あまりに自明な存在であり過ぎるので、われわれの思いのままに使用しうる「意思疎通の媒体」と錯覚しがちになり、また他方では言語とはその正しい用法を伝達するべき一つの形成物にすぎないと安易に理解され続けている。以上のような理由から、言語が教育の目的に対して持つ意義は不問に伏されたままであった。こうした言語と教育の関わりのなかでボルノーはあえて、言語という事例についての哲学的・人間学的考察法が教育学に対して実り多い成果を獲得すると強調してやまない。

このように、ボルノーのいう言語教育とは、人間を彼の「言語性」(Sprachlichkeit)にまで教育することであり、言語の形成や正しい文法の使用を強調する従来のいわゆる言語教育とは決定的に異なる思想をわれわれの眼前に提示してくれる。それ故、彼のいう言語教育にあっては、言語それ自身が人間の世界理解や自己実現という人間の人格形成にどれほど深い影響を与えるかを問題にせずにはおられない。ボルノーはその点を次のように確信をもって述べている。すなわち、「人間に語ることを教えることによって、かれを言語にまで自覚めさせ、そのことによってかれを人間にまで形成するのである。」(3)と。そこからボルノーの言語論に関する方向は、具体的に大きく次の二つに分けられよう。

第一に、彼は「言語による世界開示」の意味を考察しようと試みる。それはすなわち、「言葉が世界へのわれわれの参加を主導しており、単に知覚のみならず一般に人間の世界への行動の全体が、言葉によってかじをとられていることを意味」(4)する。こうした関連において言語による世界開示の問題をボルノーの直観教授の理解と照らし合わせつつ論究してみたい。その後に、直観教授におけるボルノーの独特の解釈学的な言語理解について考察する。そこではボルノーの強調する「言葉から直観へ」という解釈学的言語把握の根拠を明確にしたうえで、「最初に事物を、しかる後その語を」という従来の直観原理との質的相違を浮彫りにし、さらにはペスタロッチ（Johann Heinrich Pestalozzi, 1746-1827）の有名なテーゼ「直観から概念へ」の意義とボルノーの言語理解との関わりも論ずることとなろう。

第二の重要な方向は「責任をもって与えられた言葉による人間の自己生成」[5]という標語で把握し得るものであり、そこで人間は言語を媒介としてのみ道徳的存在になりうることを論証したい。したがって第二の方向を取り扱う次の箇所では、「言葉」というものが人間の健全な人格の発展に対していかなる意義を有するのか、について論じられることとなる。[6]その際、明確に発言された言葉が現実に対して影響を及ぼす「言葉の力」の性格を「自白・告白・約束」についての具体的な人間学的考察に従いつつ解明してゆく。換言すればここでは、言葉に潜む人間形成力及び現実形成力を問うことによって、人間の自己生成の問題が、言葉を媒介としていかに道徳的な教育と関わるのかを探究してゆくこととなる。

註

（1）O. F. Bollnow, Sprache und Erziehung. Kohlhammer, Stuttgart, 3 Aufl., ボルノー著、森田孝訳、『言語と教育』、川島書店、一九六九年、一版、日本語版への序文、一頁。
（2）ボルノー著、前掲書、日本語版への序文、二頁。
（3）O. F. Bollnow, Sprache und Erziehung, S.16.
（4）岡本英明著、『ボルノウの教育人間学』、サイマル出版会、一九七二年、二〇五頁。
（5）岡本英明著、前掲書、二〇五頁。
（6）岡本英明著、前掲書、二一二頁参照。

二　直観教授における言語の世界開示の意義

まずここでは、先述のように言語による世界開示の意味を直観教授におけるボルノー独自の言語理解に即しつつ考察してみたい。すなわち、彼の解釈学的な言語把握である「言葉から直観へ」という順序が、従来の直観原理である「最初に事物を、しかるのちその言葉を」という順序と異なる点を端緒としつつ論を展開してゆく。

ボルノーは従来、語と事物はどのような関わりにあったのかという問いをたてるところから出発する。語は「事物の単なる影法師」として把握され、また「響きと煙」という、うつろなものにおもわれていたことは周知の事実であろう。ボルノーによれば、こうした連関でラトケ（Wolfgang Ratke, 1571-1635）において近代教授学の出発点となった原理「最初に事物それ自身を、しかるのちその語（事物の影）を」という教育原理が成立し、「それ以来すべての直観教育の原理となり、学校が単なる型通りの口授教育で硬直しそうになるとその都度新たに繰り返し強調されてきた」(1)のである。さらに近代教授学の父と称せられるコメニウス（Johann Amos Comenius, 1592-1670）においても、われわれは次のような直観教授の一般的な原理を想起する。すなわち、「それ故に青年の知性の前に置かれたる事物も、真実のものであって、事物の影であってはならない。私はあえて繰り返す。それは事物そのものでなければならない。」(2)と。こうしたラトケやコメニウスの主張の中心点は、第一に事物そのものを子どもに具体的に提示し、その事物に対する直観を明確にした後に初めて第二段階としての言葉を獲得する、という順序の強調であろう。

ここで、具体的な直観で満たされていない空虚な言葉の使用を避ける手だては、物自体を直観的に持ち出すか、場合によっては絵図で代用することによって、直観を徐々に明白な規定へともたらし、その後で語をつけ加えること(3)によって初めて可能となるかにみえる。しかし、ボルノーは、この一見きわめて説得力に満ちた「直観原理」の危険性を次の点にみてとる。すなわち、それは誤った認識理論の前提のもとに、実際は普遍妥当的ではない特殊な例を普遍妥当的に言葉と物との関係にあてはめようとする点である。もっとも上述の直観原理も、語が語だけで成立するのではなく「ただ語のなかで表示された物との関係においてのみ成立する」(4)という点では正しい。しかし、事物と言葉の関係において第一に事物を、その次に言葉という「言葉に先立つ事物の把握」についての従来の解釈の誤りをボルノーは次のように指摘する。すなわち彼は、この関係はせいぜい純粋な固有名詞にあてはまるとしても、一般的には言葉と事物は「厳密な同時性」において生ずる、と考える。なぜなら、「言葉の解釈において初めて、事物はいまだ規定されていない基底から、この一定のものとして形成される」(5)からである。

森田孝によれば、「言語を語に分解し、語を名前に等置するときにのみ、しかも最初にその名前を与える状況においてのみ、部分的に感覚的直観の先行がみとめられるにすぎない。教授の原則としては、むしろ言葉と事物との同時的提示の有効性を主張しうるのみであろう」(6)と述べられているところからも明らかなように、この意味でボルノーのいう言葉と事物の関係は同時性・等根源性にある、との認識と一致する。しかしながら、さしあたり事物と言葉との関係を同時性において捉えるにしても、なおボルノーの言語に対する根本認識はさらに一歩進んだものとして理解されねばならないだろう。続けてボルノーは言う。「人は解釈された(まず言葉によって解釈された)世界に生きている。純粋な、まだ解釈を施されていない現実は、人間には本質的に届かぬところにある」(7)と。この言語認識はボルノーの解釈学的な認識論の根本的な思想の一つで「前理解」の典型的なものと言わなければならない。川森康喜の次の指摘は興味深い。すなわち、「このような認識に立つと、それゆえ言葉と事物の同時性といっても、何よりもまず根源的に言葉によって解釈された世界があり、この世界に導かれて同時的に事物が成立する、という意味での同時性なのである。ボルノウの直観の原理への批判もこの認識からである。」(8)(傍点筆者)と。

これを教育学の視座へ移行して考えると、「個々の子どもが言葉のなかへと成長する過程」(9)が焦眉の問題となってくるだろう。子どもは事物を認知して言葉を獲得するのではなく「その言葉を通じて初めて物の世界のなかへと成長」(10)してゆく。こうした成長途上の子どもにとっては言葉と事物の同時性から出発することはできない、と考えるボルノーはさらに言葉と直観の関係を次のようにまとめている。「言葉のなかですでに不確定ながらも知られているものが、後から一歩一歩補足的に、自分の直観で満たされるのである。直観はそれゆえに多くの場合にはまず、言葉で先取りされたものを補足して確実なものにする、第二の」(11)道なのである。

ここにおいてペスタロッチの教育学における「直観から概念へ」という定式化の意義がボルノーによって再び現代に蘇ってくる。ここで教授法論者が確認すべき点は、「言葉のなかに漠然とあらかじめあたえられている理解が、直観のなかで具体的に満たされねばならない」(12)という上述のボルノーの主張であろう。すなわち、まず「言葉から直観へ」というボルノーの方向づけは、ペスタロッチの「直観から概念へ」を否定するどころか、むしろなぜペスタロッチがこれほど直観の価値を強調したのかを解明する根拠をわれわれに与えてくれよう。ペスタロッチの「言葉」への批判は、どこまでも「口先だけの空虚な言葉」、つまり具体的な直観で満たされていない言葉に対して向けられていた。(13)それ故、「直観的に満たされた言葉からのみ、明らかな概念に移ることが可能である」(14)と考えたペスタロッチにあっては、直観は当然のものとしてわれわれに存在するものではなく、人間のひたむきな獲得の努力の後に与えられるべきものであった。総括すると「直観から概念へ」というペスタロッチの主張は、それ故ボルノーのいう「言葉から直観へ」の第一の道が開かれて初めて可能となる第二の道である、と言えよう。

すなわち、ボルノーにとって直観教授の課題とは、言葉から直観的な充実へと子どもを導くことに他ならず、「ここでも、子どもはすでにいつも言葉で理解された世界のなかに生きている、というのが根源的な認識であり、したがって言葉で知られたものの領域は直観で知られたものの領域よりは大きい。だから言葉で知られているものを、直観によって確かなものにしていくことが教育の課題で」[15]なければならないだろう。このことから、子どもに真の世界への通路を開くのは語であり、その限り言葉が事物に優先するといっても過言ではなかろう。子どもは言葉を習い始める時期を除けば、さしあたり事柄そのものへ眼を向けつつ語を聞くというよりも語られる語の文脈に即して語を理解してゆくという事実にボルノーは着目して、次のような「直観原理」に関する考察を展開してゆく。従来の直観原理が意味深く働く場合とは、子どもが今まで知らなかった事物（たとえばライオン）をまず実際の見本で示し、その次に（ライオンという）名前を付け加えうるような状況が考えられよう。この方法は「既に漠然と知られていたものを明確な規定にもたらすところにその課題を見出す。直観化の過程が前理解されたものの顕現化であり具体化であると言うことができるならば、漠然とした直観は語を媒介することにより明確な概念となり、その結果、われわれの理解はより充実したものとなる。

ボルノーは語から直観への道筋を強調するが、それはつまり「言語が先行し、直観が充実することによってあとにつづくということ」[16]に他ならない。それではボルノーの直観の捉え方は従来の直観原理とどこが異なるのであろうか。従来の直観原理では、語と名前とを同一視しがちになり、その結果、直観的に示すことができるのは、ただ名前をもつものだけしかないと考えられてきた。つまり、語とはその本来の意味で何ものかを意味するものたりうるが、他方、名前はそれ自体としてはけっしてある対象を解釈しえない。それとの関連でボルノーは次のように言う。「名前は事柄を表示するものであり、その事柄は表示によって（身ぶりによると同じに）周囲のものから際立たされ、そしてそのものとして定立されるに反して、語はその本来の意味では、何ものかを意味するもの」[17]（傍点筆者）である。さらに彼は続ける。「言語を構成するすべての語が名詞であるのではなく、それどころか、名詞においては言語のまったき本質は、まだまるで把握されえないのである。語をあやまって名詞と等置することは、ここにおいてより深い連関を覆いかくすのである」[18]と。

こうしたすべての語やすべての名詞が名前であるとは限らない、という事実をボルノーは馬（Pferd）という名前を例に次のように説明する。馬は動物の特定の種の名前であるが駿馬（Roß）や駄馬（Gaul）も同じ意味での名前であるとはいえない。ボルノーによれば駿馬や駄馬という種類があるわけでなく、直観教授においてこれらの名前を示すことは不可能であると言わざるを得ず、したがって「本来の意味で名前であるような語の場合にのみ、それで表示された物が直観において簡単に示すことができる」[19]にすぎない。この馬の例は「可能な直観化の限界を明らかにするのには適している」[20]が、現実の大部分の語（たとえば駿馬や駄馬）は元来一定の把握の仕方がなされ、そのなかで対象がはじめて本来的に語とともに成立するわけで、ボルノーはこうした語の働きをリップス（Hans Lipps, 1889-1941）に依拠しつつ、比喩的に「腹案」（Konception）もしくは「構想」として捉えたのである。「腹案・構想」とは「事物を一定の仕方で捕らえて注釈し、それによって、まったく一定の解釈を事物に与えるものである」。[21]

「言語はただ、こつにおいて会得されたものを表示するために用いられるだけであり、言語は理解のしかたに対して、それ自身では指導性をもっていない」[22]と述べるボルノーはリップスの次のような言説を紹介する。「ここにおいてただ実践的な想念というだけでなく、櫛にかけるようにより分ける想念である勘どころ［摑み所］が言語のなかであらかじめ形成される」。[23]このリップスのいう「櫛にかけるように、より分ける想念」において「語」は、たんに模写的な機能を越えて、われわれの眼前の現実を捉える力を有するようになる。[24]リップスがさらに次のようにいうとき、われわれはそこに言語の現実形成力を見出すことができる。すなわち、「ここでは、語が理解を支配する。そうして、この摑み所において言語の潜在力が前面に現れるかぎり、それらの摑み所は『自分のものとなる』のである」。[25]さらに「フンボルト（Karl Wilhelm von Humboldt, 1767-1835）とともに語れば、それぞれの言葉は最初から世界所与に先行し、その基礎になっているある一定の世界観を含んでいる」[26]のである。

ボルノーがわれわれに気づかせることは、語とは事柄の単なる表示などではなく、語を使う当事者自身のうちでそれに応じた態度が形成される過程において初めて理解されるなにものかである、という示唆であろう。フンボルトの言語理解に即して述べれば、人間は世界理解を下書きする言葉の「圏」に囲まれて生きている限り、徐々に彼の現実経験が具体的に充実され豊かにされてゆく。フンボルトは「言語の国民的性格について」（断片）[27]のなかで、言語の個性について次のように述べている。「これは、それぞれの言語に内在する力をもって、すべての言語に共通な分野を、精神的な宝につくり直す」[28]ものである。あるいは、「言語は、みずから創造し思考の結合を必要とし、精神を必要とする。そして精神は、その働きを痕跡として、ことばのなかに刻印を残す。」[29]と。さらにフンボルトは、「言語一般の性質と特質について」[30]のなかで、次のように説明している。「人間が自分のうちから言語を紡ぐと同じ作用で、人間は言語によって自己を紡ぎ出す。どんな言語もその属している民族のまわりに囲いをつくり、その囲いを越えて他の囲いのなかに入っていかないかぎり、そこからは出られない。(中略)なぜなら、あらゆる言語は概念の織り物全体と人類における一部分の表象の仕方を含んでいるからである。」[31]と。ボルノーはこの点についての自己の見解を次のようにまとめている。言語とは、すでにあらかじめ手もとにある現実を単に模写するようなものではなくて、その現実をまったく一定の仕方で区分し解釈して、この解釈でもって初めてわれわれの現実を特有の世界として築きあげるものである、と。[32]それゆえ、現実を自己の内へ取り込む言葉は、当然、一人ひとりの個性的な世界観を具現してゆくものであるから、「現実経験はこの特殊な言葉によって制約された特殊な仕方において左右されている」[33]と言わざるをえない。換言すれば「言葉が世界へのわれわれの参加を主導しており、単に知覚のみならず一般に人間の世界への行動の全体が、言葉によってかじを取られていることを意味している」。[34]

すでに名前の領域を考えても容易に推察できるが、言葉のうちで開かれている世界は、現実に体験された世界よりも既に常により大きく広い。したがって、ボルノーも指摘するように「大人でさえも、漠然とは理解されているが、確実な経験によっては充実されていない沢山の言葉のうちで生きて」[35]いるのが現実の姿であろう。換言すれば「言葉のあり方に応じて、その言葉を用いる当の人間の世界が定まる」[36]ことになる。それはつまり、「歓喜と苦痛、愛と忍耐、退屈と期待、率直と尊大、など、これらすべて言語が人間に準備してくれる語のはたらきのもとではじめて形成されるのであり、この過程において、人間の内的な本質が形作られる」[37]ことを意味する。また、すべての言葉はその都度、特殊な仕方で刻印するため、「人間は言葉においてその都度特殊な仕方で形成される」[38]のであり、こうした言葉が人間の内面に刻印されつつ、その人間自身の世界観が形成されてゆく。この事実は、言語がこのような感情を簡単に創造するという意味ではなく、内的・精神的に刻印された生活が言語によって指し示された形式に流れ込むことにおいて、それ本来の現実性を得る。それゆえに、言語を用いる教育によって、われわれは全人教育をおこなうことが可能となる。ここにおいて言語による世界開示の意義が十全に表されていることになるのである。(39)

註

(1) O. F. Bollnow, Neue Pädagogik und Philosophie. ボルノー著、浜田正秀訳、『新しい教育と哲学』、玉川大学出版部、一九七八年、三刷、一一一頁。
(2) コメニウス著、稲富栄次郎訳、『大教授学』玉川大学出版部、一九六九年、八版、一四六頁。
(3) ボルノー著、『新しい教育と哲学』、一一二頁参照。
(4) ボルノー著、前掲書、一一三頁。
(5) O. F. Bollnow, Sprache und Erziehung, S.159.
(6) 森田孝著、「教育における言語の問題――その方法論的考察――」大阪府立大学紀要、人文・社会科学篇、第一六巻、一九六八年、八四頁。
(7) O. F. Bollnow, Pädagogik in Anthropologischen Sicht, S.150.
(8) 川森康喜著、「ボルノウにおける対話――それの人間形成へのかかわりについて――」、竜谷大学論集、四四一号、一九七七年一〇月、八三頁。
(9) O. F. Bollnow, Sprache und Erziehung, S.159.
(10) O. F. Bollnow, a. a. O. S.159.
(11) O. F. Bollnow, Anthropologische Pädagogik, Tamagawa University Press, S.152.
(12) ボルノー著、浜田正秀訳、『哲学的教育学入門』、玉川大学出版部、一九七三年、四刷、六〇頁。
(13) この点に関する森田孝の次の指摘は興味深い。すなわち、ボルノーによれば、浅はかで直観力のない口先だけの言葉しかしゃべらない人間に対してペスタロッチは激しい非難を浴びせたが、しかし他方で、ペスタロッチが言語を重要なものと考えていたことも事実であった。ボルノーは彼の著、『言語と教育』の最終部でペスタロッチのそうした思想を引用している。「いったい真理とは何であるか。（中略）人間が彼の自然の本性のゆえに、自己自身のためにも人類のためにも、コトバにあらわさざるをえなかったものは、たしかにことごとく人間にとって真理である。だから人類のために真理を君が求めるのなら、彼にもの言うことを教えなくてはならない。」(Pestalozzi, op. cit., 13Bd., Die Sprache als Fundament der Kultur, S.3.)
森田孝著、「教育における言語の問題」、八四頁。

(14) ボルノー著、『哲学的教育学入門』、六一頁。

(15) 川森康喜著、「ボルノウにおける対話」、八四頁。

(16) O. F. Bollnow, Sprache und Erziehung, S.162.

(17) ボルノー著、『新しい教育と哲学』、二一八頁。

(18) O. F. Bollnow, Sprache und Erziehung, S.165.

(19) ボルノー著、『新しい教育と哲学』、二三一頁。

(20) O. F. Bollnow, Sprache und Erziehung, S.166.

(21) 岡本英明著、『ボルノウの教育人間学』、二〇六頁。

(22) O. F. Bollnow, Sprache und Erziehung, S.139.

(23) H. Lipps, Untersuchungen zu einer hermeneutischen Logik., S.92. Frankfurt a. M. in O. F. Bollnow, a. a. O. S.139.

(24) Vgl. O. F. Bollnow, a. a. O. S.139 f.

(25) 岡本英明著、『ボルノウの教育人間学』、二〇六頁。

(26) 岡本英明著、前掲書、二〇六頁。

(27) W. v. Humboldt, Bildung und Sprache, FERDINAND SCHONINGH PADERBORN, 4 Aufl, 1985.
C・メンツェ編、W・v・フンボルト著、K・ルーメル、小笠原道雄、江島正子訳、『人間形成と言語』、以文社、一九八九年、第一刷。

(28) W. v. Humboldt, a. a. O. S.75.

(29) W. v. Humboldt, a. a. O. S.84.

(30) W. v. Humboldt, Bildung und Sprache. C・メンツェ編、W・v・フンボルト著、K・ルーメル、小笠原道雄、江島正子訳、『人間形成と言語』。
(31) W. v. Humboldt, a. a. O. S.96.
(32) Vgl. O. F. Bollnow, Sprache und Erziehung, S.146.
(33) ボルノー著、『新しい教育と哲学』、一二三頁。
(34) 岡本英明著、『ボルノウの教育人間学』、二〇五頁。
(35) ボルノー著、『新しい教育と哲学』、一二三頁。
(36) ボルノー著、前掲書、一二四頁。
(37) O. F. Bollnow, Sprache und Erziehung, S.170.
(38) ボルノー著、『新しい教育と哲学』、一二五頁。
(39) Vgl. O. F. Bollnow, Sprache und Erziehung, S.170.

三　言葉による人間の自己生成

以上において、われわれはボルノーの言語教育論の第一のテーマ、すなわち言語による世界の開示について考察を進めてきたわけであるが、この問いは必然的に言語による人間の世界観の形成、もしくは人間形成と連動する問題へと発展せざるをえなくなる。それゆえ、われわれは次にボルノー言語論の第二のテーマである「言語による人間の自己生成」の課題に移ることにしたい。

さて、言語というものはたんに世界の開示を起こすのみならず、人間本来の本質を自己展開させる働きを有する。この第二の側面は気づかれにくいものであるが、こうした言語の働きによってのみ、人間は感情や理性が芽生えだすと言えよう。この関連が教育学的にいかに重要な意義をもつかは次のボルノーの言説にみてとれよう。すなわち「言語の習得は、ただ、一つの表現手段、または了解手段の習得にすぎぬのではなくて、言葉による人間自身の形成」(1)であるとするならば、「人間はその言語をとおして、そのようなものになる」(2)(傍点筆者)とボルノーは確信する。そのため、こうした言語形成作用をとおして、より精確かつ的確な言葉を習得すればするほど、その人間にはますます自己実現の力が獲得されてゆくという事実は、教育学的にどのような意味をもつのだろうか。このことは人間自身が言語という媒介物によって自分の外的世界のみならず、自分の内的世界をも変貌させられることを意味するが、ここにおいて初めて「自分の徳性と自分の悪徳、(中略)および自分の道徳的態度を人間は、最初から言語による解釈のなかで、まるで外界の物でもあるかのように経験する」(3)こととなる。

この関連を明らかにするためにボルノーは自白、告白、約束についての人間学的考察を進めている。「自白」や「告白」において、人間は虚言と秘事、不明瞭とあいまいさの世界から抜け出して、人間のあるがままの状況を打ち明ける結果となる。この両者は自然の流れに逆らって貫徹されるかぎりにおいて、いずれも人間の自己生成という一つの道徳的態度を要求してくるが、この点をボルノーは次のようにまとめている。「人間は世界の前に、自己および自分の態度に対して責任をもつということによって、この〔自白または告白という〕行為において、自己自身を摑むのである。」(4)と。これとの関わりで次のような教育学上の意義が認められることになろう。すなわち、子どもは、なにかなすべきではなかった事柄をおこなったことに対して、(重大な過失から日常生活の些細な事柄に至るまで)自らの行為に対して責任を負うことによって同時に初めてそこで自己自身となりうる。さらに、「自白」においては人間が秘密にしておいた過失が、「告白」では自白に比べてより積極的・自由な束縛をとおして、自らの過失が問われる。ボルノーはこうした逃避の誘惑を乗り越えて初めて、子どもは自由な自らの決断を獲得し、実存的な意味での自己生成が成就され得る、と確信をこめて述べている。

ところで、児童文学者の灰谷健次郎は林竹二との対談集のなかで、小学校の教師時代のある子どもの「自白」に関する興味深い教育的な話を伝えている。小学校三年のある女の子（やす子ちゃん）がチューインガムを万引きしたために、その小さい魂がたいへんな苦しみを抱え込んでしまうという状況に灰谷がぶつかったときの体験である。初め彼女は、「チュウインガムを盗んだ。もうしないから、先生、ごめんしてください。」という紙切れを持って、母親に首筋をつかまれながら灰谷先生のところへ引きずられてきた。その後に、やす子ちゃんとふたりきりになって、「盗み」という行為ともう一度真正面から向き合い、少しのごまかしも許さずに自らの過失の意味を問い直した結果、やす子ちゃんの魂の自立が徐々にではあるが芽生え始め、『チューインガム一つ』という彼女の精神的蘇生としてのすばらしい詩がほとばしり出た、と灰谷は報告している。(5) 灰谷は続けて言う。「盗みという行為によっていったん失われた人間性を回復するためには、もう一度盗みというものと向き合うしかないと思うわけです。」(6) と。子どもに、詩を書かせるというつらい「自白」を経験させることによってのみ、「やす子ちゃんの人間性を回復する道」が開けたと灰谷は述懐している。彼がやす子ちゃんに容赦のない自白（詩をかかせる行為）を要求することにより、これまでのやす子ちゃんの未決定の浮遊状態に終止符が打たれ、「この自白の危機的状況において、人間は他者の面前で自分の本来的自己を捕らえる」(7) ことが可能となる。すなわち、「これらの危機の下ではじめて、人間は自己自身に対する責任において自己をつかむのである。そうして、それゆえに人は子どもに自白の明白な言葉を免じてやることはゆるされないのである」(8) というボルノーの言説は、灰谷の実践内容とみごとに一致している。

人間自身が言語によって初めて本来の自己を成就する今一つの例を「約束」にみてみよう。「人間が自己の状態の移り変わりに無力に引き渡されている瞬間的存在であるのではなくて、人間のうちには、かれが道徳的な努力においてその状態の変化を超越しうる何かあるものが現存している」[9]とのボルノーの主張は、約束という事実が人間に超時間的な道徳的意識を生じせしめることを初めて語ったマルセル（Gabriel Marcel, 1889-1973）の思想と重なる。これをさらに尖鋭化し、言葉を媒介として人間の自己実現が成就される端緒を「約束」に看て取るリップスは、言語の創造的性格を次のようにきわめて明瞭に強調している。すなわち、「言語は第一のものであり、一歩一歩と現実化し、明らかにされてゆく」[10]ものであると。このリップスの主張は、まさに言葉そのものが一つの現実形成力をもっていることを如実に示している。

同じことは告白にも妥当する。公への告白においてのみ、「人は自分の行為にたいする責任を負い、それによって責任ある自己となる。発言する存在のみが道徳的な存在となることができる。」[11]と。ボルノーの尖鋭化されたテーゼによれば、告白においては、人間の自由の行為のなかで、あるものと自己を同一視することが問題となる。その意味で、告白とは逃避・背信行為の誘惑を乗り越えたところの「自由に負うた束縛」の名で言い換えることができよう。こうした告白行為を通じて「初めて確固たる信念が形成され、人間それ自体が、自己に責任をもつ自由人格」[12]となりうる。さらにこの自由な実存的決断の実践により、人は彼固有の本来性を獲得してゆくことになる。[13]

以上の例からも明らかなように、一つの現実形成力をもつ言葉は「充実」されるべき要求を掲げてわれわれに立ち向かう。岡本英明も指摘するように、「約束する人は、その約束によって、彼の未来を先駆的につかみ取っている」[14]が故に、状況がいかに変化しようと、彼は責任をもってその約束を履行せねばならない。この約束の厳格さこそが、同時に自己を変革させ、「かれは感情と傾向の変化を伴う自分の『自然的な』

現存在を超越し、道徳的人格となる」。(15) こうして人間は、約束において彼本来の自己にまで高められ、責任をもって話された言葉を通して自己実現を可能なものたらしめるのである。

同様に言語の刻印力が自己変革を迫る宗教的な世界での例として、金子晴勇もまたきわめて興味深い考察をわれわれに提供してくれている。対話における言葉の力をとおして、未だ知られざる自覚しえなかった「より高次の自己」が発見される。こうした自己変革による人間の新生が「対話における言葉の出来事として成立するためには、言葉を外的音声として聞くだけではだめであって、内的に聞く、つまり心の奥深く言葉をきざみ込まなければならない」。(16)(傍点筆者)「御言葉は使徒の口から出て、聞く者の心に達する。そこに聖霊がいまして、聞かれるように心に御言葉を刻み込む。このように説教者はすべて形を創りだす芸術家である」。(17) 金子は上述の宗教改革者ルター(Martin Luther, 1483-1546)の言葉を引用して、言葉の刻印力というものがいかに人間の内的変革に関与するかを次のように語っている。すなわち、ルターによれば、「聞く作用は音声の刺激によって生じるが、この言葉の外的響きをとおして内的に意味をえさせるには神の霊が心の肉碑に内的に言葉を刻印し、内なる変革が生じなければ、真に聴くことは成立しない。」(18) と。神の言葉を聞く態度をとおして人間は自己の非本来的な現状を打破し、真の新しい自己へと内的変革を遂げてゆく。この人間の実存の本来的存在への飛躍の契機となるものが、ここでも言語による実存的真理であると言えよう。

このように見てくると、一般的な言葉の考察から、具体的に生きて話される言葉の働きについての考察へと移行するときに初めて、われわれの現実に対して影響を及ぼす「言葉の力」が問題となってくる。H・リップスが「言葉の潜在力」(Potentz der Sprache) として特徴づけたこの現象は、「言葉において行われる決定の光のなかに、物は現れる」(19) というボルノーの説明で要約されている。ここで教育学的に重要な視点は、人間自身もまた、自分の話す言葉の影響を受けて変化するのであり、たとえば他者にある事柄が伝達され語られて初めて、それは存在し現実のものとなる、という事実であろう。さらにボルノーの示すところによれば、「人が自分の言葉で固定されるこの現象は、道徳的な個性の形成、言葉の厳密な意味での自己にとって、決定的な意味を持っている。言葉の固定化のこの作用によって初めて、人は確固たる責任ある自己を得る」[20]わけで、そこから人間が言葉を語ることによってのみ責任存在となりうることが論証される。

ボルノーはさらにそれを鋭く次のように言い換える。「人間は言語のなかに自己を表出するものであるということではなくて、人間はその言語をとおして、そのようなものになるということが問題なのであり、だから人間は固定した本質をもっていないというのではなくて、人間がその言語を発展させる、そのしかたにおいて、はじめて人間はこのような本質を獲得するのである。」[21]と。人間の徳性や悪徳という心的性質は、すでにあらかじめ与えられた言語による解釈のなかでまるで外界の物ででもあるかのように思えるが、そうではなく言語によって準備された形式のなかで初めて形成されるものである。つまり、このことは「人間自身が言語という媒介物のなかで対象化され、自分の外的世界だけでなく、自分の内的世界をも、自分の言語の導きの糸によって知るにいたるという事実」[22]を表している。

註

(1) O. F. Bollnow, Sprache und Erziehung. S.183.
(2) O. F. Bollnow, a. a. O. S.184.
(3) O. F. Bollnow, a. a. O. S.185.
(4) O. F. Bollnow, a. a. O. S.190.

(5) 灰谷健次郎・林竹二著、『教えることと学ぶこと』、小学館、一九八六年、第一版二刷、六六―七五頁参照。
(6) 灰谷健次郎・林竹二著、前掲書、七一頁。
(7) 岡本英明著、『ボルノウの教育人間学』、一一五頁。
(8) O. F. Bollnow, Sprache und Erziehung, S.191.
(9) O. F. Bollnow, a. a. O. S.192.
(10) O. F. Bollnow, a. a. O. S.193.
(11) O. F. Bollnow, Anthropologische Pädagogik, Tamagawa University Press, S.156.
(12) 岡本英明著、『ボルノウの教育人間学』、一一六頁。
(13) Vgl. O. F. Bollnow, Sprache und Erziehung, S.191 f.
(14) 岡本英明著、『ボルノウの教育人間学』、一一六頁。
(15) O. F. Bollnow, Sprache und Erziehung, S.193.
(16) 金子晴勇著、『対話的思考』、創文社、一九八四年、第四刷、一一〇頁。
(17) 金子晴勇著、前掲書、一一〇頁。
(18) 金子晴勇著、前掲書、一一〇頁。
(19) O. F. Bollnow, Anthropologische Pädagogik, S.134.
(20) O. F. Bollnow, a. a. O. S.155.
(21) O. F. Bollnow, Sprache und Erziehung, S.184.
(22) O. F. Bollnow, a. a. O. S.185.

四　むすび

翻って、一般に子どもは周りで話されている言語を習得してゆく過程で、かれは自らの世界のなかで生きてゆく手がかりを獲得し、有意義な秩序立てられた世界に参入し、他方でまた言語によってこれまでの歴史的遺産として構築されてきた文化を徐々に理解してゆく。しかし子どもはどうして「長大な経験連鎖」(ゲーレン、Arnold Gehlen, 1904-1976) としての悠久の歴史を、言語によって一定の時間内に習得しうるかとの問いに対して、われわれはここでゲーレンのいう言語の「負担免除」の機能を今一度想起することが適切であろう。ゲーレンはこう考える。「象徴的形態というのは、要するに、短縮され、このことによって負担を免除する形態のことである。これらの形態は、苦労して獲得された長大な経験連鎖を、いわば短絡させることによって負担免除する」[1] とするならば、この「負担免除」としての言語の機能は、動物が本能によってその生活の適応能力を確保するのと同じように、人間や子どもの適応行動の習得にとっても必要不可欠な要因であることを如実に物語るものといえよう。しかしわれわれがこれまでに論究してきたボルノーにおける言語の問題は上述のような所与の世界への適応としての言語を中心に扱うものではなく、言語そのものが人間の人格形成にどれほど深く関与するものであるか、という一点が焦眉の研究課題に他ならなかった。なぜなら、皇紀夫も指摘するように、「言語によってなされている思考と、言語によって秩序づけられている世界観そのものとを、所与の自明の在り方として受けとめるのではなく、その自明性が改めて問い直されていくことが、すなわち習得した言語とそれに依る世界の見方とが、自己の生きる現実において、批判的に内省される態度と能力を育てることが、言語教育の根本課題であると考えられる」[2] からである。

言語教育をさらに人間形成論に即しつつ検討した場合、「心身の経験を経ずに集積されてゆく言語は、抽象的なものとして立ち現れ、『負担免除』の役割を果たすとともに、他方で自己と世界とを隔てる疎外要因ともなりうる」。[3] このような所与のものとして与えられた言語を自らの経験をとおして、新しい意味を帯びた言語として再生させてゆく試みは、文学的な言語の「異化」の手法にもみられる。大江健三郎によれば、異化の手法とは「あるイメージとそれを構成する言葉を、日常生活の自動化作用をひきおこしている眼で見すごすようにではなく、その眼をひっつかんで覚醒させるような、抵抗感のあるものにきわだたせてゆく」(4) ことを意味する。すなわちここで述べられていることがらは、作家の創作活動とは、ものと化している言語の在り方を、つまり「日常的惰性的な言語感覚」を否定することによって「言語と自己との新たな出会いの地平を開こうとする」(5) ものに他ならない。これはまさにボルノーの解釈学的認識論としての「持ち込まれた前理解」の概念と共通項を有する言語理解と言えよう。それは、すなわち人間が事物を把握することに慣れてしまった地平にとどまったままの生活の営みにすぎない。「日常的惰性的な言語感覚」(大江健三郎)に浸りきって生きている人間にとって、そこでは事物がそれ自身から彼に告げる「予期せざること」(Unerwartetes)や「新たなもの」(Neues)は隠されたままである。(6) そうした性向を孕みもつわれわれにとって次のような問いを発することが適切であろう。

すなわち、人間形成の教育的課題が、主体的な子どもや人間の自己実現の過程に存するかぎり、所与の自明化された世界から自己を解放するという「自己の根源への回帰」という独自の弁証法的プロセスが問われなければならないだろう。そうであるならば言語教育にとっても自明化された習慣的な言語使用を今一度吟味する態度や能力が要求されてくるのは当然のこととなる。もちろん、言語のもつ公共的かつ先行的な所与的性格が大前提となって、言語の「負担免除」機能が認められ、そこから子どもの思考・行動様式の方向づけが与えられることも事実である。しかし、この所与のものとしての先行的な性格を孕む言語の課題を再吟味し、自明なものとして既に与えられている意味内容を改めて主体的に「受け取り直す」(wiederholen)こと(キルケゴール Søren Aabye Kierkegaard, 1813-1855)こそが、われわれが試みようとしたボルノーの言語教育論の核心であった。換言すれば「ことばによって共通の中立なものとして与えられた一般的な世界から、彼自身の自分で経験した自分だけに属する世界を切り取ること」[7]の重要性が今一度問われねばならないだろう。

真の言語教育の目標は、たんなる言語教授ではなく、人間の人格性を育成する際に、言語がどのような機能をはたすべきかという内容に焦点づけられていたはずである。具体的に前半部では「言語による世界の開示」というテーマで、言葉が人間に世界への参加を導き、人間の行為全体が言葉によってかじを取られていることを論証してきた。言葉はけっしてわれわれの眼前の現実をたんに模写するだけのはかないものではなく、むしろわれわれの現実を一定の仕方で解釈し、その結果人間は言葉によってすでに把握された特有の世界を創造する。それをふまえてさらに「言語による人間の自己生成」においては、人間は言葉を媒介にしてのみ、道徳的存在となりうることを論究してきた。人間は良くも悪くも言葉を通して形成されてゆく。それ故、人間は本来、固定した本質をもつ存在ではなく、彼が自己の言葉を本質的な意味で使用する仕方に応じて、彼の道徳性が展開され形成されてゆく。このように一つの現実形成力を孕みもつ言葉は自然的な現存在を超越して、われわれに道徳的な充実を要求してくるのである。

こうして厳密な意味において、人間は主体的な「受取り直し」としての言葉によってのみ、本来的な自己となることを一貫して考察してきたわけであるが、これまでのところではボルノーの言語教育論の重要なテーゼの一つである「対話への教育」については論究しえなかった。人間は主体的な言葉を発することによって自己開示の可能性が芽ばえ始め、彼本来の自己へと近づいてゆく。このボルノーのテーゼは当然のことながら、人間の言葉を真剣に受け止めるもう一人の聞き手の存在を前提とする。ここにボルノーの言語論を支えるもう一つの重要な課題、すなわち「対話への教育」の意義が唱えられる必然性が生ずることとなる。その点については今後の課題としたい。

ボルノーによれば、教育学に対して言語と教育の関係を今一度充実したものたらしめるためには、言語を他の陶冶財にならぶ一つの陶冶財として取り扱うだけでは十分とはいえない。究極的に人間を「話す存在」、つまり言語によって規定された存在として理解する視点が教育学に対してどのような意味を有するのかを探究することが肝要であろう。それ故、われわれは結語として次のボルノーの言説を引用して締めくくることにしたい。すなわち、「人間がどれほどまでに言語のなかに生き、また言語によって形成されるものであるか、また言語は人間の世界理解と自己実現にとって、どれほどの意味をもっているかがわかれば、教育学もまたこれらの歩みに十分な注意をむけなくてはならない。教育学はこれらの歩みを教育的に導き、誤った展開の危険を避けるように努力しなくてはならない。こうして言語はもはや語学の授業とか正しい語法の育成とかのように、諸領域にならぶ一つの教授領域の対象ではなくて、教育全体の中心点に移ってくる。人間に語ることを教えることによって、かれを言語にまで目ざめさせ、そのことによってかれを人間にまで形成するのである。言語の教育学はそれゆえに人間学的に定位づけられた体系的教育学の基礎部門である。」(8)と。

註

(1) A. Gehlen, Anthropologische Forschung, 1961.
ゲーレン著、亀井裕・滝浦静雄訳、『人間学の探究』、紀伊国屋書店、一九七〇年、一二〇頁。
(2) 皇紀夫著、「人間形成と言語」、下程勇吉編、『教育人間学研究』所収、法律文化社、一九八二年、初版、二六六頁。
(3) 皇紀夫著、前掲書、二六八頁。

（4）大江健三郎著、「小説の言葉」、叢書文化の現在①、『言語と世界』、岩波書店、一九八一年、二四頁。及び近著『新しい文学のために』、岩波書店、一九八九年。ここでは以下のような言語論が展開されている。すなわち、大江健三郎氏（1935-）によれば、小説や詩とは、日常生活での言葉の意味や音を生かしつつ、文学表現の「言葉」独自の鋭さや新鮮さを発見し、わたしたちの魂の内にそのような「言葉」を定着させ刻印づける作業であるという。たとえば大江は若い歌人俵万智のあまりにも有名な短歌

「この味がいいね」と君が言ったから七月六日はサラダ記念日

を援用しつつ、次のような考察を展開する。この歌は、数知れぬ家庭でのまさにわたしたちの日常生活での言葉であり、わたしたちは「この味がいいね」という平凡な句に毎日のように出会いながら別段気にもとめない。これが日常・実用の言葉の使われ方であろう。しかし俵万智という第一級の歌人の眼にかかるや否や、「この味がいいね」という言葉はわたしたちの魂の内に新鮮な響きをかもし出し始める。若い恋人たちの間で発せられたこのような言葉が忘れられなくて、この日を「サラダ記念日」と名づけた。この歌を通じて「この味がいいね」という言葉は特別なものへと変貌してゆく。これを大江はロシア・フォルマリズムからでてきた「異化」という概念に結びつけて理解しようと試みる。

それでは、この「異化」とは何なのか。大江によれば、わたしたちが営んでいる日々の生活では、日常・実用の言葉が「自動化」しているという。たとえば、友人とテーブルをはさんで、おしゃべりをしているところへ猫がやって来て、テーブルの下で喉をゴロゴロ鳴らし始めたとしよう。私はそのことをぼんやりと知覚してはいるが、しばらくして、猫がいなくなってから、友人が「お宅の猫、足に怪我していましたね。」と言われて、私は猫のことを思い出そうとするができない。つまりそこに猫がいると知覚していても、本当にその存在を理解するためには、猫に明確かつ意識的な眼差しを注いでいなければならない。そのとき初めて、私にとってその猫が一つのものとして実在し始め、「ああ、足に怪我をしているな」と気づくようになる。つまり、私は普段、猫を自動化していることになる。先の「この味がいいね」というごく平凡で擦り切れたいわば自動化された言葉が、いったん直観力の豊かな歌人の手にかかると、そこに生命が脈々と通うようになる。「これがものを自動化の状態から引き出す異化の手法」（三八頁）に他ならない。それ故、「異化」の第一歩は、言葉が知覚に意味を伝達するものとして日常的に使われ、その過程で絡み付いたほこりや汚れを洗い流すところから出発する。使いふるされ擦り切れてしまったわたしたちの日常生活の言葉を「真新し

い言葉に仕立て直す」ことこそが芸術わけても文学の使命であろう。わたしたちは、まず物と関係しつつこの世界で生きている。その意味で「言葉とのつきあいは、まずそのようなものとの関係の、代行である。（中略）ところがその実生活でのものとの関係には、自動化作用が起こる。ものをものとして意識し、受けとめるということがなくなる。それに対して『異化』された言葉があらためて僕らにものをものとして、はっきりとらえなおさせるのである。」（五七頁―五八頁）さらに先の若く生々した言語感覚の短歌を引き合いにだせば、「サラダ」と「記念日」というごくありふれた言葉の、この詩人の眼をとおして「サラダ記念日」といういかに新しく洗い清められた存在に変貌していることか。すなわち「異化」とは「ありふれた、日常的な言葉の、汚れ・クタビレをいかに洗い流し、仕立てなおして、その言葉を、人間がいま発見したばかりででもあるかのように新しくすること」（四三頁）に他ならない。

（5） 皇紀夫著、「人間形成と言語」、二六八頁。

（6） Vgl. O. F. Bollnow, Das Doppelgesicht der Wahrheit, S.81.

同じ問題は、すでに人間は技術的に理解された世界のなかに生きており、それ故物事を利害の可能性、もしくは利用価値の有無から対象としてながめていることを鋭く指摘したハイデッガーによっても取り上げられている。彼はそれを人間の「手もと存在」と定義づけている。ボルノーはこれとの関連で、人間は一般的に物を具体的な直観において見ておらず、「いつもこの直観を通りこして、いわばこれを跳びこえて実際の使用を方向づけることで十分な、いわばゲーレンの『最小限の性格』で事物を知ることで、人は満足している。」（ボルノー著、『哲学的教育学入門』七三頁）と述べている。

（7） ボルノー著、『哲学的教育学入門』、五九頁。

（8） O. F. Bollnow, Sprache und Erziehung, S.16.

第五節　ボルノーの「真理論」について

――道徳的・実存的真理の優位性の立場から――

一　問題の所在

ボルノー（Otto Friedrich Bollnow, 1903-1991）は、彼の「真理論」の冒頭でミハエル・ラントマン（Michael Landmann）の『根源像と創造者の行為』[1]を援用しつつ、ギリシャ思想の伝統を「鏡」的真理と、そしてヘブル思想の伝統を「厳」的真理と特徴づけて、以下の真理概念の二つの構造様式について極めて興味深い考察を進めている。すなわち、西欧思想の決定的な特質の一つであるギリシャ的真理概念は、与えられた事実についての正しい言表、つまり「認識」と関わるが故に、同じものを正確に写し出す「鏡」に譬えて真理を把捉していた。他方これに反してヘブル的な真理概念は、「根源的な意味において一つの存在態勢（eine Seinsverfassung）」[2]（傍点筆者）を表し、それが人間の場合には人格的な真理として、さらには神の信頼性をも包含するものと考えられてきた。ヘブル的な真理概念はこうした人格性もしくは信頼性というものの上に構築しうる「支えとなる真理」であるが故に「厳」的な存在の真理と名づけられよう。

先の二つの真理観の相違をみごとに浮彫りにしているボルノーの近著、『真理の二重の顔』（1975）冒頭部で、彼はさらにヨハネによる福音書中のピラトによるキリストの審問の物語を引き合いに出しつつ、次のような考察を展開してゆく。「わたしは真理についてあかしをするために生まれ、また、そのためにこの世にきたのである。だれでも真理につく者は、わたしの声に耳を傾ける」(3)と自らの実存をかけて厳的真理を語るイエス・キリストに対して、他方ピラトは冷ややかに自己の立場を守ったまま「真理とは何か」という自らの主体をかけぬ即物的・認識論的で普遍妥当的な問いを発するのみで、二人の対話は擦れ違いのまま終わることとなる。ボルノーの解釈に従えば、キリストの自証に対してピラトが途方にくれたのは、ピラトの提案した真理が「たんに与えられた事実についての正しい言表」の域を越えていなかったからである。ピラトの捉える真理、つまり「鏡としての真理」とは、傍観者的な立場で自らの立場をたな上げにしたままでも語りうるのに対して、イエスの語ったヘブル的な「厳的真理」は、根源的な意味において主体的かつ実存的な実践が問題とならざるをえなかったと解せよう。ボルノーに即しつつ右の二人の在り方を敷衍すれば、イエスの語る信頼しうる支える力のある厳としてのヘブル的真理とは、人が真理の内に生きるという実存的な実践性を伴うか否かという一点で、自らの主体をかけずに述べることのできる鏡としてのギリシャ的・自然科学的真理と本質的に異なる。厳としての真理では、わたしたちの生きかたそのもの、つまり道徳的・人格的な存在真理が問われる点で認識真理とたもとを分かつことになる。われわれの目的はこうした両者の真理観の相違を明らかにしたうえで、「認識真理とより深い存在真理」の人間への関わりをボルノー独自の哲学的人間学的手法に即しつつ探究することにある。(4)

その際われわれは、ボルノーの真理論の思想的歩みについて前期と後期でその力点の置かれ方が微妙に異なっている事実を考慮に入れておく必要があろう。論点を先取りして言えば、厳的真理と深く関連する精神科学的認識は、他者との「出会い」という実存的決断にその究極の本質を置く。たとえば過去の文化遺産としての芸術作品等の厳密な解釈を、精神科学的な認識課題の最も単純な例とみなすならば、そのような真理を合目的性へと還元することは、出会いの本質である実存的な決断を正当に評価する可能性を閉ざしかねない。ボルノー前期の真理論においては、ディルタイ（Wilhelm Dilthey, 1833-1911）の生の哲学の範疇をさらに越え出た実存哲学的な構成要素が含まれていることは注目に値する。ここにボルノー独自の真理論のオリジナリティーが存する、ともいえよう。しかしこのようなボルノーの思想は特に一九四九年代の『理解するということ』(Das Verstehen. Drei Aufsätze zur Teorie der Geisteswissenschaften.)などの比較的初期の著作で前面に押し出されている主張であって、近著『真理の二重の顔』(1975)では、むしろ認識の真理と存在の真理、もしくは脅かす真理と支える真理という二つの真理の間の緊張関係の二律相関の重要性に力点が移行しているように思える。そこでわれわれはさしあたり主としてボルノーの比較的初期の真理論に的を絞って考察を展開していることをあらかじめ断っておかねばならない。

註

（1） M. Landmann, Ursprungsbild und Schöpfertat. Zum platonisch-biblischen Gespräch. München. 1966.

（2） O. F. Bollnow, Das Doppelgesicht der Wahrheit. Philosophie der Erkenntnis. 2. Bd. Kohlhammer, Stuttgart. 1975, S.9.
ボルノー著、西村皓・森田孝訳、『真理の二重の顔』、玉川大学出版部、一九七八年。

（3） ヨハネによる福音書、一八章三七節。

（4） なお、ボルノーの真理論についての優れた先行研究としては次の文献を参照のこと。
川森康喜著、「ボルノウにおける真理の本質」教育哲学研究、一九六四年、第一〇号。五〇頁－六七頁。

戸江茂博著、「真理への教育――ボルノウの真理論についての一考察――」関西学院大学教育学科研究年報第五号、一九七九年、一五一―二五頁。

中野修身・優子著、「『存在の真理』について――ボルノーと西田哲学をつなぐもの――」金城学院大学論集一一六号、一九八五年、七五頁―八九頁。

二　二つの科学的領域における真理観の特徴

こうした二つの真理概念に関連して、極めて印象的な専門用語を用いて「法則定立的」(nomothetische)な科学と「個性記述的」(idiographisch)な科学という二つのグループのなかで対比させたのが、ヴィンデルバンド(Wilhelm Windelband, 1848-1915)の学長就任記念講演(1894)である。ここでギリシャ的な真理に端を発する自然科学は一般的な法則を定立しようと試みるのに対して、他方精神科学の一分野である「歴史学では一回限りの特殊性を記述することが要諦であることを、ヴィンデルバンドは説いた」。(1) これを自然科学と精神科学の特質という観点から敷衍すれば次のようにまとめることができよう。つまり、歴史性について考えるうえでの決定的な視点は、特定の空間的環境と特定の時間の中に生きる存在であり、さらに「人間は社会的歴史的環境に限定されてはいないにせよ、拘束されてはいる。この指摘は、純粋な思弁に対抗して現実性(Realität)が哲学に取り戻されなければならないとした、生の哲学およびディルタイの哲学の功績である。精神科学的教育学が教育の現実世界(Wirklichkeit)に関心を示すようになったのは、その一帰結であった」。(2)

このようなダンナー（Helmut Danner, 1941-）の指摘からも明らかなように、精神科学的教育学の特徴として第一に、教育・人間形成の歴史との関連で、一回性の個人的なものが重要視され、そこからこの一回性の事柄自体が教育学的反省の対象となる。すなわち「教育・人間形成が関与するのは、標準化された人間ではなく個々の人間」(3) に他ならず、ここに至って教育学の領域で省察されるべき事柄は、純粋に自然科学的・数量的な方法では把捉されない人間・価値・教育の目的等の質的な諸契機でなければならないだろう。ダンナーによれば、物理学等のいわゆる自然科学が一般的な法則性を追求する一方で、精神科学は歴史的・人間学的な基本構造をその特徴とする。つまり、実証的な自然科学では、法則性を見つけだすための明確なデータ、すなわち数量的な諸要素を取り扱うことが基本となるが、他方、精神科学においては、意味・価値・人格の一回性・美などの内容に関わる質的な諸要素が重要な契機となる。そのために、自然科学が結論に到達するためには計測や数量化さらには仮説の可能性が大前提となって初めて、与えられた事実についての正しい言表や没主観的・即物的で普遍妥当的な「鏡としての真理」が獲得されてゆく。それに対して、精神科学では洞察・記述・解釈をその方法論的な根拠として、人格性や信頼性という「巌としての人間の実存的で主体的な真理」が初めてその姿をわれわれの眼前に現わすこととなる。(4)

上述の真理観との関連で、われわれはヤスパース（Karl Jaspers, 1883-1969）に眼を転じて考察してみよう。ヤスパースは『哲学的信仰』(Der philosophische Glaube, 1948）において、知と信の決定的相違を知の代表者すなわちギリシャ的な自然科学的真理に従事する者としてガリレオ・ガリレー（Galileo Galilei 1564-1642）を、そして信の代表つまりヘブル的な実存的・主体的な精神科学的真理の実践者としてのジョルダーノ・ブルーノ（Giordano Bruno 1548-1600）を引き合いにだして次のような例をわれわれに提示してくれる。

当時はまだ天動説が一般的な世界観であり、当時の権力者であったローマ・カトリック教会にとっても地球が宇宙の中心であるように、このローマ・カトリック教会も世界の中心であるという共通の世界観から天動説を信奉し、それを覆す説を唱えるものを宗教裁判の名のもとに抑圧していた。天動説を真っ向から覆す地動説を唱えたガリレーとブルーノの両者にローマ・カトリック教会からの弾圧の手が迫ったとき、この二人は全く対照的に異なる行為をとることとなった。結果的にはガリレーは太陽の周りを地球が回転するという地動説を裁判所で撤回したが、他方、ブルーノは自らの命をかけてまで地動説を守り抜き、ついには処刑され殉教する運命となった。ガリレーが裁判を終えての帰り際、「それでも地球は動くのだ」との呟きはあまりに有名な後世の逸話である。「両者は彼等によって代表された真理の意味に対して適当な或ることを為した。それから私が生きるところの真理は、私が真理と同一になることによってのみ存在する、真理はその現象においては歴史的であり、その客観的言表可能性においては普遍妥当的ではないが、併し真理は無制約である。」(Der Philosophische Glaube., S.11) と。ブルーノもガリレーも共に死の威嚇の下に地動説の撤回を強要されながら、自らの生ける現存在のためにガリレーはそれを撤回し、ブルーノは最後まで自らの立場を変えることなくついに殉教することとなる。

これとの関連で斎藤武雄は以下のような示唆に富む解釈を展開している。「意識一般の知即ち『無制約的ではなく、むしろ有限なものの関連における認識の諸前提と諸方法とに関係している』(ebd) ところの『その正当性を私が証明し得る所の真理』(ebd)（傍点筆者）をガレリーはもっていたが、死の恐怖の前にその知を撤回したのであって、生死を超えた無制約的な真理即ち信仰を彼はもっていなかったのである。このように知は無制約的ではなく、従って単なる知に止まる限り無制約的行動はなされ得ない。ブルーノは『それによって私が生きるところの真理』をもっていたのであり、それを撤回することは自己を喪失することになるという意味の真理をもっていたのである。その真理は『私が真理と同一になることによってのみ存在する』

真理であった。彼の信仰は彼の命題とを結合する愛の強烈な力によるものであったと言うべきであろう」。(5)

この両者の結末は、自然科学的な「認識の真理」と、哲学的・実存的で巌的な「存在の真理」に各々忠実に行動した当然の帰結であったといえよう。今日でも一般にガリレーの態度は「卑怯で臆病な態度」として批判され、ブルーノこそ自らの信念に忠実で権力にも屈服せず、壮絶な最後を遂げた偉大な英雄と解釈されがちである。しかしガリレーがあの時殉教していたならばそれはむしろ滑稽なことになっていたであろう。なぜならガリレーにとっては「地球が動く」という事実は一つの自然科学的な真理であり、それはいつでもどこでもだれでもが到達し獲得しうる累積発展可能な真理、すなわち反復可能で可測的なものへ還元しうる一般的な法則を定義しようとする「法則定立的な性向」(認識の教授可能性)を持つためであった。つまりガリレーは自らが体を張って守り通さなくとも後の科学者がいつか必ずや発見し証明してくれるだろう、あるいは歴史が必ずや私の地動説の正しさを示してくれよう、と考えたにちがいない。さらに自然科学的真理は客観的で「没主観的・傍観者的性格」のため、自らの立場を棚上げにしたままでも語りうるがゆえに、ガリレーは自らの命をあえて賭けてまで地動説に固執する必然性が存在しなかった。

しかし他方僧侶で思想家のブルーノにとって、地動説は自らの実存をかけて守り抜き、当時のローマ・カトリック教会の傲慢な姿勢に抵抗するという使命感の拠り所そのものであった。つまりブルーノが主張した地動説は、ボルノーがいうところのヘブライ的な巌としての真理に他ならず、地動説という実存的・主体的な真理を守り抜いた彼は、徹底的に道徳的・人格的な存在真理の実践者でもあった。さらに言えば、ボルノーのいう巌的な真理は、ヴィンデルバンドのいう個性記述的な科学の範疇に属する。なぜならここでは一回性の個人的なものが重要視され、ダンナーの指摘するように純粋に自然科学的・数量的な方法では摑みきれない人間の価値や意味・人格性などの内容に関わる諸要素が重要な契機となるからである。こうしたブルーノの地動説は人生の意味の問題、つまりだれかが命を賭けてでも証ししなければ存続しえない実存的な真理であったが故に、彼は殉教という悲劇に巻き込まれざるをえなかった。

このような実存的真理をキルケゴール（Søren Kierkegaard 1813-1855）は「主体性が真理である」（『哲学的断片への後書き』1846）という命題で言い表しているが、この実存的な真理とは反復や計測が不可能なばかりか、一人の人間の生き方とその真理を決してたちきることができない性質を有する。ガリレーに象徴される自然科学的な真理は序論で触れられた「与えられた事実についての正しい認識」に向けられた鏡としてのギリシャ的な真理に符号するものであり、良くも悪くも自らの主体を賭ける必要のない、というよりも主体を賭けてはむしろ誤謬となるところの即物的で普遍妥当的な真理であると一般的にいえよう。ガリレーは自然科学者としての立場から徹底的に計測と仮説を通して地動説という一つの真理に到達した。しかし、彼にとって地動説は、ギリシャ的真理つまり与えられた事実についての正確で即物的かつ普遍妥当的な認識にすぎず、没主観と法則定立性をその基調とする結果、裁判所で自らの地動説をいとも簡単に撤回しえたのである。それに対して、ブルーノが命を賭けてまでかたくなに守り通そうとした「地動説」は、彼にとって根源的な意味で一つの「存在態勢」であり人格性さらには神への信頼性と直結する厳的な実存的真理であった。さらに僧侶であり思想家としてのブルーノにとっては、根源的な存在態勢に関わる人格性と神への信頼が「地動説」と分かち難く密接に結合していたがために、どこまでも主体的・実存的な実践が問題とならざるをえなかった。その上、一回性という個人的な要素が重要視されるために、カトリック教会の弾圧に対しても、自らの地動説を簡単に撤回しえなかったと考えるべきでろう。

註

（1） O. F. Bollnow, Die Lebensphiosophie. Springer, Berlin-Göttingen-Heidelberg, 1958, S.136.
ボルノー著、戸田春夫訳、『生の哲学』、玉川大学出版部、一九七五年。

（2） H. Danner, Methoden geisteswissenschaftlicher Pädagogik, Ernst Reinhardt, München 1979. S.20. f.
ダンナー著、浜口順子訳、『教育学的解釈学入門――精神科学的教育学の方法――』、玉川大学出版部、一九八八年。

（3） H. Danner, Methoden geisteswissenschaftlicher Pädagogik, S.21.

（4） Vgl. H. Danner, a. a. O. S.22 f. 換言すれば、自然科学的領域における連関は因果的であるので特定の結論に必ず到達するのに対して、精神科学は意味の連関が問われることとなる。さらにそのことは、自然科学において証明（Beweise）が可能であるが、精神科学では示唆（Hinweise）をするところまでしか可能とならない、とダンナーは指摘する。

（5） 斎藤武雄著、『ヤスパースにおける絶対的意識の構造と展開』、創文社、一九八一年、一二六頁。

三　精神科学における真理概念

a　真理概念における普遍妥当性と客観性の相違

それでは特に精神科学において真理はどのように把捉されているのだろうか。この点を普遍妥当性と客観性という概念の特質の対比を通して検討することから始めよう。まず、精神科学が「科学」として承認されるためにはそこに自ずと客観性という概念が必要不可欠になる。この客観性の基準としては一般に「普遍妥当性」が同義語的に対比して取り上げられるが、この概念は反復可能でかつ可測的なものへ還元しうる（認識の教授可能性）ため、すなわち、一般的な法則を定義しようとする性向をもつために、先のヴィンデルバンドと共に自然科学の特質に属するものと考えられよう。しかしながら他方で精神科学の場合には、あるがままの自己を捉えるところから出発し、さらに本質的なものは測りえないという世界観に立脚するが故に、自然科学のみが普遍妥当性という意味での真理を所有しうる、とこれまで一般に考えられてきた。すなわち、ボルノーによれば「自然科学を範とする研究方向は、通常自分こそ現実性をもつ科学の唯一の可能な形式であることを主張し、それ以外のすべてのものを科学以前の臆見、したがって結局はばらばらの臆見とみなす。自分の方法で普遍妥当的な結果として獲得されたものだけを、科学的に有効なものとして認めるのである」。[1] しかし、ボルノーは客観性と普遍妥当性の本質的な連関についての右のような定式が本当に正しいのかどうかを今一度吟味してゆく。

　認識の普遍妥当性の意味するところは、「認識が認識する人間の種々の特性から独立している」[2] が故に、あらゆる認識者にとって一つの認識に到達する可能性が含まれ、その意味でこれは冒頭で触れたところの「与えられた事実についての正しい言表」を志向するギリシャ型の鏡的真理の範疇に属するものといえよう。それに対して他方で、ボルノー独自の解釈によれば、精神科学における「客観性という概念は、（中略）自己の対象をそれ自体の本質から理解することができると強調しようとするときに、現われてくる」[3] が故に、われわれはミッシュ（Georg Misch, 1878-1965）と共に、普遍妥当性の概念は精神科学の本質に不可欠なものではなく、むしろ自然科学の個別的な発展に即しつつ形成されてきた、と考えるべきであろう。とするならば、一般に自然科学における真理の基準としての普遍妥当性の概念は精神科学の領域においては完全に放棄されざるをえなくなる。なぜなら、普遍妥当的な真理はどこまでも認識を純理論的に可測的に保証しようとする傾向をもつが、精神科学においてはむしろ真理は現実生活の場でのあるがままの自己を問題にし、本質的には数量化しえないものと考えられるからである。そこで、普遍妥当性に代わって一体何が精神科学の厳密な基準になりうるのかと問うた場合、精神科学の科学的性格をその固有の本質において捉えうるような領域を「ミッシュはディルタイの道を最後までたどり、客観性といい表し、そうしてこの客観性を固有な精神科学的概念として、普遍妥当性という自然科学的概念に対置する」。[4] たとえば、ボルノーは客観性についての例を好んで「裁判官の客観性」に看てとる。客観性とはここではある対象の関わりにおける事実性としての先入観の無さや公平さを意味するがその際、直接的な生の解決を前提とする裁判官は相矛盾する生についてまったき客観的立場を貫く必要に迫られてくる。このことは客観性と生の緊張関係へと導くものとなり、こうして裁判官の客観性は具体的な態度でそのたびごとに新しく実現されねばならない。[5] ここでわれわれにとって客観性と普遍妥当性の区別は、精神科学の方法論的基礎づけにとって決定的な問題となるばかりか、先の二つの真理概念を考察する際の核心的なテーマへと直結してゆくものと思われる。

先述のように認識の普遍妥当性とは、一般に認識が認識する人間の種々の特性から独立し、いうならばすべての認識者が必ず到達可能な真理のみを問題にする。たとえば、数学の諸命題は認識者の素質や能力、一時的な情緒とはまったく無関係に純理論的に獲得しうる性質のものだろう。さらに、自然科学的な鏡としての真理が普遍妥当性にその根拠を置く事実をボルノーは次のように述べている。すなわち、「認識を現実の純粋かつ明晰な反映として、つまり単なる模写とみなす場合にのみ、真理の概念から、真理の普遍妥当性が結果として生じるのである。」[6]（傍点筆者）と。ボルノーによれば、普遍妥当性と客観性の特質を区別することは広く周知の事実であるが、ただいつもその相互関係が誤った仕方で解釈されてきたという。その誤解とは、普遍妥当性を真理の必要条件とみなしてしまい、そこから真理とは必然的に普遍妥当性を含むものに他ならないという考え方が定着してしまったことに由来する。この問題はすでに『精神科学の不可能性』(7)という題名の著書の存在でも明らかなように、以前からも論議されてきている周知の事実でもある。このことは「認識の確実性を純理論的仕方で保証しようとするような態度から生じてくる」(8)(傍点筆者)が、ボルノー独自の立場によると、「むしろ真理は現実生活の場で真理が具体的にある程度頼りにされるかぎりで、はじめて姿を現わす」(9)(傍点筆者)という。こうした視座に立って初めて真理と普遍妥当性の類似的関連が崩壊し、新たに「まだ普遍妥当的である必要のない、むしろ人間のためにあるような一定の限られた範囲へと制約された真のかつ客観的な認識が存在しうる可能性の空間が、まさに開かれるのである」。(10)すなわち、このことは精神科学においては真に客観的なもの、つまり各々にとって同じやり方では到達しえない事物を含んだ証明可能な認識としての客観性が存在するということを意味するのみならず、この客観性は「普遍妥当性の基準」に代わる尺度の役目を果たすこととなる。(11)

b　精神科学的な真理としての抵抗概念

ところでボルノー独自の精神科学における真理と実存の関わりについて論ずる場合、先述のいわゆる普遍妥当的でない真理の可能性について論究することから出発するのが好都合であろう。当然のことながら、この精神科学における普遍妥当性の放棄は、客観的真理と主観的恣意との厳密な相違をあいまいなものにすることを意味するものではない。すなわち、「真の解釈は、その対象を提示し、現実を開示し、そうして対象とのいつも新たな出会いにおいて、ますます大きな豊かさを開示する」(12)(傍点筆者)が、反対に「単なる恣意や浮わついた思弁は作品自体の適切なよりどころに出会わず、創造的な対決にもいたらず、むしろいわば短絡的に自己自身の中に迷いこんでしまう」。[13]

ここでいう「短絡性」とは、種々の事物自体に抵抗が欠けていることを意味するが、これは純粋に物体的妨害のみならず、現実性に対するあらゆる関係へと拡大されうる概念である。そして精神科学的真理の主要な基準としてこの「抵抗概念」が取り上げられねばならないだろう。[14] ボルノーによれば、この「事物の抵抗」(der Widerstand der Sache) の形式は、今や精神科学においてこれまで自然科学における「普遍妥当性」の要求を満たしたような能力を引き受ける、という。この点を、松田高志は次のように指摘している。「事物の抵抗」は「認識が主観的に空転したものでなく、即物的 sachlich である限り必ず手応えを持っている。そもそも真理の獲得が、白紙状態の心に何かが刻印されることではなく、むしろ既に持っている理解(前理解 Vorverständnis) が破られることによって初めて可能になるとするならば、そのやぶられる際の痛苦は、事柄自身の力による」[15](傍点筆者) のである。さらに川森康喜も明確に、「事柄の抵抗」は実は「出会い」の意味であることを以下のように述べている。すなわち、「わたくしに立ち向かう現実の圧力によって揺り動かされて、今までのわたくしが追いだされるという出会いそのもののうちに事柄の抵抗をみる。」[16] と。

このような「出会い」の真正性において開示される真理は、唯一真に経験される「触れ合い」(抵抗経験) のうちにのみ存するからである。モレンハウァー (K. Mollenhauer) は彼の論文 (Das Problem einer empirisch-positivistischen Pädagogik) のなかで、「出会い」概念とは、(別の比較できる概念である教養・権威・教育的な関係などと同じように) 厳密な学問研究の分野ではまったく無意味であり、「出会い」概念は「非科学性」以外の何ものでもないと決めつけてボルノーを批判した。[17] これに対してボルノーは、「出会い」概念が客観的な基準を欠いているからといって、それは主観的なあいまいさのうちに逃れることではないことを明確に論証しようと試みてゆく。ボルノーはこの「出会い」の核心に、一切の主観的な恣意がそれによってぶつかって壊滅する真正に経験された「精神的実在の抵抗」(der Widerstand einer echt erfahrenen geistigen Realität) が存することを確信している。(18)

すなわち、この事物の抵抗は「単なる主観的恣意に対して認識の客観性を確実にする能力を引き受ける」(19)(傍点筆者)のみならず、実存的な出会い概念の萌芽を孕むものである。ここで、抵抗経験という精神科学の真理基準は、「事物自体との現実的交わりの中で各人によって実際に検証されねばならないという欠陥をもつ」(20)ものの、精神科学的真理の客観性はこうした実存的な側面からのみ意味深く考察されうる、というボルノー独自の見解は高く評価されるべきであろう。換言すれば、認識が事柄自体の抵抗経験に突き当たることによって確証される精神科学的真理の客観性は、すべての人に同一の普遍妥当的な仕方で形成されることはありえない。だからこそヴィンデルバンドは一回限りの特殊性の重要性について強調するところの精神科学を「個性記述的な学問」と定義しえたのであった。ボルノーはこのように反復可能で可測的なものへ還元しうる法則定立的で自然科学的な真理の基準としての普遍妥当性と、あるがままの自己の現実から出発する一回限りの精神科学的真理の基準である客観性とをことさら区別するところから出発し、これを次のように定式化した。「このような意味での客観性という概念は、精神科学が主観性の関与にもかかわらず、自己の対象をそれ自体の本質から理解することができると強調しようとするときに、現われてくるのである。」(21)と。

それ故、これとの関連でこの正しい主観性がいかに精神科学的真理の基準としての客観性に結びつくのかという点が次に問われなければならないだろう。ボルノーによれば真の主観性とは、「内面的・人格的に関与づけられた状態として、つまり人間が認識されるべき真理の内容に関心づけられている状態」(22)として理解されており、それ故に真の主観性における核心とは、人間とその認識との間の実存的な関わりでなければなるまい。このような主観性の一回限りの実存的出会いのなかでのみ、真の現実性が開示されうるとするならば、ここにボルノーの精神科学における真理概念がなぜディルタイの生の哲学的範疇に収まりきらず、さらには実存的な出会い概念へと突き進む必然性が存したのかという根拠をわれわれの眼前に提示してくれよう。それ故、次の箇所ではボルノーの真理論において何故、実存的出会い概念が必要不可欠な要素であるのかを論究してゆきたい。

註

(1) ボルノー著、西村皓訳、「教育の思想と教育学」、『教育学全集二』、小学館、一九七七年、増補版第三刷、三二－五頁。

(2) O. F. Bollnow, Das Verstehen. Drei Aufsätze zur Theorie der Geisteswissenschaften, Kirchheim, Mainz. S.78 f.

ボルノー著、小笠原道雄・田代尚弘訳『理解するということ』、以文社、一九七八年。

(3) O. F. Bollnow, a. a. O. S.86.

(4) O. F. Bollnow, a. a. O. S.78.

(5) Vgl. O. F. Bollnow, Die Objektivität der Geisteswissenschaften und die Frage nach dem Wesen der Wahrheit, S.133.

(6) O. F. Bollnow, Das Verstehen, S.80.

(7) Vgl. J. Kraft, Die Unmöglichkeit der Geisteswissenschaften, 1934.

また岡本英明教授の論文「精神科学的教育学の『終焉』?」（長崎大学教育学部教育科学研究報告、一九八〇年、第二八号、四七頁－五一頁。）もこのテーマをめぐって厳密な論究が展開されている。そこでは、むしろ現在こそ、精神科学的教育学の始まりであることを現代ドイツ教育学の研究方法論の視座から鋭く考察されているが、ここではこれ以上その内容について触れることはできない。

(8) O. F. Bollnow, Das Verstehen. S.81.

(9) O. F. Bollnow, a. a. O. S.81.

(10) O. F. Bollnow, a. a. O. S.81.

(11) Vgl. O. F. Bollnow, Die Objektivität der Geisteswissenschaften und die Frage nach dem Wesen der Wahrheit, S.136 f.

(12) O. F. Bollnow, Das Verstehen, S.83.

(13) O. F. Bollnow, a. a. O. S.83.

(14) ボルノーは彼の論文「精神科学の客観性と真理（Die Objektivität der Geisteswissenschaften und die Frage nach dem Wesen der Wahrheit）のなかで、真理の基準として①事物の抵抗②超主観性③真理の前提としての内的真実の三つの条件を挙げており、川森・松田両教授の論文もその点についての詳細な分析が展開されている。なお本論においては上の三つの真理の基準のなかでもきわめて重要なものと思われる「事物の抵抗」に焦点を絞って考察を進めていることを断っておかねばならない。

(15) 松田高志著、「ブーバーにおける認識の問題」、神戸女学院大学論集、第二号一九七七年、七八頁。

(16) 川森康喜著、「ボルノーにおける真理の本質」、教育哲学研究、一〇号、一九六四年、六〇頁。

(17) ボルノー著、浜田正秀訳、『人間学的に見た教育学』、玉川大学出版部、一九八一年、第二版四刷、二〇四頁参照。

(18) Vgl. O. F. Bollnow, Existenzphilosophie und Pädagogik. S.112.

(19) O. F. Bollnow, Das Verstehen, S.85.

(20) O. F. Bollnow, a. a. O. S.85.

(21) O. F. Bollnow, a. a. O. S.86.

(22) O. F. Bollnow, a. a. O. S.87.

四　実存的な「出会い」概念における真理

先述の実存的な出会いの概念はなによりもブーバー（Martin Buber, 1878-1965）の名前と結びつく。彼の「我－汝」の出会い概念に至る強靭な思索もまた当時の生の哲学の主観主義的あるいは観念的な自我の概念を越え出ようとする試みでもあった。ブーバーが「真の生は出会いである」と力説するとき、それはもはや生の哲学の範疇における「自我」では捉えきれない、根本的に同等の力をもつ実在――我と汝――の邂逅を示唆するものであった。「ブーバーはこの場合、生ける［汝］の世界を、客観的（筆者註：ここでの「客観的」はボルノーのこれまでの文脈からいえばむしろ「普遍妥当的」の意味に近い。）で即物的な連関を意味する［それ］の世界とまったく異質的なものとして、区別[1]しようとした。さらにボルノーによれば「我－それ」の即物的な世界は見通しのきく統一的で計量可能な事物と関連するのに対して、「我－汝」の出会いの生ずる実存的な世界では、他のすべての汝との出会いを排除する排他性を特色とし、そこでは計量も比較も消え失せ、さらに真の汝は自己の対峙者として常にただ一つの実在として私に迫ってくる。このような出会いは、「[私]のがわから見れば、つねに、予見できない出来事」[2]であるばかりか「それは、人間をふかくめぐむところの経験」[3]つまりは、すべての出会いは究極的に人間に与えられている「賜物」であり「恩寵」でさえある、とブーバーをして語らしめている。

また谷口龍男によれば、「出会いの本質的特徴は、かれにおいて、われとなんじとの関係、すなわち、われとなんじとが互いに向かい合って（gegenüber）とらわれのない開けた心で直接的な関係を結ぶ（中略）そういう出来事である」。[4] さらに谷口は続ける。こうした「出会いはその都度瞬間において生起する一回限りの独自の性格を有するものであるから、ある一つの状況において、独自な仕方で生起する一回限りの出会いを一般化して、内容的に固定することはできず、もしそれを誰にでも妥当するような客観的一般的命題にするならば、その本質は失われてしまうことになる。」[5] と。こうした他者との出会いによって、人は「従来の観念で予期していたのとはまったく異なったもの」[6] に出くわす。この「度の強い非連続的な出来事」である出会いは「人をこれまでの発展の道筋から投げ出し、あらたにはじめからやり直すように強いるものである」。[7] この実存的出会い概念が前述の精神科学的真理としての抵抗概念と軌を一にするものと思われる。

こうしたブーバーにおいて基礎づけられた「出会い」概念は、精神科学の哲学における一つの根本問題であるにもかかわらず、未だに体系的な着手がなされていないと指摘するボルノーはさらに続ける。十九世紀以降急速にその市民権を確立してきた精神科学は「人類がかつて、さまざまな民族においてつくりだした一切のものを学び知り、自己のうちに吸収し、これを、もっとも異なったものが仲よく相並んで位置をしめる巨大で包括的な一つの人間精神像に、まとめあげようとする意志」[8] で貫かれていたにもかかわらず、こうした多様な可能性の内にのみ留まっているかぎり、真に本来的な自己は現成しない。むしろ多のなかから一つのものを自己のものとして選択し、必然的に特定の立場を決定することにおいてのみ、人間は実存的な真理に触れることが可能となる。「それは、わたし自身が、精神的世界のうちにあって、まったく確定した立場をとるという、絶対的な意味における価値判断」[9] を必要不可欠なものとする。近代フランス哲学は、この人間の在り方を実存的な「アンガージュマン」(参与)という概念で適切に表現してくれているが、このアンガージュマンと精神科学との関わりについてボルノーは次のように述べている。「精神科学においては、原則として、感情的な立場決定に依存しない了解というものはない。なぜなら、目前にあるさまざまな表現のうちに含まれる意味を把捉することでさえ、つねに、ある一定の先行的な了解にもとづいているのであるが、また、この先行的な了解は、かならず、それ自身のうちにすでに、ある一定の、(中略) 感情的な、価値判断をふくんでいるからである」。(10) さらにボルノーによれば精神科学の学的性格を強調するあまり感情や価値判断を排除しようとするならば、その学的性格は個々の没価値的な事実を確証することでしかなくなる。元来、個々の没価値的な事実は自然科学の対象であり、精神科学の対象となることはありえず、精神科学のそれは、むしろ精神的世界の内部にのみ見いだされうるものでなければならないことは前半の箇所で述べてきたとおりである。

さらにボルノーによる精神科学の独自の解釈によれば「人はまず価値判断をくださなければならない、そののちはじめて了解することができる、という結論である。それは、一切の了解はそれに先行する価値判断との結合をさけえないということ (中略) を認めざるをえないという意味である」。(11) 別の箇所でもボルノーは次のことを確信している。精神科学の方法論的自立の基礎づけに際して、ディルタイが「説明すること」(Erklären) と「理解すること」(Verstehen) を区別したことは周知の事実であるが、ここで重要なのは精神科学における「理解」が自然科学における「説明」と同格的なものではないという点である。つまり、「人間がそもそも生きるかぎり、人間は理解する」(12) というボルノーの言説の意図するところを敷衍すれば、「理解」はいつも比較的根源的かつ基礎的能力であり、さらに「説明」はこのような能力に基づいて「理解」した後に初めて成立するものでなければならない。(13)

ボルノーによれば「少なくとも精神科学においては、個々の認識はさまざまな糸を通して人間の究極的な真理へと結びついているということ」(14) そして「われわれが究極的な真理をもつのは、所有としてではなく、ただ冒険としてのみである」[15]といわれているがこれは以下のことを意味する。つまり、ここでボルノーが把捉する真理とは、理解に基づく態度決定の前提にあるのではなく、人間が価値判断する理解の具体的な過程のうちに共々（Miteinander）に存するだけであり、さらに言えば、精神科学においては「わたしがわたし自身をこの究極的なものにおいて問題に付し、わたしのこれまでの一切の見解を排棄するようにわたしを強いるなにものかをあえてそれにおいて経験しようとするかぎりにおいてのみ、わたしの理解の働きは成立する」[16]ということに他ならない。しかしここで誤解されてならないことは次の点である。すなわち、自然科学的で普遍妥当的な基準を欠いているからといって、今述べたこの精神科学的な真理は「主観的なあいまいさのうちにのがれることでは決してない。それどころか、かえってそれは、一切の主観的な恣意がそれにぶつかって壊滅する、真正に経験された精神的実在の抵抗である」。[17]こうして先に触れた抵抗概念が端緒となり、ボルノー独自の「出会い概念」をその基礎とする実存的な真理論が形成されてゆくのである。

この次第をこう言い換えてもよいであろう。ボルノーは最近の講演で、出会いとは「人間を仮借なく彼の実存の要求の前に立たせる前面的な衝撃を意味している。（中略）すなわち人間は出会いのなかで耐えることにおいてはじめて彼自身になるのである。」[18]（傍点筆者）と。さらにこの実存的な意味での出会いにおいて「人間は、運命的におのれに立ち向かってくるものを通して徹底的な転換を余儀なくされるので、このようにしてのみ人間はおのれの本来の自己を実現しうる」。[19]ここでボルノーの次の言説は注目に値する。彼は古典的・人文主義的な意味での「出会い」を「見知らぬ世界に接して、これを知ることによって、自分自身の精神的世界を豊かにすること」[20]と定義したうえで、ボルノーのいう実存的な「出会い」概念と明確な区別を強調している点である。つまり、古典的・人文的な出会いにおいては包括的な陶冶過程で生を豊かにする作用が含まれるだろうが、そこにはボルノーの強調する精神的実在の「抵抗経験」は存しない。松田高志もこの点を次のように鋭く指摘している。リット的な古典的・人文主義的な出会いにおいて、「確かに『他なるもの』との遭遇、交渉が強く言われるにしろ、それは自己の生の富裕化即展開の為である。」(21)と。この自己の生の富裕化即展開という古典的・人文主義的な出会い概念は以下の点でボルノーのいう実存的な出会い概念と決定的に異なる。つまり、ボルノーのいう出会いとは、「本来的自己」へと決断を強いる仮借なき他者との遭遇であり、思いがけなさを含むものであり、それを「事物の抵抗経験」と総括している。(22)

ボルノーはこの一点で彼独自の実存的な出会い概念の意義を以下のように特徴づけている。たとえば「出会い」と並んで「訓戒」や「訴え」もまた「人間を惰性のなかでの没入状態から引き戻そうとする努力」(23)に他ならないが、これらの概念もまた、まごうかたない眠れる人間に対する「抵抗経験」そのものにちがいない。それとの関連で、まどろんでいる諸可能性を掘り起こす「覚醒」にしても、教育行為につきものの「挫折」にしても、これらの概念すべては、実存的な契機が真価を発揮するその根底に一切の主観的な恣意がそれにぶつかって壊滅する真正に経験された「精神的実在の抵抗」経験として捉えることは十分可能ではないだろうか。

それゆえ、これらの事象はきわめて辛く苦しい仕方でわれわれ教育者や子どもたちに迫ってくる。と同時にどの事例においてもこれら一切の教育的な出来事は危険を伴わない傍観者的な「観察」的態度のうえに立つ教育科学の対象領域を根本的に考え直すことを強いるものではないだろうか。成長のままに放任するという有機体論的教育観も、教育者の意識的・目標志向的な製作的機械的教育観もここではもはや適用しない。(24)

このように、ボルノーは教育学における実存的な出会い概念を、精神科学的な哲学的考察をとおして解明しようと試みるがその際、彼は明確に「出会いの本質の問題は、精神科学の方法的自覚の中心問題である」[25]と結論づけている。つまり、理解するものと理解されるものの両者の間で、この出会いの冒険に自らを引きわたす用意ができているときにのみ、実存的な出会いを媒介とする「精神科学的な真理」が初めて獲得されるという。[26]この出会いにおいて遂行される理解は危険を伴わない傍観者的な「観察」すなわち、自然科学的な「鏡としての真理」とその本質を異にすることはいうまでもない。「なぜならば、このさい開示される理解の真理は、決して外から、先行の基準によって認識されるものではなく、ただ、実際の出会いそのもののうちにおいてのみ、明るみに出るものだからである」。[27]そしてこの二つの真理の仮借なき緊張関係の中でのみ、理解するものは自己自身となる。こうして本来的な自己存在を獲得するためにはこの出会いの道を歩む以外の方途はないことを深く確信するボルノーは次のように真理の核心をまとめる。すなわち、これは危険を伴わない自然科学的な観察態度と正反対の立場であり、ここではただ「現われくる可能性をとらえ、それにみちびかれて了解が深みにまで迫ることだけが、重要」[28]なのであり、さらに開示される理解の真理は、普遍妥当的な基準によって認識されるものではなく、アンガージュマン（参与）をとおしての実存的な出会いそのもののうちにのみ存するものでなければならない。

以上、われわれは「認識真理」とより深い「存在真理」についての関連を様々な事例を通して考察してきた。厳的な存在真理と深く関わる精神科学的認識においては、特に他者との抵抗概念を介して成立する「出会い」という実存様式にその究極の本質を見出そうとしているボルノーの思想を中心に論を展開してきた。しかしこれは冒頭でも触れたとおりボルノーの比較的初期の著作での思想的特徴であり、それ以降の一九七五年の『真理の二重の顔』では、認識真理と存在真理の二つの緊張関係の重要性の指摘がむしろ際立っているように思える。そこでボルノーの真理論についてさらに考察を進めるならば、この方向での分析が必然的に今後の課題となってくるであろう。

註

(1) O. F. Bollnow, Existenzphilosophie und Pädagogik. Versuch über unstetigen Formen der Erziehung. Kohlhammer, Stuttgart, 6 Aufl., 1984, S.88 f.
ボルノー著、峰島旭雄訳、『実存哲学と教育学』、理想社、一九八七年、第一三刷。
(2) O. F. Bollnow, a. a. O. S.89.
(3) O. F. Bollnow, a. a. O. S.89.
(4) 谷口龍男著、「われとなんじの哲学——マルティン・ブーバー論——」、北樹出版、一九八三年、第三刷、三五頁。
(5) 谷口龍男著、前掲書、三五頁。
(6) O. F. Bollnow, Existenzphilosophie und Pädagogik. S.99.
(7) O. F. Bollnow, a. a. O. S.99.
(8) O. F. Bollnow, a. a. O. S.102 f.
(9) O. F. Bollnow, a. a. O. S.105.
(10) O. F. Bollnow, a. a. O. S.106.
(11) O. F. Bollnow, a. a. O. S.108.
(12) O. F. Bollnow, Das Verstehen, S.94.
(13) Vgl. O. F. Bollnow, a. a. O. S.95.
(14) O. F. Bollnow, Existenzphilosophie und Pädagogik, S.109.
(15) O. F. Bollnow, a. a. O. S.110.
(16) O. F. Bollnow, a. a. O. S.110.
(17) O. F. Bollnow, a. a. O. S.112.
(18) ボルノー著、「出会いの問題」、文化と教育、(日独協同研究誌)一九八六年東洋館出版社、七号、一〇頁。
(19) ボルノー著、前掲書、一二頁。

(20) ボルノー著、前掲書、一〇頁。
(21) 松田高志著、「『我―汝』思想研究――「出会い」の概念について――」、大谷大学哲学会、哲学論集、一七号、一九七〇年、三五頁。
(22) 松田高志著、前掲書、三五頁参照。
(23) ボルノー著、「出会いの問題」、文化と教育、一三頁。
(24) ボルノー著、前掲書、一四頁参照。
(25) O. F. Bollnow, Existenzphilosophie und Pädagogik. S.111.
(26) Vgl. O. F. Bollnow, a. a. O. S.111.
(27) O. F. Bollnow, a. a. O. S.112.
(28) O. F. Bollnow, a. a. O. S.111.

第六節　ボルノーにおける「危機」概念の教育学的意義

一　問題の所在

ボルノー（Otto Friedrich Bollnow, 1903-1991）によれば、ドイツで一九二〇年代後期に展開された実存哲学の思想は、いったんはフランスへ流れ第二次世界大戦後、逆輸入された形をとった。これで決定的になったのは、調和的で充実した人格や陶冶概念がその根本から崩壊せざるをえなかったという事実である。ここに至って旧西ドイツの教育学は、人間の根本概念を、二つの大戦という非人間的な歴史そのものから問われる存在と化した。その結果、戦中・戦後にしだいに浸透し始めた実存哲学によって人々が実存の「覚醒」の重要性に注目し始め、人間観の根本的変貌が生じてきた。(1) その新しい人間観とは、「危機的人間存在」の把握であり、人間の生はいつでも不変のものとは限らないという認識であり、換言すれば、近代物理学や量子説の説くような「非連続的世界」が人間の生のなかにも存する、という認識に基づく新しい人間把握として説明することができよう。(2)

他方で、二つの大戦を体験して以来、ドイツの伝統的楽天的理想主義的な人間観は崩壊し、当然そこに基礎づけられていた従来の伝統的な教育観、教育可能性、陶冶性への懐疑は深まるばかりであった。ここにおいて教育学は、もはや従来の理想主義的な伝統を継承することもできず、「危機的人間存在」という人間観を有する実存哲学との対決に迫られることになる。しかし人間の陶冶性、連続的成長を拒絶する実存哲学を、上述の伝統的な教育学が受け入れることには多大の困難が伴った。というのは従来の教育学は、本来それがもっている理想主義的な性格の伝統に規定され、一般的には実存的な人間の生の「危機的状況」を直視できず、実存哲学の主張を正当に評価できなかったからである。ボルノーは実存哲学の核心を次のように捉えている。それは本来、あらゆる持続的な形成を拒む。なぜなら実存の核心は、ただ一瞬のうちにのみ実現され、次の瞬間には再び消滅してしまうからである。実存的な領域においては、教育学成立の前提である人間の生の連続性・陶冶性は存せず、それらを保持することもない。むしろ実存の核心にあるのは、「つねに、力を集中して瞬間に成就する個々の飛躍と、そのあとでふたたびおちいる、非本来的な無為な生活状態への転落のみである」。(3)

このように純粋に実存的な核心は、従来の教育学と相入れない性質のものであるが、ボルノーの試みは「むしろ、実存哲学でならした眼をもって、教育学上の諸現象にあらたに接すること」(4)へと向かってゆくのである。ボルノーの独自の功績は、そうした眼でもって注意深く熟考された様々の教育現象、しかも従来の陶冶性を前提とした教育学ではほとんど取り扱われなかった領域の教育問題を明るみに出し、われわれに気づかせた点にあるといえよう。ボルノーはそうした範疇を「教育の非連続的形式」と名づけているが、ここではその非連続的形式の一つである「危機」という現象に着目して、その教育学的な意義を明らかにすることがわれわれの目的である。ボルノーが『実存哲学と教育学』で論考する問題設定には、実存的教育学という新しい体系を構築して、それでもって従来の伝統的な教育学に置き換えるという意図はけっして含まれていない。それ故、これから考察してゆく「危機の教育学」は非連続的教育形式を探究するための一つの方法的モデル・発見的原理にすぎないのである。(5) 換言すれば、ここでのボルノーの中心課題は、実存哲学が伝統的教育学に貢献できる意義を認めつつも、それをもって従来の伝統的古典的教育学に置き換えようとする意図を持つものではない。むしろ、ボルノーの課題はどこまでも実存哲学的な人間の生の把握、すなわち、教育学の新しい分野としての「非連続的教育形式」を探究することにより、従来の教育学が教育実践においてはその重要性に以前から気づいていながら、理論的に捉えることのできなかった教育の非連続的局面としての「教育学の地平」を拓くことであり、そこにボルノーの力点が置かれていることを確認しておきたい。

註

(1) 境沢和男著、「ボルノーの理論」、金子孫市編、『現代教育理論のエッセンス』、初版、八刷、ぺりかん社、一九八一年、一八七頁参照。
(2) 加藤将之著、「危機教育学の素描――ボルノーの『実存哲学と教育学』をめぐって――」、山梨大学学芸部研究報告、第一三号、一九六二年、六六頁参照。
(3) O. F. Bollnow, Existenzphilosophie und Pädagogik, Kohlhammer, 1984, S.15. ボルノー著、峰島旭雄訳、『実存哲学と教育学』、理想社、一九六六年。
(4) ボルノー著、前掲書、日本語版への序、九―一〇頁。
(5) 境沢和男著、「ボルノーの理論」、一九三頁参照。

二　実存哲学と教育学

われわれはボルノーと共に、実存哲学と伝統的教育学との統合が重要であること、しかし現実問題としては両者の統合には多大の困難が伴うことを考察してきた。そこでここからは、その内容を受けて伝統的教育学と実存哲学の人間観をさらに具体的に考察し、両者の実りある接点を探究してゆくことにしたい。

ボルノーによれば、伝統的な教育観は連続的な人間観に立っている。従来の伝統的な教育学の大部分は、①「技術論的な作る」教育学と、②「有機体論的な成長に委ねる」教育学が、互いに交錯しながら展開されてきた。[1] 第一の「技術論的な作る」教育学は、教育の本質を物を「作る」(machen) 過程として次のように規定する。物を製作する場合、製作者が素材について十分な知識を有しておれば、彼の意図どおりに作ることが可能であるように、教育者もまた被教育者についての知識さえあれば、教育者の目的どおりに人間を形成できると考えてきた。ヘルバルト (Johann Friedrich Herbart, 1776-1841) がその『教育学講義綱要』(Umriß pädagogischer Vorlesungen, 1835) の冒頭に提示した命題、「教育学の根本命題は生徒の陶冶性 (Bildsamkeit) である」は、この「技術論的な作る」教育学の基本的前提を端的に示しており、「この教育観は精神史的には啓蒙主義 (Aufklärung) にその源を発するのであるが、それはヘルバルト以後の教育学において、もはや検討の必要がない、自明なものとして継承された」[2] といわれている。

上述の「技術論的な作る」教育観に対して、第二の立場は人間の成長過程を「有機体の成長」(organische Wachstum) として捉えている。この教育観は子どもの成長を妨げず、その障害を取り除き自然のままに

「成長させる」(wachsen-lassen) ことに教育の本質をみる。この教育観は精神史の流れでいえば、「浪漫主義」(Romantik) の伝統に属している。具体的には、「ルソー (Jean Jacques Rousseau, 1712-1778) を出発点とし、ペスタロッチ (Johann Heinrich Pestalozzi, 1746-1827)、フレーベル (Friedrich Wilhelm Fröbel, 1782-1852) と受け継がれた〈合自然〉の教育思想にその端的な表現をみることができる」。[3] ボルノーによれば上述の二つの形式、すなわち、機械観と有機体観を比較すると、「手細工的・技術論的な作る教育学」の方が、「有機体論的な成長に委ねる消極的な教育学」よりも今日に至るまで、はるかに優位を占めてきたという。これまでの伝統的な教育学において可能と思われる人間の捉え方は、教育は「機械的な製作」(mechanischen Machen) に基づくか、もしくは子どもの内からの「有機体的成長」(organischen Wachsen) に基づくかのいずれかで、第三の教育の可能性はおよそ考えられなかったのである。[4]

「技術論的な作る」教育学と「有機体論的な成長に委ねる教育学」の両者の見解は、一見対立するようでありながら、共に子どもの陶冶性 (die Bildsamkeit des Zöglings) を自明の前提とする点で共通の地盤に立っていると言えよう。つまり両者ともに、人間は連続的な発展が可能であり、その方向に人間を陶冶・形成してゆくことができる、という見解をもつ。これに関してボルノーは次のように述べている。「両者に共通な点は、連続的な構成によって、あるいは、連続的な発展をふんで、いずれにせよ漸次的な改造によって、人間を教育することができるという前提である。このような経過の成果を、もっとも広い意味で陶冶と呼ぶのである」。[5] すなわち、教育を「形成」「陶冶」と捉えるにせよ「成長せしめる」ことと捉えるにせよ、人間の「生の過程」(Lebensvorgänge) は「連続的に」(stetig) 一歩一歩完成に向かって進歩し、それに対応して人間は連続的、漸次的に完成に向かって教育できるという前提が、ここには存するのである。[6]

他方、実存哲学はこうした伝統的教育学の連続的進歩を前提とする人間観をことごとく拒否するのである。なぜなら、実存哲学の根本に横たわる人間観によれば、人間存在の核心である実存は、瞬間瞬間の決断によってしか、自己の生を成就することができないからであり、そのため実存的状況においては、一切の連続的・持続的行為を拒絶する。そうした実存的な人間存在は、教育的な営みによって形成され陶冶されるものではない。換言すれば、実存という人間存在の核心を扱うかぎり、少なくとも伝統的な意味での人間の陶冶可能性を前提とした教育は不可能であり、ここに至って初めて、なぜ今まで実存哲学と伝統的な教育学との間に、実り多い対話が生じえなかったのかという理由が明らかになる。なぜならそれは「両方の側のいずれにとっても、他方は、すでにそもそものはじめから、欠陥あるものとみなされざるをえなかった」(7)からである。

このようにボルノーは伝統的な教育学と実存哲学とが、まったく根本的に異なった人間理解に立脚した、容易に相いれないものであることを明らかにしたうえで、さらにそこから両者の出会いの可能性を教育学の立場から探ろうとする。筆者はここにボルノーの本来的功績が存すると考えるのである。すなわち、ボルノーは伝統的な教育学が主張するような連続的発展陶冶性ということが、一切の教育の前提であるか否かを問う。「実存哲学の経験によれば、人間の最も内なる核心にたいしては、持続的な形成が可能でないとされるが、そのさい、ほんとうにあらゆる教育的感覚の断念が表明されているのだろうか」(8)とボルノーは問いつつ、人間の生や教育は、日常的なレベルでは連続的形式で営まれているが、しかしなおその他に人間存在には時として生の非連続的局面がみられる現実に着目して次のように考察を進めてゆく。

たとえば教会の「説教」(Gemindepredigt)を教育的行為として考察することが許されるならば、それは非連続的現象の一例としてあげることができるとボルノーは考える。(9) 教会での説教というものは、日曜日ごとに新たに行われる。牧師の口を通して発せられる神の言葉と個々の人間がそこで出会い、新しい魂の息吹を感じとることに説教の核心があるとするならば、教会の説教には、学校教育のように被教育者を一歩一歩計画的に連続的に進歩させるという思想は存しない。そこでボルノーは言う。「教会暦年の経過のうちに、説教用テキストのあいだの内的関連が生み出されているとはいえ、その場合でも、陶冶の過程にとってきわめて肝要な、一段階また一段階と計画的に前進する成長の考えは、欠けている」。(10) むしろ、人々の魂の最内奥で瞬間的に生ずる神との出会い、真理へのめざめが主目的となる「説教」においては、「非連続的な教育行為」がその中心課題となる。

神との出会いにせよ、芸術作品との触れ合いにせよ、われわれの日常生活である「生の連続性」が突如として自分を超えるものによって垂直的に介入してきて中断されることも紛れもない事実である。そこでは今までの自己のものの見方や考え方がいったん完全に崩され、危機的状況に立たされる。そこから新しい自己の魂の息吹きを感じ、新しい生命力が与えられる。この瞬間、われわれの連続的形式としての生の過程に、非連続的事象が垂直的に突入してくるのである。「人間の生活には連続的経過と並んで、それと同様、時折特殊なしかたで人間の生活を中断する非連続な箇所がある。それは、そのひとの本来的自己への問いかけ、自覚ならびに覚醒にとってまたとない機会であり、この機会にいっそうの教育的努力が望まれる」。(11)（傍点筆者）こうした教育の非連続性においては、「陶冶性」(Bildsamkeit) こそ否定されるものとなるが、「教育可能性」(Erziehbarkeit) という視点から教育は可能であると言えよう。(12)

註

（1） Vgl. O. F. Bollnow, Existenzphilosophie und Pädagogik, S.16 f.

および森田孝著、「O・F・ボルノー」、『現代に生きる教育思想』（ドイツⅡ）、初版、ぎょうせい、一九八二年、四三四頁－四四四頁参照。
(2) 境沢和男著、「ボルノーの理論」、一八八頁。
(3) 境沢和男著、前掲書、一八八頁。
(4) Vgl. O. F. Bollnow, Existenzphilosophie und Pädagogik, S.18.
(5) O. F. Bollnow, a. a. O. S.18.
(6) 境沢和男著、「ボルノーの理論」、一八九頁参照。
(7) O. F. Bollnow, Existenzphilosophie und Pädagogik, S.18.
(8) O. F. Bollnow, a. a. O. S.19.
(9) Vgl. O. F. Bollnow, a. a. O. S.71- S.73.
(10) O. F. Bollnow, a. a. O. S.72.
(11) 大谷光長著、「西洋道徳思想の歩み」、村田昇編、『道徳教育』、初版、有信堂、一九八三年、七七頁。
(12) 境沢和男著、「ボルノーの理論」、一九一頁参照。

三　道徳的危機のもつ意味

われわれはこれまで、伝統的な教育学の連続的形式と、実存哲学の特徴である非連続的形式の決定的相違について述べてきた。ここからはそれを前提として、人間の生の非連続的性格を最も明瞭に現すものとして、「人間の生の道徳的危機」に焦点を絞り、従来の教育学で見逃されてきた「危機」の教育的意義を考察してみたい。

人間の生の危機を考える場合、たとえば反抗期や思春期の危機、病気における危機、成熟の危機、信仰の危機などが様々な人間の個人的な生の場面で現れてくる。さらには人間の歴史や民族の危機、政治や経済の危機という一個人を越える危機も身近に散見できる。こうした「危機」の本質とはいったいいかなるものであるのか。これらの危機に共通なことは、「常にノーマルな生の過程の攪乱(障害・妨害)があること、さらにこの攪乱はその出現の突如性とその非常な(異常な)激烈さを特色としていること、この攪乱が危機的状況(kritische Situation)であるということは、そこにおいて二つの道が岐かれ、人間がそのいずれかを選択しなければならないような状況にあることを意味する」。(1) そこでわれわれは、生の非連続性の特徴を顕著に示す人間の危機の代表的なものとして「道徳的危機」の構造を中心に進めることにしたい。

ここで問題とする道徳的危機も、身体の病気の危機と類似の経過をたどるが、その際重要な点は以下のことである。すなわち、「人は、これまでの生活が結局のところもはやそのままでは続行されないある一つの状況へと、徐々に、知らぬまに、すべりおちるか、そこで、自由な決断によって圧迫をはねのけ、それによって、状況全体に、あるあたらしい様相を呈せしめる」。(2) ここにおいて、人間の決断と自由が焦眉の問題となってくる。つまり人間は自分かってに自由な意志決定ができる存在ではなく、自己をとりまく不可避な状況の抵抗から生ずる絶望によって、はじめて決断を強いられねばならないし、またそこで初めて自由な決断も生じうるのである。ここで確認されることは、このような「決断は必然的に無制限な決断であり、そのかぎり絶対的なものであるが、それが、それ以外のわれわれの生の相対的なあり方のなかへ、突如として入りこむ」(3)(傍点筆者)という事実である。

われわれの生活のなかへ突如として入り込んでくる「危機」を突破することによって、初めて新しい生活秩序が生じてくる。これとの関連で、ボルノーは次のような例を提示した。すなわち、自己の犯した行為を反省し、始めから人生をやり直す決意ができたとき、また職場や学校での失敗のあとで場所を変えねばならないとき、新しい生活がその時点で「危機」と共に始まりうる。これを尖鋭化させると次のように言えよう。「人が自己の堕落した生活の強化・腐敗から脱しうるのは、原則的にいって、ただ徹底的な更新、いわば一種の焼死・水死をもこえる道においてのみ達せられる根本的なやり直し、によるのみである」。(4) ここにボルノーの「生まれかわり」の問題が関連する。こうした危機をくぐり抜けて初めて、人間としての「新しい出発」が始まり、この意味でボルノーの説く「生まれかわり」の問題は、「倦怠的諦観や失敗やあらゆる固定形式に反抗して新しい出発と生の新しい根源性へと回帰する」(5) 教育学の課題となるが、ここではこれ以上追究することはできない。(6)

われわれは一貫して実存哲学と教育学の関連を考慮しつつ、「危機」の教育学的意義を追究しており、その意味で実存哲学は危機を理解するうえで、明確な一つのモデルとして存すると言えよう。その際ボルノーの指摘によれば、危機の厳密な実存哲学の把握と、教育学における把握では、決定的な相違が生じるという。すなわち、実存哲学的な理解によれば、「人間はたえず必然的に危機のうちにあり、危機のそとにあってはただ非本来的生存の状態を知るのみであるというのであるが、人間生活についての妥当な考察によれば、生活が尖鋭化して危機を生ぜしめるような、ある特定の、ひときわ目立った瞬間があるのみであり、その後、危機が自由解放の方向へ解消されたときには、純化された形態で、異なった水準において、あたらしいみのりある生活のひとこまが始まりうる、という相違である」。(7)

しかし次のような反論が生じるかもしれない。すなわち、ここで取り上げた危機は人間生活の本質に果たして成りうるのか、あるいは非連続的な現象や断絶が教育にとって本質的な契機となりうるのか。むしろそういう危機は、できるだけ回避するか遠ざけるようにしたほうが子どもにとってより教育的配慮となるのではないかという反論が生ずるが、こうした反論に対して、ボルノーは自己の見解を次のようにまとめている。

すなわち危機を回避しようとする試みは、人間生活を非本質的なものに堕落させてしまう危機を孕むが、他方でもし危機を勇敢に耐え抜くならば、人間生活の純化とより高度な段階の充実が達成できるとボルノーは考えたのである。(8)

それではこうした危機の教育的役割とは具体的にどういうものであるのか。さしあたり次のように問うことが目的にかなっていよう。教育者はどの程度まで危機を引き受けることが可能であるのかと。上述のように危機を一人の子どもから避けてやることは、彼を不適当な無邪気さにさせておくだけであり、一般的に人間にとって究極の実存的経験が重要であるとみなされる程、危機の意義もより高く評価されるべきであろう。それ故、人間の成熟過程において、危機の突破は必然的なこととなると明言できるのである。

道徳的な危機を考える場合、病気の危機と事情は同じで、回復と背中合わせで死への可能性があるように人が道徳的没落へと導かれてしまうことも十分に考えられる。それ故ボルノーは深く次のことを確信している。「教育者が、危機に治療的な効果があるということから、あえて危機をみずから意識的に招きよせようとでもするならば、その行為は不遜であり、教育をあやまって手細工的な製作の事象の方向へもたらすことになろう」。(9) ここから言えることは、危機とはどこまでも運命として捉えられねばならないということであり、それ故にこそ教育者は危機を操作することはできず、むしろそのようにすることは「不遜な越権」ですらある。危機が子どもに襲いかかるとき、教育者にできることは子どもと共にその危機に関与し、共に苦しみ最後まで耐え忍ぶことでしかありえない。「責任を自覚した教育者は、決して、すすんでみずから運命を演出しようとこころみてはならない」(10) といわれる所以である。この関連でボルノーが指摘する次の点は重要であろう。すなわち、教育者は「危機」を自ら支配することは不可能であり、むしろ「不遜な越権」であるが、しかし現実の人間の生の営みのなかで必ずや直面する重大事に対して、あらかじめの心づもりをしておく必要があろう。

註

(1) 三井浩著、『愛の哲学』、初版、六刷、玉川大学出版部、一九八一年、六一頁。
(2) O. F. Bollnow, Existenzphilosophie und Pädagogik, S.32.
(3) O. F. Bollnow, a. a. O. S.33.
(4) O. F. Bollnow, a. a. O. S.34.
(5) O. F. Bollnow, Krise und neuer Anfang, Beitrage zur pädagogischen Anthropologie, Quelle und Meyer, Heidlberg, 1966, S.26f.
ボルノー著、西村皓・鈴木謙三訳、『危機と新しい始まり』、初版、第三刷、理想社、一九八一年。
(6) 岡本英明著、『ボルノウの教育人間学』、初版、サイマル出版、一九七二年、四一頁参照。
(7) O. F. Bollnow, Existenzphilosophie und Pädagogik, S.35.
(8) Vgl. O. F. Bollnow, a. a. O. S.36.
(9) O. F. Bollnow, a. a. O. S.37.
(10) O. F. Bollnow, a. a. O. S.38.

四 「認識」における危機

われわれは人間の道徳的危機について論じてきたが、ここで少し考察の視座を変えて、人間の知的領域での危機的な現象を論述したい。その際、コパイ(F. Copei, 1902-1945)の『陶冶過程における有効な時点』の通項に焦点を絞って、「危機」の持つ教育的機能を探ってみたいと思う。

まず第一にコパイのいう「くるいの瞬間」概念から考察してゆこう。子どもたちは学校の授業などで学ぶ様々な知識を、連続的な構成によって一歩一歩増やしてゆき、こうして従来の伝統的な教授法が考案されてきたわけであるが、他方で人間の教育現実のなかで、たとえわずかな機会であれ、こうした連続的な構成に納まりきらない場面が生じてくることもまた事実であろう。ボルノーはこの点について以下のように述べている。しかしながら、「知識を随意に積み重ねることがもはや目指されず、真の洞察の獲得が目指される場合には、事情は一変する。真の洞察は、一歩一歩構成されうるものではなく、突如としてやってくる。それは〈とつぜん躍り出る〉のであり、そして電光石火のごとく燃え立つのである」。[1] たとえば数学の定理が突然、人の心に生じ、個々の推論がいかにして内的必然性をもって全体とかかわるか、がわかる場合などがその顕著な例である。その瞬間、彼の心のなかには新しい洞察が、突如として現れる。しかしこの内からのひらめきは、けっして人間の力で操作できるものではなく、そのひらめきがやがて人の心に「躍り出る」ときまで、辛抱づよく待ち続けなければならないのである。

ボルノーは、その新紀元を画するとも言われているコパイの名著、『陶冶過程における有効な時点』[2] を引き合いに出して次のように考えている。すなわち、コパイは天才や発見家・発明家の業績に依拠しつつ、新しい洞察が突如として人の心に輝き出るという貴重な証言を人々に与えた、と。ここで重要なことは、「ひらめき」のような事象が、危機についてとまったく同じような仕方で捉えられているという視点である。「ひらめき」が人の心にやってくる瞬間には、危機の本質をなす苦痛や抑圧が生ずる。すなわち、そこでは「まずもって、〈自明なるものの動揺〉があり、そのときまで確実とみなされていた知識が人からすべりおちてゆき、やがて電光石火のごとくまったく予期しないときに成り行きについてのあたらしい洞察が立ちあらわれ、支持しがたいものとなったふるい見解の断片を、さいわいにも一つのあたらしい洞察へと組み合わせてくれるまでは、成果をあげる可能性にまったく絶望してしまっているといった、そのような、全面的に苦しみをあたえるくるいの瞬間がある」。(3)

この危機の過程で生じる出来事は、ボルノーの主著の一つ『認識の哲学』(4)のなかで取り上げられられている「経験の苦痛性」(5)(Die Schmerzhaftifgkeit der Erfahrung)を通して得られる新しい「開いた前理解」の成立過程と極めて類似しているように思える。ここで誤解を恐れずに私見を述べればボルノーが指摘する「くるいの瞬間」とは、真の洞察が生まれるための危機的状況であり、その点についてボルノーはコパイの次の一文を引用して説明する。すなわち、「問われている者のかくも確実であった見解の構築はくずれおち、なにものにもわずらわされない自己確信が当惑に屈し、よりよき知識を求める渇望の念が心にめざめる。かかる知識は、結局、最後の瞬間に、自己自身の認識として、意識に出現する。このような出現と獲得の時点を、〈有効な時点〉と名づける」。(6) この点をもう一度まとめると、まず「自明なるものの動揺」が生じ、これまで確実だと思っていた自己確信が崩れ、その人に苦しみを与える危機としての「くるいの瞬間」が到来し、それを通して人間は真の洞察を獲得する「有効な時点」に達するのである。

こうしたコパイの認識は学校教育、わけても実際の授業にも多大の影響を与えることになろう。なぜなら人間の成長の場合と同様、教師は授業中にも、すぐに子どもたちの成長を期待し、即座の成果を収めようと性急になりがちだからである。むしろ、コパイのいう「有効な時点」が生ずるまで、教師は忍耐強く子どもの成長を待たねばならない。生徒たちの個人差により、ある者には早く洞察の閃きが生ずるが、ある者は遅くまったく閃かない生徒もでてくるかもしれない。ボルノーはここに教育計画の限界の根拠をみる。同様ににコパイ自身もこの「有効な時点」は方法的に組織化できないことを強調している。(7) ここから理解できることは、「非連続的な諸形態は、意識的な教育計画の限界を指示し、あらゆる人間的組織化をのがれる運命的な要素の介入にたいして、教育をひらかれた状態におく」(8) ということである。

ボルノーの功績は、「危機」という従来の教育学では捉えきれなかった、というよりもむしろ教育にとってできるならば回避することが望ましいとさえ思われていた非連続的事象、たとえば「危機的現象」がむしろその危機を突破することによって初めて、人間の新しい生へ達することができる必要不可欠な契機ですらあると指摘した点に存すると言えよう。換言すれば、新しい生活や真の洞察というものは、いずれの場合にも「危機」と共に始まると言えよう。「このような新しい生活秩序は、決して自由な自己自身の決断からは生じえないで、つねに危機を突破することによってのみ、すなわち、これまでの生活が持ちこたえられなくなり、人が、不本意ながら決断へと強制される場合に、はじめて生じうるように思われる」。(9) 最後に要約して述べるならば、ボルノーが捉える人間における危機的な出来事とは、何か人間にとって不都合で価値を減ずるものであるが故にできれば避けたいものではなく、むしろその危機的状況をくぐり抜けることによって初めて生じうる道徳的・宗教的な高揚、精神的・創造的な営みである、とまとめることができるだろう。この意味で「真にあたらしきものは、絶望の奈落へと落ち込むことを通してのみ初めて達せられる」(10) というボルノーの言葉も理解できよう。

以上がコパイの『陶冶過程における有効な時点』の「くるいの瞬間」概念を中心に展開された知的領域における危機的な事象の内容把握である。それとの関連でわれわれは次にボルノーの『認識の哲学』のなかの一節、「経験の苦痛性」(11) の危機的性格がいかにコパイのいう「くるいの瞬間」概念と共通項を有しているかという観点から述べてゆきたい。ボルノーによれば、人間の意識的な認識活動は知覚と熟視によって変化するが、その範囲はあくまでも単純な世界理解の場面に限られており、その認識活動の領域が精神的・人格的世界まで拡がるとき、ボルノーは初めて「経験」(Erfahrung)という概念を使用するのである。ボルノーはその際、われわれが既に漠然と持っている「前理解」という閉じた世界に否応なしに変化を迫る形で「危機」として突入してくる出来事を「事実」という概念で捉えている。それとの関連でボルノーは次のように述べている。事実とは「現実が私たちに対し、峻厳な、変化を拒否するものとして、また硬く確固としたものとして向かってくる特別な様式」(12)であり、人間の生を脅かす「危機」でもありうる。こうした人間の前理解に変化を迫る形で突入してくる「危機」との絶え間ない対決と克服の過程から初めて人間の生の「経験」が生じ、新しい経験を導く人間の世界理解が開けてくるのである。ボルノーはこのような経験の本質として「経験の苦痛性」ということを強調した。自己の生がまったく妨害されずに経過する限りは何事も人に襲いかからないが、「期待が欺かれ、途上に予期しない妨害が出現するとき、はじめて人間は彼の経験を〈する〉(machen)」(13)のであり、その瞬間われわれは「経験の苦痛性」を味わうことになるのである。

さらにボルノーは「経験する(erfahren)こと」と、「体験する(erleben)こと」の関係の類似性の奥に潜む決定的な相違点をきわだたせることによって、「経験」の概念を一層明らかなものにしようと試みた。(14)これを前理解との関連で説明するならば、人はいつでも「危機」を回避しようとする「体験」という在り方においては、まったく自己の前理解という殻のなかに閉じ籠もり、自己のこれまでの前理解という既成の枠を破ってあえて外に出てゆこうとはしない。それ故危機を回避する体験的な生き方を続ける限り、断片的な客観的知識や即物的記憶はしだいに累積し増加してゆくだろうが、そこでは根本的に自己が変貌し発展・深化してゆく可能性は閉ざされたままなのである。ボルノーはこうした人間の危機を避ける形での事物の即物的な認識態度を「閉じた前理解」と名づけている。

他方、人間が真の「経験」をする場合には、自己のこれまでに形成されてきた前理解というものが、外から突入してくる危機的状況によって根底からくつがえされ、新しい自己変革を迫るという形で人は新たに出会うものを認識してゆく。ボルノーはこの危機との対決を通して認識してゆく在り方を「開いた前理解」と呼んだ。換言すれば、ある出来事が「開いた前理解」において把握されるならば、その出来事がたとえ自分にとって不快なものであったとしても、自己のこれまでの前理解や習慣の修正を迫られるという危機的な形で、自己の経験が深められ発展させられるのである。ここにおいて人間の生は、経験する者として人間の深みを増し、成熟の方向へと導かれてゆく。以上がボルノーの『認識の哲学』における単なる前理解とは異なる「開いた前理解」という新しい捉え方の内容でありこれは「解釈学的認識論」と言われているものである。

ここでコパイの『陶冶過程における有効な時点』における「危機」理解と重ねて比較検討してみよう。コパイによれば、「ひらめき」が人の心にやってくる瞬間、危機の本質をなす苦痛や抑圧が生じ、彼はそれを「自明なるものの動揺」という概念で把握し表現した。それと同時にそのときまで確実と思われていた既存の知識がその人から滑り落ち、やがて突如としてまったく予期していなかった洞察が現れ、古い見解が壊される「自明なるものの動揺」の後に「くるいの瞬間」が生ずるのである。これは『認識の哲学』でボルノーが強調する「経験の苦痛性」と極めて類似した概念であるように思われる。「危機」との絶え間ない対決によって生ずる「経験の苦痛性」を通して、われわれは自己の経験が深まり、コパイのいう「くるいの瞬間」を経て「開いた前理解」に到達し、そこから新しい認識に歩を進めうるのである。すなわち、危機を避けようとする人間の在り方を示す「閉じた前理解」から生ずる「体験」は必然的に人間の生を非本来性に落ち込ませるものとなる。しかし反対に危機的状況を乗り切った後に得られる「開いた前理解」から生ずる「経験」は人間の生を純化し更新することを可能にする。こうして「人間は危機を通り抜けることによってのみ、彼の本来的な自己存在つまり実存を獲得し得る。この意味で危機は人間の本質に属するものであり、人間の自己生成にとって必須のもの」(15)であるがゆえに、まさにこの点で危機は教育的機能をもつといえよう。

註

(1) O. F. Bollnow, Existenzphilosophie und Pädagogik, S.38.
(2) F. Copei, Der fruchtbare Moment im Bildungsprozeß, 1930.
(3) O. F. Bollnow, Existenzphilosophie und Pädagogik, S.39.
(4) O. F. Bollnow, Philosophie der Erkenntnis. Das Vorverständnis und die Erfahrung des Neuen. Kohlhammer, Stuttgart, 2. Aufl. 1981. ボルノー著、西村皓・井上坦訳『認識の哲学』、初版、第一刷、理想社、一九七五年。
(5) Vgl. O. F. Bollnow, a. a. O. S.130-132.
(6) F. Copei, Der fruchtbare Moment im Bildungsprozeß, S.21. in O. F. Bollnow, Existenzphilosophie und Pädagogik, S.39-40.
(7) Vgl. O. F. Bollnow, a. a. O. S.40.
(8) O. F. Bollnow, a. a. O. S.40.
(9) O. F. Bollnow, a. a. O. S.50.
(10) O. F. Bollnow, a. a. O. S.41.
(11) この点に関しては拙論、「ボルノーの『解釈学的認識論』の一考察」、関西学院大学文学部教育学科研究年報、第一一号、一九八五年を参照。
(12) O. F. Bollnow, Philosophie der Erkenntnis, S.124.
(13) O. F. Bollnow, a. a. O. S.131.
(14) 類似の思想を森有正は主著の一つ『経験と思想』、岩波書店、一九七七年、七九頁－一四一頁の「日本人とその思想」のなかでも述べている。
(15) 岡本英明著、『ボルノウの教育人間学』、四〇頁。

五 むすび

こうしてボルノーの『実存哲学と教育学』を手がかりに、「危機」の持ついくつかの教育学的意義を考察してきたのであるが、ここでそれらを要約して結びたいと思う。まず初めにボルノーの中心的課題は、実存哲学が伝統的教育学に貢献できる意義を認めつつもそれをもって従来の伝統的教育学に置き換えようとする意図を持つものではない。そうではなくむしろボルノーの強調点は従来の教育学が経験上その重要性に気づいていていながら理論的に捉えることのできなかった実存的な「教育の非連続的局面」、たとえば危機や覚醒という事象を従来の教育学に付け加えたことにある、と考えるべきであろう。

子どもに対する教育的配慮と思われる危機回避の試みはともすれば真実の世界への扉を自ら閉ざし人間生活を非本質的なものに堕落させてしまう恐れを孕むが、他方であえてその危機に勇敢に耐え抜くならば人間生活の純化とより高度な段階の充実を達成することも可能ではないかとボルノーは考えた。なぜなら、われわれはその本質において堕落的な存在であり、そのようなわれわれが「自己の堕落した生活の強化・腐敗から脱しうるのは、原則的にいって、ただ徹底的な更新、いわば一種の焼死・水死をもこえる道においてのみ達せられる根本的なやり直し」(1)を通して新しく生まれ変わる他ないからである。

危機という運命的な事象を通してのみ、われわれの倦怠的諦観や失敗・悪しき習慣に断固反抗して、そこから人生の新しい出発と生の新しい根源へと戻ってゆくという教育の重要な課題の成就を見いだしうる。しかしその際に、教育者が意識的に「危機」を招き寄せる行為は「不遜な越権」であること、さらに危機が子どもに襲いかかったときに教育者にできることは、子どもと共にその危機に関与し共に苦しみ最後まで耐え忍ぶことでしかありえない、という二つの点を忘れてはならないだろう。われわれはこうした危機的事象が日常的な教育の場に存すると思い込んで、「危機の実存的意義」というものを安易に拡大解釈する不注意を慎むべきである。その意味でわれわれが教育的態度のうちに引き込まねばならないのは「危機」そのものではなく「危機の可能性」だけである。(2)

いずれにせよ「危機」という事象を意識的に教育実践に導入することは、教育における「不遜な越権行為」であり単なる見せ物に落としめる結果となることは先述のとおりである。むしろわれわれにとって一つの運命的な危機的事象とは、意識的な計画の限界で、あるいは経験一般の限界において初めて一つの「驚き」と共に認識されるものである。こうした視座から「危機」という事象を考察することによって、われわれは人の魂の奥底にまで浸透し揺さぶり人を浄化しさえする「危機」の積極的な教育学的意義を見いだしうると言えよう。(3)

註

(1) O. F. Bollnow, Existenzphilosophie und Pädagogik, S.34.
(2) Vgl. O. F. Bollnow, a. a. O. S.150.
(3) Vgl. O. F. Bollnow, a. a. O. S.150.

第三章　ボルノーの教育学的解釈学

第一節　ボルノーにおける「ディルタイ思想」の解釈

——体験・表現・理解概念を中心に——

一　問題の所在

周知のように、ディルタイ（Wilhelm Dilthey, 1833-1911）においては、精神科学の基礎づけの問題が終始一貫したライフワークとなったが、そこでは人間の精神生活はいつでも全体が第一義的なものであり、それは一つの「構造連関」（der Sturukturzusammenhang）として捉えられていた。発展は構造連関を基礎としてのみ可能である、と言われる所以でもあろう。(1) 西村皓はこの点について、ある少年の非行を例にとり、次のように説明している。たとえば「少年非行」という一つの現実も、たんに表面的に特殊なものとして捉えられてはならない。その少年の背後には、非行という行為をせざるをえなかった複数の事情が存在し、その行為発生の原因を探究するならば、その少年の精神生活、社会的・家庭的・心理的環境などの要素が複雑に絡み合って、非行にはしらざるをえなかったことが判明するだろう。こうした全体としての構造連関こそが、われわれの生の現実であり、個々の精神活動を規定している。それはけっして人間の思惟によって構成されるものではないから、われわれがこの人間の構造連関を具体的に把握する可能性は、それを分析し記述する以外に方法は存在しない、と考えられる。「ディルタイはこのような仕方で事象を認識することを、従来の自然科学的認識における、仮説を立ててする『説明』に対して、『理解』として特色づけた」。(2) このディルタイの思想は広く知られているところである。しかし、ディルタイが考えていた自然科学のイメージは、一八七〇年頃までは存在したが、現代の物理学においてはもはや現存しない、とのボルノー(Otto Friedrich Bollnow, 1903-1991)の指摘も忘れてはなるまい。(3)

ディルタイは、精神科学の関わる領域は、個人・家族からさらには国家・文化体系や人類全体へと、つまり人間的・社会的・歴史的状況すべての範囲を含むものとしたうえで、この範囲の根底には絶えず人間の精神的営みが関与している、と考えた。ディルタイの表現を借りれば、それは人間の生の「現われ」(die Lebensäusserung)として存在する。それを「端的にいえば、社会、国家、教会などのような諸制度、さらには芸術、科学、哲学など、彼(ディルタイ)のいうところの客観的精神(der objektive Geist)ないし生の客観態(die Objektivation des Lebens)は、すべてこれ精神生活の表現である」(4) ということになる。

それでは表現と理解の関連はどのようなものであるのか。人間の精神生活は自己自身のうちに自分を外的世界で表現する必然性をもっている。人間は表現することにおいて、すなわち内的なものが外的なものと結びつくことによって自己を完成させてゆく。「このように、精神生活の表現として成立する外的なものを手がかりとしてその中に表現されている内的なものを把握することが理解の方法なのである」。(5) ここでの理解とは、表現の理解のことであり、また表現とは体験の表現のことである。われわれの体験的事実、また精神生活の体験は、元来、知覚や表象・判断・感情などが互いに内面的に結合して構成されている。こうした人間の体験を、その本質から捉えるためには、先述の「理解」という把握形式によるほかはない。

そこでわれわれの目的は、主にボルノーのディルタイ解釈を基軸として、体験・表現・理解というディルタイの主要概念を分析したうえで、ボルノーのディルタイ批判を通して浮彫りにされてくるディルタイ思想の独自性とともに彼の矛盾点や限界を描き出すことにある。それゆえ、ディルタイの思想に大きく依拠してきた精神科学的教育学にとって、特に「理解」概念がどのような意味をもつのか、という重要な考察はここでは展開できず、別の機会にゆずらざるをえない。

註

（1）西村皓著、『人間観と教育』、世界書院、一九七八年、第二刷、一〇四頁参照。
（2）西村皓著、前掲書、一〇二頁。
（3）Vgl. O. F. Bollnow, Otto Friedrich Bollnow im Gespräch, Hans-Peter Göbbeler und Hans-Ulrich Lessing, Freiburg; München: Alber, 1983. S.57.
ボルノー著、石橋哲成訳、『思索と生涯を語る』、玉川大学出版部、一九九一年。
（4）西村皓著、『人間観と教育』、一〇三頁。
（5）西村皓著、前掲書、一〇五頁。

二　体験と理解の関わり

それでは、ディルタイにおける体験と表現と理解の基本的な連関とはいかなるものなのか。理解は体験を前提とするのであり、所与のものは体験である、とディルタイは考えるが、西村によれば、体験を前提とする理解が、体験の狭さと主観性を全体的な普遍性に解放するときはじめて、その体験は生活経験となるのである。(1) さらにボルノーは、他者の表現が本質的に親しみを感じられるのは自己の体験の中に移し入れることができるからである、という。このディルタイの「理解に対する体験の逆行的な依存性」(2) は次の言説へと結びついてゆく。つまり、体験は、理解が体験の主観性を超えて全体性の領域に入ることにより生の経験が成立し、ここに体験を理解から、理解を体験から漸次的に解明する関係も確立する。(3)

ここにディルタイのいう理解の能力が言い表されていよう。すなわち、「他者の生の理解中に私自身の体験を再発見することによって、私はこの生が、私の特殊な生ではなく、その中には普遍的な核」(4) が含まれていることを知る。換言すれば、理解とは、個人の体験の制約性を打ち破り、同時に個人の体験に生活経験という普遍性を与えるものに他ならない。つまり、体験においてわれわれが知るものは、つねに単なる特殊なわれわれ自身の生であるかのように見えるが、じつはむしろ、理解することによってはじめて個別的体験の拘束は止揚され、さらに個人的な体験に生の経験の性格が与えられることになる。(5) しかしまた、たんなる体験からのみ出発する理解は、主観的恣意的なものに堕するし、逆に理解がたんに客観性を求めて抽象的形式的表現に上すべりしてしまうならば、その理解はたんなる記号としての言語に堕するであろう。(6)

ところで、ボルノーによれば「他者の生の理解の中で、私が私自身の体験に対応するものを再発見することによって、とりあえず私自身の特殊な生についての知と思われたものが、生一般の知へと拡大されるのである」。(7) ここにディルタイのいわゆる「生の諸統一の共通性」としての経験が生ずることとなり、(8) それゆえ精神科学において、理解は共通性によって普遍性を獲得してゆくことができるのである。

このように体験の第一の特徴とは、「他人の理解によって、特殊性から共通性と普遍性へと高める」(9) ことであり、それに続いて第二の特徴は、「自己の体験の内容的な拡大」に看てとれる。自己の生はつねに制約されているが故に、自己の体験の可能性はきわめて狭い領域に限定されざるをえない。しかし、「ここに他人の生の理解が登場すると、その中で自己の特殊性の限界を超えて、人間の生の可能性の多様性の全体が、到達可能」(10)となるのである。そこで西村は次のように言う。「すなわち、他人を理解することによって自己の体験の不明瞭な所は明瞭となり、主観の狭い見解の故に生じた誤謬は改善され、体験そのものが拡大されて完成するとともに、他面では自己体験を通して他人を理解するということが可能となるのである。」(11)と。

たとえばディルタイは、芸術の能力を上述の自己の生の拡大の方向で次のように捉えている。つまり詩人とは、理解することによって彼のすべての内的経験を他人の実存へと移行させ、その結果、詩人は自分が個人的に体験不可能な事柄を理解しかつ形態化するのである。(12)そこでボルノーは次のように言う。「他人の生の理解によって、人間は自己の特殊な視野の一面性から解放され、全面的な生の経験へと拡大されるのである。」(13)と。ディルタイ自身もまた「体験ははかりがたいし、体験の背後を考えることはできない、また認識そのものが現れるのも体験をおいてほかならないし、また体験そのものに関する意識は体験そのものに伴って、ますます深まっていく。そのようであるから、この課題は果てしがない(後略)」(14)と述べているとおりである。いずれにしても、「体験と理解がもはや自己と他者に振り分けられるのではなく、むしろ理解の問題性が、体験する者自身の自己理解の中にも及んでくるような地平で論ずることによってはじめて、哲学的に決定的なものになるのである」。(15)

註

（1） 西村皓著、『ディルタイ』、牧書店、一九六六年、第一刷、一九二頁－三頁参照。
（2） O. F. Bollnow, Dilthey. Einführung in seine Philosophie, Leipzig, 1936, 4. Aufl., Schaffhausen, 1980. S.169.
ボルノー著、麻生健訳、『ディルタイ――その哲学への案内――』、未来社、一九七七年。
（3） Vgl. O. F. Bollnow, a. a. O. S.169.
（4） O. F. Bollnow, a. a. O. S.170.
（5） Vgl. O. F. Bollnow, a. a. O. S.170.
（6） 西村皓著、『生の教育学研究』、世界書院、一九八一年、第一刷、一九頁参照。
（7） O. F. Bollnow, Dilthey, S.170.
（8） Vgl. O. F. Bollnow, a. a. O. S.170.
（9） O. F. Bollnow, a. a. O. S.170.
（10） O. F. Bollnow, a. a. O. S.170.
（11） 西村皓著、『人間観と教育』、一一一頁。
（12） Vgl. O. F. Bollnow, Dilthey, S.171.
（13） O. F. Bollnow, a. a. O. S.171.
（14） Wilhelm Dilthey. Gesammelte Schriften, Bd. 7. Der Aufbau der geschichtlichen Welt in der Geisteswissenschaften, 7., unveränd-Aufl. 1979. Teubner, S.224 f.
ディルタイ著、尾形良介訳、『精神科学における歴史的世界の構成』、以文社、一九八一年、第一刷。
（15） O. F. Bollnow, Dilthey, S.171.

三　表現と理解の関連について

ところでディルタイによれば、この自己理解もまた、体験の直接的な解明から生ずることはできず、表現という迂回路に依存しているという。ここに至って、われわれはディルタイ解釈学における理解論の表現のもつ本質的意義を見出すのである。(1) つまり、「人間は自分自身の表現を通じてはじめて自己自身を理解するのである。」(2) と。たとえば、かつてわれわれがどのようにして発展して現在のわれわれになったのかを、忘れ去られた古い手紙や写真などの資料によって知ることができる場合、これはまさに「生が自己自身をその深みから明らかに知るのは、つねに表現を通しての理解にまつほかないということである」。(3)

表現はある者の内部を他の者に伝えるための人間同士の交渉ではなく、自己の生の理解をも含めたすべての理解の必然的な前提条件に他ならず、そのことによって表現と理解の連関が真に哲学的な重要性をもつようになる。(4) しかしながらディルタイは、概念以前の所与を解釈する際の一般的な問題には、対象自身の不明確な問題設定に困難が伴うという理由でとりあげることをしない。そこでディルタイは、表現のなかに生が固定された事柄のみを取り扱う。ここで「表現とは、問題設定の方向によってもはや変わりえないものであり、表現という不動の形態において、生自身のなかでたえず流れ去ってしまう境界が明らかにされている」(5) ものをさす。それ故、表現は、直接的な自己理解という直接的な処置に対立するものでなければならない。そこで体験と表現の関係をさらに厳密に区別してみると以下のようになる。ディルタイによれば、体験は表現を含む、あるいは、体験は完全に表現の中にとりこまれる、と考えられている。(6) つまり、表現はつねに体験の全体を含んでいるのであり、「表現は、目的をもったどのような行為とも区別され、これらよりも一段深い層へと下りてゆく」(7) ものである。いずれにせよ、体験と表現は互いに完全に対応している、という点が重要であろう。

註

(1) 西村皓著、『人間観と教育』、一一一頁参照。
(2) O. F. Bollnow, Dilthey, S.172.
(3) 西村皓著、『人間観と教育』、一一二頁。
(4) Vgl. O. F. Bollnow, Dilthey, S.172.
(5) O. F. Bollnow, a. a. O. S.177.
(6) Vgl. O. F. Bollnow, a. a. O. S.178.
(7) O. F. Bollnow, a. a. O. S.178.

四　基本的理解の媒体としての「客観的精神」

ディルタイは、「理解」を「基本的理解」(die elementaren Formen des Verstehens) と「高次の理解」(die höheren Formen des Verstehens) の二つの形式に区分した。「もともと理解とは、表現の理解のことであり、また表現とは、体験の表現のことである。そしてここに彼(ディルタイ)の解釈学における基礎概念として、体験、表現、理解という一連の概念がえられるのである」。(1)「基本的理解」とは、たとえばハンマーを打ちおろす人間の行為は一定の目的が存在することをわれわれに示している、というような生の個々の表現の解釈に他ならない。そこではわれわれは、その行為を個々の生の表現とみなしはするが、それを生の連関の全体まで遡って理解することはしない。換言すれば、各々の行為の表面的把握の段階の域を越えることはしない。「基本的理解においては、表現と表現された精神的なものとの連関が有する共通性を媒介として、生の表現がある種の精神的なものの表現であることが、意識的な類比推理の過程を経ないで、最初から明らかとなるのである」。(2) それゆえ、この基本的理解において理解されるものは、個々の人間というよりも、むしろ共通性という特徴を担った個々の人間に他ならない。

ボルノーは、ここで「客観的精神」の理論のなかに「基本的理解」の理論をはめ込むことができると考えたのである。「客観的精神」が「客観的」と呼ばれる理由は、精神科学的な理解によれば、主観から解き離され「主観と向かい合っている」(gegenüber-stehen) からである。それが歴史的・文化的に制約されたものであると理解されると、シュプランガー (Eduard Spranger, 1882-1963) のいう「規範的精神」と呼ばれるようになる。(3) それとの関連でダンナー (Helmut Danner, 1941-) は、ディルタイの言う精神と生の間の類似性について次のように述べている。「また、一切の『精神的』能作 (Leistung) の顕現態が文化という名で呼ばれているのであるから、あらゆる理解の媒体としての『客観的精神』というディルタイの概念は、文化という概念からもさほど隔たったものではない」。(4)

この「客観的精神によって、個々の生の表出の共通の基盤が回復され、そこに位置づけられ、そこからそれぞれが理解可能なもの」(5) となり、この結果、決定的な方向転換が可能となるとボルノーは考えている。つまり、ディルタイは「精神科学の問題設定にならって、理解の対象はつねに特殊なものである、ということから出発しながら、考察の方向が今や他ならぬ一般的なもの、われわれすべてが『浸され』ており、たがいに理解し合う場である、『共通性の媒体』へと変えられるのである」(6)と、ボルノーは鋭く指摘したのである。ヘーゲル(Georg Wilhelm Friedrich Hegel, 1770-1831)から受け継がれたこの「客観的精神」は、ディルタイによって「理解された歴史的世界」とも呼ばれている。個々の生の表出、たとえば文章・身振り・儀礼・芸術作品及び歴史的行為などがこの「客観的精神の王国」(ディルタイ)において理解されうるのは、ある共通性が自己を語る者と理解する者とを結びつけるからに他ならないとボルノーは言う。(7)人間は一人ひとり、この共通性の領域のなかで体験し、思考し、行動することにおいて理解すると考えるならば、人間はこの生得の共通性という特定の雰囲気の中で生活し、あらゆるものの意味を理解してゆく。(8)「われわれは、かかる雰囲気のうちに生き、またかかる雰囲気に絶えずつつまれている。(中略)われわれはこのような歴史的な理解された世界の到る所に馴染んでいて(Wir sind in dieser geschichtlichen und verstandenen Welt überall zu Hause)、そして一切の事物の意義(der Sinn)や意味(Die Bedeutung)を理解する。われわれ自身がかかる共通性に織り込まれている」(9)ことになるのである。

すべての理解可能なものは、たんに芸術や学問などの高度の精神的形成物のみならず、「樹木を植えた広場」や「ソファーの置いてある居間」という日常生活全般の名称にも及ぶものと考えられる。ここではもはや二人の人格の間で起こる理解の出来事が重要なのではなく、共通の媒体の「中で」の出来事が生起し、個別が出会うことこそが重要なのである。(10)「客観的精神とは、個人間にあてはまる共同性を客観化して、感覚の世界にあらしめたいろいろな形式である」(11)とディルタイは考えている。

註

(1) 西村皓著、『ディルタイ』、一八三頁。
(2) 西村皓著、前掲書、一八四頁。
(3) Vgl. H. Danner, Methodologie und 'Sinn' -Orientierung in der Pädagogik, Ernst Reinhardt Verlag, München Basel, 1979.
H・ダンナー著、山崎高哉監訳、『意味への教育』（ランゲフェルドとの共著）、玉川大学出版部、一九八九年、第一刷、二三〇頁参照。
(4) ダンナー著、前掲書、二三〇頁。
(5) O. F. Bollnow, Dilthey, S.194.
(6) O. F. Bollnow, a. a. O. S.194.
(7) Vgl. O. F. Bollnow, a. a. O. S.195.
(8) Vgl. O. F. Bollnow, a. a. O. S.195.
(9) 西村皓著、『人間観と教育』、一一〇頁。
(10) Vgl. O. F. Bollnow, Dilthey, S.196.
(11) Dilthey, Gesammelte Schriften, Bd. 7. S.208.

五　ボルノーのディルタイ「客観的精神」への批判

ところでボルノーの興味深い指摘によれば、上述の新しい理論によって、「まず個々の人間が存在して、それから両者間の理解による結合がいかにおこるか？　という問いは生ずる余地がない」[1]ことになる。

ボルノーによれば、ディルタイは一八九〇年代に至るまで、「両者の結合が可能なのは、あらゆる人間の中に働く何らかの力が存在しているからであり、個々の人間の差は、これらの力のもつ量的な関係によるにすぎない」(2)という古ぼけた理論にしがみつかなければならなかったという。しかし現実はそうではなく、「共通性という媒体」がまずあって、この特定の「雰囲気」のなかに浸されてわれわれは存在する。換言すれば、理解が可能なのは、われわれがこの媒体のなかで共通に浸されているからに他ならず、(3)ボルノーのこうした鋭い指摘によって、ディルタイ理解の方向づけがここで決定的に転換されざるをえなくなる。つまり、「まず私が個々の人間を理解し、ここからさらに客観的形成物の理解が可能になるのではなく、逆にわれわれは、まずわれわれを取り巻いている客観的精神という共通性を理解し、その後、いわばこの客観的精神によって、他の個々の人間を理解するのである」。(4)つまり、そこではもはや個々の人間が理解されるのではなく、彼がそこで他者との共通性を思い出す世界が理解されることになる。「それぞれの生の現われがこのように共同的なものにたやすく組み込まれるのは、客観的精神が組織だった秩序をそれ自体の中に含んでいるから」(5)に他ならない。

換言すれば、「人間が共同体といかに関わっているかが問題なのではなく、生きているかぎり、人間がつねにすでに共同体の中に存在していることが問題になるのとまったく同様、この理解もまた同時に人間の根源的な本質に属している。子供が、すでに自分と世界の関係の中で自分を理解しているのは、このためである」。(6)この点を西村も次のように述べている。「相互に独立な個人個人のうちに同形的な要素を認め、そして一個人が他の個人を理解できる所以を根拠づけた、あの個々のものから全体へと向かう行き方は、むしろ逆にならなければならないことになる。(中略)したがってこのゆえにこそ、われわれは、互いに理解し合えるのだというように、全体から個々のものへ向かうという行き方が本来のものである」。(7)このように、ディルタイが基本的理解と名づけた理解の形式は、個々の人間ではなく、共通性もしくは中立性をもった人間の生に関わることとなる。たとえばボルノーは次のような例をあげて説明している。ある人が笑っている姿を私が見る場合、私はそこで彼が笑っている事柄を理解し、それを「客観的精神」と解する。この特定の人間の「笑い」という表出は、共通性・中立性をもった人間の生の中で理解されることになる。(8)

ところでヘーゲルから継承した上述の「客観的精神」は、ディルタイにおいては、「感覚的世界における精神的なものの表出と同じ意味のもの」(9)であったが、ボルノーはここで、ディルタイがこの概念を導入した思考過程の問題点を次の二点に看て取り批判している。第一に、私は理解されたものを「客観的精神」と解する。そのことにより、理解の可能性を自分に納得させるのだが、ディルタイの「客観的精神」概念は、生の表出の三領域（筆者註：①思考上の形成物、たとえば概念や判断の論理的理解　②種々の行為の技術的理解　③体験の表現の理解）のうち、根本的には、純粋な体験の表現にしか当てはまらない。それ故、この領域の理解においては、先述した「理解の中立性」という指標そのものが欠如しているのではないか、とボルノーは疑問を提出している。(10)

第二にディルタイが例に挙げる「文」「手仕事の方法」「挨拶の仕方」は、先述の生の表出の三つの形式になるほど合致してはいるものの、この三つのグループをそのまま精神的なるものの客観化として、共通なものと考えることができるのか、とボルノーは疑問を呈する。(11)なぜなら、ディルタイが「体験の表現」の具体例として、以前には「驚きの身振り」を引き合いに出していたにもかかわらず、基本的理解と客観的精神との連関の説明に際しては、「驚きの身振り」から「挨拶の仕方」に今度は差しかえて説明している点をボルノーは鋭く指摘して、そのディルタイの置き換えには次の深い理由があるという。すなわち、純粋な驚きの身振りは人間から人間へ直接理解でき、その間の共通の歴史的媒体を必要としない。その点に関して、ボルノーは次のように述べている。「そのために、この理解（筆者註：驚きの身振り）は、まったく別の文化圏の人間同志、そればかりか動物に対しても可能なのであり、そこでは両者を結合するための、つねに歴史的なものである客観的精神は問題となりえないのである。」[12]と。このような理由で、ディルタイは「挨拶の仕方」という「恣意的記号」のグループの例を引き合いに出さざるをえず、このために、客観的精神のなかに定着している共通の伝統の重要性は明確になるものの、一方で他ならぬ純粋な意味での表現の性格は喪失することになる。ここに至って、ボルノーは「驚きの身振り」と「挨拶の仕方」を共通に捉える一つの包括的な理論などはありえないことを明らかにしたうえで、さらに次のように考えた。客観的精神の事実ないし現実性を否認しない限り、理解可能なものの領域が「客観的精神」と名づけられたものよりもずっと広いことが明らかになる。換言すれば、「客観的精神から理解可能なものの領域全体を捉えることの不可能性が、充分証明できる」[13]のである。

それを踏まえたうえで、ボルノーはディルタイのいうところの「客観的精神」概念の不充分さを以下のように指摘する。つまり、一般的な生理解と世界理解の概念を、客観的精神における理解と同じ意味にとってはならない[14]としたうえで、「客観的精神の現象を、むしろこの生と世界理解の中での、一つのより狭い、さらに詳細な分析を必要とする事実と考えねばならない」[15]とボルノーは確信する。いずれにしても、ボルノーによって指摘されたこの一般的な「世界理解および生理解」の領域は、「精神によって創造されたものの範囲をはるかに超えており、したがって、客観的精神に関して述べられた理論では、充分包括的に解決することはできない」[16]ことになる。

註

(1) O. F. Bollnow, Dilthey, S.196.
(2) O. F. Bollnow, a. a. O. S.196.
(3) Vgl. O. F. Bollnow, a. a. O. S.196.
(4) O. F. Bollnow, a. a. O. S.196.
(5) Dilthey. Gesammelte Schriften, Bd. 7. S.209.
(6) O. F. Bollnow, Dilthey, S.197.
(7) 西村皓著、『人間観と教育』、一〇五－一〇六頁。
(8) Vgl. O. F. Bollnow, Dilthey, S.197.
(9) O. F. Bollnow, a. a. O. S.197.
(10) Vgl. O. F. Bollnow, a. a. O. S.198.
なお、この点については以下の優れた研究を参照のこと。

堺正之著、『O・F・ボルノウにおける解釈学的認識論の特質——ディルタイ解釈学の継承とその発展を中心に——』、教育哲学研究、第五〇号、一九八四年、教育哲学会、三八頁参照。
(11) Vgl. O. F. Bollnow, Dilthey, S.199.
(12) O. F. Bollnow, a. a. O. S.199.
(13) O. F. Bollnow, a. a. O. S.200.
(14) Vgl. O. F. Bollnow, a. a. O. S.200.
(15) O. F. Bollnow, a. a. O. S.200.
(16) O. F. Bollnow, a. a. O. S.201.

六　「基本的理解」から「高次の理解」への移行

ところで、理解がすべてこのような基本的理解だけに限定されてしまうならば、人間の個性の特質については、すべてが基本的理解における共通性の背後に消し去られてしまうことになりはしないか。そこでディルタイは、理解の解釈学の主要論点として個性の把握について取り上げたのである。(1) それとの関連で、ボルノーはディルタイの本来の関心を高次の理解のうちに見ようと試みて以下のように考えた。「基本的理解においては、個々の生の表出と、その意味の間の関係が問題であったが、高次の理解においては、『生の連関の全体』が関わってくる。つまり、そのさまざまの表出の全体から理解されねばならない」(2) のである。基本的理解は、人間の平凡な日常生活の生の連関の中に生きているものであり、「当然であるかのように人間に属していて、そのためには特別の能力など必要としない」。(3) それゆえボルノーによれば、概念的思考を理解の最上位に置くのは本末転倒であり、むしろ基本的理解こそがあらゆる概念的思考の大前提であるべきだと主張する。

ここでボルノーは基本的理解から高次の理解への移行の際、与えられた生の表出と理解者の内的隔絶が大きいほど、「不確実さ」(Unsicherheit) と「妨げ」(Störungen) が増大し、これをいかに解消するかが課題となる、と考えている。(4) いずれの場合も、体験・表現・理解の通常の連関が引き裂かれることになる。たとえば、私が少しも予期していない時に誰かが私に対して冷笑した場合、私はなぜその人が笑ったのかその態度を理解できない。ボルノーはこの瞬間から、つまり「不確実さ」や「妨げ」が生じた瞬間から高次の理解の仕事への移行が必要になる、という。私はここで当該の人物の特殊な生活環境などを含む彼の全生活を吟味することによってはじめて、理解できなかったことを解明しようと努める。(5) そこでボルノーは次のことを確信する。つまり、「私は基本的理解が挫折し、私がもはやそれ以上理解できない事柄にぶつかる。そして理解の高次の形式が発動するのは、この理解しないという事実に直面したとき」(6) に他ならない。ここで重要なのは、基本的理解から高次の理解への移行は理論的な知識欲から生ずるのではなく、生自身の必然性からであり、このように不確実さや妨害を通して初めて理解が意識化されるのである。

この点を西村も次のように考えている。「ディルタイもまたわれわれの精神生活の中心をなしている情意に対する抵抗として外界はわれわれの意識の世界の中に実在性をもつにいたる、と考えたのである。」(7)(傍点筆者)と。この抵抗としての外界である社会・制度・組織という客観的精神の世界にあって、なおかつ個性の力が内面的に加わる所に精神世界は成立するのであって、ここに高次の理解の中心課題が存するのである。(8)

註

(1) 西村皓著、『ディルタイ』、一八五―一八六頁参照。
(2) O. F. Bollnow, Dilthey. S.202.
(3) O. F. Bollnow, a. a. O. S.204.
(4) Vgl. O. F. Bollnow, a. a. O. S.203.
(5) Vgl. O. F. Bollnow, a. a. O. S.203.
(6) O. F. Bollnow, a. a. O. S.203.

（7）西村皓著、『ディルタイ』、一七九頁。
（8）西村皓著、前掲書、一九一頁参照。

七　「高次の理解」としての個別性の理解

ところで、この高次の理解が基本的理解の不確かさから始まるという事実はもう一つの問題へと発展してゆく、とボルノーは指摘する。これまでは、基本的理解の中にある矛盾を解決するために、いつも「生の連関全体」に戻る必要があったが、このことは今や次のことを意味する。つまり、「これまでの平均性の地平ではもはや理解しえないことが、それぞれの特定の人間の表現として、理解可能となる」。(1) 重要なのは、基本的理解の吟味の中で、まさに遮断されざるをえなかった個別性の概念が、ここで前面に出てくるという点であろう。(2) 全体への遡及はつねに個別性への遡及であり、ここに個別性が明瞭になってくるわけで、その点をボルノーは次のように述べている。つまり、「この全体への遡及によってはじめて、まず一般的に人間的生のおかれている一般的な平均性の領域から、連関をもった個々の特定の形態が分離されるのである。特定の生の統一の全体へ遡ることによって、平均性と一般性という、一般的媒体が粉砕される。この媒体は、今や連関をもった内的構造を獲得し、その中で個別性が分離されるのである。」(3) と。しかし、ボルノーは、「基本的理解が、平均性のなかで働いており、高次の理解においてはじめて個別性がとらえられるという、両者の関係への洞察から、自己理解の本質への一層深い洞察が生まれる」(4) という、上述のディルタイの見解には次のような矛盾が生ずる、と考えている。つまり、自己自身を理解するためには、人間は自己の表現を迂回する以外にないという先の論考は、直接的な生の理解と矛盾している。人間は世界と自分との関係のなかで、つねにすでに自己を理解しており、そのためには、あえてその表出を解釈する必要はないという事実と、矛盾していた。

それでは自己自身についての直接的な理解と、表現の迂回の必然性の主張とはどのような関係にあるのか、という点がここで問われねばならない。これに対してボルノーは明確に次のような解答を用意している。すなわち、「表現を迂回する必然性は、高次の理解には妥当しても、基本的理解には妥当しない。(中略)要するに、私が私自身を直接理解するような理解は、すべて基本的理解であり、この理解は、私自身をすでに述べたような平均性のなかでとらえており、これに対して、私自身を他人とは異なった、私の形態として理解する理解は、すべて表現を迂回する以外には不可能なのである。」(5)と。

以上のボルノーの言説は、「私は直接的な自己理解のなかで私について一体何を理解できるのか、と問う時に確かなものになる」。(6)つまり、ディルタイ自身が、「私が私を私の特殊性において見ようとする場合、私はいずれにせよ表現という迂回に頼っている」(7)と考えるが、ここから他者の理解ではない自己理解の以下のような困難さが生じてくる。それは、他者は「外」から見えるが、自己自身は「内」からしか見えないという事実であり、さらにいうならば、自己理解は他者による理解を経由して初めて可能となる、という困難が生ずる。(8)

註

(1) O. F. Bollnow, Dilthey, S.206.

(2) Vgl. O. F. Bollnow, a. a. O. S.206.
(3) O. F. Bollnow, a. a. O. S.206.
(4) O. F. Bollnow, a. a. O. S.207 f.
(5) O. F. Bollnow, a. a. O. S.208.
(6) O. F. Bollnow, a. a. O. S.208.
(7) O. F. Bollnow, a. a. O. S.209.
(8) Vgl. O. F. Bollnow, a. a. O. S.209.

八　むすび

以上、ボルノーによって把捉されたディルタイ理解を中心に考察してきたが、このディルタイ自身の論述の方法は、あらゆる一面的な誇張を避け、簡略化した図式や要約を極度に嫌う傾向があり、またそこから彼独特の慎重な表現を生み出す結果になった、とボルノーは考えている。しかしわれわれはディルタイ自身の基本的態度の詳細な提示は、ある程度無視せざるをえなかった。その代わり、ボルノーの眼を通して、ディルタイ自身が表面的にしか示さなかった基本線を再検討することで、そこに存する意義や矛盾点を可能な限り明瞭に描き出すことができたように思える。しかし、ディルタイ思想の中核の一つである「表現と理解」概念から展開されるべき、精神科学的教育学もしくは解釈学的教育学への具体的移行の可能性について、触れることは断念せざるをえなかった。以上、われわれはディルタイの「理解」概念をボルノーに即しつつ批判的に吟味してきたのであるが、この理解は、精神科学的教育学にとってどのような意味をもつのか。また、理解はディルタイにおおきく依拠している精神科学的教育学にとって不可欠の認識行為であるが、そのうえで問題は教育学にとってこの理解という行為がいかなるものとして規定されるべきなのか、という点にある。これらの視点が、さらに深く掘下げられねばならない今後の課題となろう。(1)

註

(1) Vgl. O. F. Bollnow, Dilthey, S.6f.

第二節　教育学的解釈学の「経験」概念について
――ボルノーとダンナーに学びつつ――

一　問題の所在

二十世紀初頭の教育改革運動を契機に、第一次大戦後はじめて大学において教育学の地位が確立されたが、当時の教育学は、教師志望者への実践的指針というぐらいの学問的なものとしてしか把握されていなかった。こうした歴史的背景から、教育学は自己の独自性を主張するあまり、決して応用科学でないことを実証するために、哲学の「干渉」を拒否して、明確に「事実科学」つまり「経験的研究」の道を歩み始めることとなる。その際、こうした教育学は経験的研究として既に市民権を獲得していた心理学や社会学に全面的な助力を仰ぎ、ますます教育学の科学的性格が重要視されるようになっていった。しかし、ボルノー（Otto Friedrich Bollnow, 1903-1991）によれば上述の教育学の流れについて、「経験的方向が強調されることと並んで、哲学と密接に結合したもう一つの別の方向が同時に形成」(1)されるに至った。すなわち、そこから生まれたのが「精神科学的教育学」であった。「この哲学的方向は、経験的方向によって激しい攻撃を受けたが、自分のほうでは経験的研究の展開についてはほとんど注意を払わなかった（中略）ので、いわば二つの相異なる教育学的科学が、互いに全く無関係のままに発展」(2)してゆくこととなる。こうして第一次大戦後、教育改革運動を背景として教育独自の科学が展開され始めたとき、シュプランガー(Eduard Spranger, 1882-1963)、ノール(Herman Nohl, 1879-1960)、リット(Theodor Litt, 1880-1962)らは、彼らの主張の根底をディルタイ(Wilhelm Dilthey, 1833-1911)によって基礎づけられた精神科学的方法(解釈学的方法)に求めたのである。

ディルタイが精神科学において用いた方法は、歴史の文献や芸術作品・文学作品などの客観態のなかに沈殿している精神的「生」の意味を、可能なかぎり具体的かつ徹底的に解釈し理解しようとする態度(3)に他ならない。これは正確には「意味理解的方法」といい、「客観態の中に沈殿している精神的生活を、その客観態から理解する方法」(4)である。換言すれば、精神科学的教育学は、「教育がみずからを客観化した形成物、つまり学校および学校外の教育機関や、そこで完成された諸方法や、そこに展開された諸見解などから出発する」。(5)他方、自然科学的思考法に強く方向づけられた実験的・経験論的教育学は、「統計調査」や「実験研究」による客観的に確証し得る領域を確保し、「計画的に企てられた調査研究をもって未解決の諸問題を解明し、確固たる成果に到達しようと」(6)試みることをその目的とする。つまり、「その方法は、認識対象を認識主観からきっぱりと分離する自然科学的方法と似通っている」。(7)

ところで、ダンナー(Helmut Danner, 1941-)によると、現在、教育学内部での解釈学の意義と可能性について、大きく二つの方向が考えられており、その一つが「解釈学的教育学」(hermeneutischen Pädagogik)であるという。この教育学の流れは原則的に解釈学的なものとしてみなされ基礎づけられており、その歴史的現象形態が「精神科学的教育学」(geisteswissenschaftliche Pädagogik)として定義づけられてきた。「この出発点はそれ自体に一面性という危険性、つまりすべては解釈学的に基礎づけられるべきだとする危険性をはらんでいる」。(8)（傍点筆者）こうした解釈学への過大要求は、解釈学的に基礎づけられないような諸仮定までもひとつの教育学へと組み込まざるをえなくなる。そこで第二の方法は解釈学を他の方法のなかの教育学の一つの方法として、すなわち、「教育学的解釈学」（pädagogische Hermeneutik）として、「教育学のための特殊な解釈学の可能性を見つめる」(9)ところにある。この特殊性とは、すなわち「個々の理解が目指している、教育と人間形成の意味」(10)を明らかにすることに他ならない。以上、精神科学的教育学、解釈学的教育学、そして教育学的解釈学という類似の概念をあえて区別してみたものの、われわれはそれにもかかわらず、文脈によっては厳密な区別のつけられない箇所もでてくることをまえもって断っておきたい。

　このように、一方では精神科学的・解釈学的な方向の教育学が存在する。にもかかわらず、この教育学は数十年間の極度の自己満足の結果、経験論的な研究から提出された可能性を十分に用いることもなく、多くのものをなおざりにし、しばしば自己自身を閉ざしてきた、という反省が出されてきた。(11)他方、教育学のもう一つの方向は、実証的・経験的な科学によって教育学をより厳密な科学に構築してゆこうという強い要求の現れに看て取れよう。確かに現実になされた経験は、「いかなる控訴もなされない最後の審判」(12)でもある。しかしここでの問題は次のように要約できよう。すなわち、現代の経験科学が対象とするところの「経験」と称するもののみが唯一可能な「経験」であるのか、さらには精神科学的・解釈学的教育学もまた経験科学とは別の形の経験を扱う学問ではないのか、ということを明確にしてゆくことがこれからの論述の中心点となろう。既になされたわれわれの「経験」こそが、科学的手段で解決されるべき原典である。それ故、解釈学の立場からいえば、「教育の科学は教育的経験の解釈学であり、その経験のうちにとらえられたものをはっきりと確認すること」(13)である。いずれにせよ、この二つの教育学の「経験」概念の特質を各々把捉することにより、両者の長所と短所をわきまえたうえで、なおかつ実り豊かな相互協力の可能性の端緒を探ることがわれわれのめざすところとなろう。なお、この主題全体についての先行研究としては、戸江茂博の論文(14)が取り上げられるべきであろう。

註

(1) ボルノー著、西村皓訳、「教育の思想と教育学」『教育学全集二　教育の思想』、小学館、一九七九年、増補版第三刷、三一七頁－三一八頁。
(2) ボルノー著、前掲書、三一八頁。
(3) 森昭著、『森昭著作集四――教育人間学――』(上) 黎明書房、一九七八年、初版、一〇一頁参照。
(4) ボルノー著、「教育の思想と教育学」、三一九頁。
(5) ボルノー著、前掲書、三一九頁。
(6) ボルノー著、前掲書、三二一頁。
(7) 森昭著、『森昭著作集四――教育人間学――』、一〇三頁。
(8) H. Danner, Methoden geisteswissenschaftlicher Pädagogik, Ernst Reinhardt, München 1979 S. 85.
　ダンナー著、浜口順子訳、『教育学的解釈学入門――精神科学的教育学の方法――』、玉川大学出版部、一九八八年、第一刷。
(9) H. Danner, Methoden geisteswissenschaftlicher Pädagogik, S.85.
(10) H. Danner, a. a. O. S.105.
(11) Vgl. O. F. Bollnow, Der Erfahrungsbegriff in der Pädagogik, Zeitschrift für Pädagogik, 1968, Nr.3. S.221 f.
　ボルノー著、浜田正秀訳、『人間学的に見た教育学』「教育学の中の経験の概念」玉川大学出版部、一九八一年、第二版。

(12) O. F. Bollnow, Der Erfahrungsbegriff in der Pädagogik, S.224.
(13) ボルノー著、「教育の思想と教育学」、三三一頁。
(14) 先行研究としては次の優れた論文を参照のこと。
戸江茂博著、「経験の解釈学——ボルノー、O・F・の精神科学と教育学——」I・II・III、兵庫女子短期大学研究収録、I：第一五号、一九八二年、三二頁―三七頁、II：第一六号、一九八三年、一三頁―一八頁、III：第一七号、一九八四年、六頁―一四頁。

二　ボルノーの「経験」概念について

一方で「研究」(Forschung) とは「計画的な構築の領域」で人間の側が自由意志で設定できるものであるのに対して、「経験」(Erfahrung) とは自分で自由にできず、あらゆる計画や予測を許さない何かある宿命的なものを意味する。それをふまえたうえで、経験もしくは経験論的研究とは、基本的に近代科学の根本概念であり科学的な展望から理解されてきた。科学はそれ故、この経験的性格という一点で形而上学的主張と対立すると言えよう。しかし、ボルノーによればこうした純粋感覚へと還元された経験は許しがたい歪曲化ではないのかと疑問を呈する。(1) それではボルノーの捉える「経験」とはいかなるものであるのか。「経験」(Erfahrung) の動詞、「経験する」(erfahren) というコトバは「進行する・旅する」(fahren) に由来するが、それは元来、徒歩による前進運動を意味した。つまり、空間的に何かに到達するという具体的意味あいから、旅行中に様々なものに接しつつ或る事柄を学び知る、という抽象的意味へと転用されてゆく。ここで重要な点は、「経験」とは旅の途上での危険や努力・不運などの不愉快な苦しい性質の「出来事」であり、「期待が欺かれ、途上に予期しない妨害が出現するとき、はじめて人間は彼の経験を『する』」(2)（machen）という点であろう。ここで、ボルノーは経験の本質を「つらい」「厳しい」苦痛性として把握し、ガダマー（Hans Georg Gadamer, 1900-）もボルノーと同様に経験の暗い面を次のように特徴づけている。すなわち、「経験がまずもって苦痛な不愉快な経験であることは、けっして何か特殊な暗さを強調するのではなく、経験の本質から直接にみぬかれうることである」。(3) われわれの生を展開する際には必ず人間の生を阻害し、限界づけるような一つの「抵抗」に突き当たらざるを得ない。(4)

人間はこうした抵抗経験によってのみ「自分たちの認識の現実度を経験する」(5) とのボルノーの見解は何を意味するのであろうか。それは実在の確実性とはけっして観念的思惟から生ずるのではなく、人間の欲求衝動が実在の場で見出す抵抗を経験することによって獲得されるという、ディルタイの主張に依拠している。当初、ディルタイの考えていた抵抗概念は実質的・物理的外界を指し示す純粋な物体的妨害を意味したが、やがてそれは「現実性に対するあらゆる真の関係」(6)（傍点筆者）へと拡大解釈されるに至る。ここで強調されるべきことは、確実性を伴った認識の形式は抵抗経験の形式へと基礎づけられ、それはとりもなおさず「これまで普遍妥当性の要求を満たしたような能力を今や引き受ける」(7) という把握であろう。しかしこの抵抗経験は「事物自体との現実的交わりの中で各人によって実際に検証されねばならないという欠陥」(8) を孕んではいるものの、元来、実証的・経験的な科学とは性質を異にする精神科学的認識の客観性はこうした抵抗概念によってのみ、意味深く把捉されるのである。ここで興味深い事実は、ボルノーの捉える解釈学的教育学の「抵抗経験」（事実の抵抗）概念という考え方は、解釈学的拘束性としての「客観性」の主張と共通項を有するという点である。換言すれば、ボルノーの言うところの認識の客観性とは、認識が事柄の抵抗を生じさせることによって確実な拠り所を得る。つまり客観性という概念は「精神諸科学が主観性の関与にもかかわらず、自己の対象をそれ自体の本質から理解することができると強調」(9)する瞬間に成立する。

しかし、ここで次のような精神科学への批判が提出されるにちがいない。すなわち、精神科学は、普遍妥当的でない個人へと制約された経験を扱うが故に科学的厳密性に欠ける主観的な事柄に陥るのではないか、と。これに対してボルノーは次のように応える。ここでの主観性とは、人間が認識する経験の内容に実存的に関心づけられている状態を指し示すために、この主観性は精神科学の分野においてけっして排除されてはならない、と。さらにわれわれが一つの実存的真理に到達するためには「特別な諸能力や諸経験、あるいは超人的な『恩寵』でさえもが、主観の側で満たされ」(10)る必要がある。しかしこの場合でも、認識の客観性はけっして否定されているのではない。なぜなら、認識を試みようとする本質にかなった正しい主観性のなかでしか、真の現実性は開示されえないからである。これとの関連で、普遍妥当的・実証的・経験論的教育学にとっては到達することの困難な人間の究極的核心としての「実存」に関する命題、例えば「出会い」とか「覚醒」という命題もまた「正しい主観性」の視点からのみ教育者への実りある成果をもたらせつつあるのであり、たとえば教師と生徒の実存的な出会いという認識の客観性はけっして否定されるものではない。

認識する際のあらゆる主観性にもかかわらず、「真の現実性がその主観性のなかで開示される」(11)とき、初めて精神科学的認識が語られることとなる。このことは精神諸科学における客観性要求の保持とはなんら矛盾しない。何故なら、本質にかなった「正しい主観性」のみが個々人に説得力をもって真理へと接近せしめるからである。一般に「客観性」とは、自然科学という領域においては中立や独立を必然的に前提とする普遍性を意味するが、認識が事柄に即しているという意味では、認識者の内面的中立や種々の特性からの独立を必ずしも自明のこととはしない。それ故に精神科学的認識では、本質にかなった主観性と事実の「抵抗」

としての客観性との相互浸透が重要な課題となってくる。

註

(1) Vgl. O. F. Bollnow, Philosophie der Erkenntnis, Kohlhammer, 1970, S.128.
ボルノー著、西村皓・井上担訳、『認識の哲学』、理想社、一九七五年。

(2) O. F. Bollnow, a. a. O. S.131.

(3) H. G. Gadamer, Wahrheit und Methode, S.338.

(4) Vgl. O. F. Bollnow, Das Wesen der Stimmungen, Klostermann, Frankfult a. M, 5. Aufl., 1974, S.113.
ボルノー著、藤縄千艸訳、『気分の本質』、筑摩書房、一九七三年。

(5) O. F. Bollnow, Das Verstehen, Drei Aufsätze zur Theorie der Geisteswissenschaften, Kirchheim, Mainz, 1949, S.84.
ボルノー著、小笠原道雄・田代尚弘訳、『理解するということ』、以文社、一九七八年。

(6) O. F. Bollnow, a. a. O. S.84.

(7) O. F. Bollnow, a. a. O. S.85.

(8) O. F. Bollnow, a. a. O. S.85.

(9) O. F. Bollnow, a. a. O. S.86.

(10) O. F. Bollnow, a. a. O. S.88.

(11) O. F. Bollnow, a. a. O. S.88.

三　解釈学における客観性の意味

ここで以上の議論をもう一度、教育学との関連で整理してみよう。周知のごとく、解釈学の中心概念は「理解」(Verstehen) である。そして他者や他者の作品の理解は「客観的精神」によってはじめて可能となるが、この「客観的精神」(objektiver Geist) はその時代の文化や歴史に依拠する。その意味では、いくら「客観的精神」が理解を拘束する基盤であるといっても、この基盤そのものが時代の文化や歴史に制約されている以上、それは相対的なものを免れない。ここで生じる問いは必然的に、本当に普遍妥当的価値を含みもつ「理解」は可能であるのか、さらに科学及び教育学に対しても「理解」という相対的な尺度を使用するのではなく、絶対的尺度としての普遍妥当性を要求せねばならないのではないかという点に収斂してゆく。ここで解釈学的な立場に立つ教育学はどのように自己の立場を主張してゆけばよいのだろうか。

解釈学的な立場に立つダンナーによれば、解釈学的理解の拘束性、すなわち、他者が提示したものを解釈学的に理解するということがそもそもいかにして可能かということは、絶対的な普遍妥当性と、回避すべき主観性との両極の間にあるという。また、ボルノーが認識の普遍妥当性について語る場合、それは認識する人間の個別性に依拠しないこと、すなわち、普遍妥当性の範囲内にある事象や事物は反復可能であり、いつでもどこでも誰にでも確認できるという前提が存する。数学や物理学の諸命題は普遍妥当的認識の最も適切な例として考えられよう。普遍妥当的に獲得された合法則性の精度が高まれば高まる程、逆に具体的な一人ひとりの子どもの現実把握能力は弱まらざるをえなくなるだろう。むしろダンナーの強調点は「教育は具体的なけっして普遍妥当的に語れない人間と関わっており、この特定の子どもは教育されるべき一個の存在であって、『型（タイプ）』を体現しているのではない」(1)という主張に収斂してゆく。

これを受ける形でボルノーは精神諸科学の領域での真理の拘束性の基準として、「普遍妥当性」の概念を放棄し、ミッシュ（Georg Misch, 1878-1965）と共に「客観性」に置き換える提案をした。ケーニヒ（Josef König）はこの点を次のように批判している。すなわち、ボルノーはミッシュに同調して「客観性」と「普遍妥当性」を分離させようと試みた。またある命題の真理性と客観性に対する基準は、現実のなかでの抵抗経験だとボルノーは考えるが、こうした基準では「客観的妥当性」という主張が実行され得ないばかりか、ボルノーのいう「『ものの抵抗』（この言葉はどこにも十分に明らかにされていない）は、せいぜい主観的に体験され、教育科学はいわば宗教的思弁のなかで解体される」(2)とケーニヒはボルノーを批判している。

しかしながら、このケーニヒの批判が正鵠を射ていないことは次に述べるところから明らかであろう。ボルノーによれば、この客観性とは、認識がその対象へ妥当するという意味での真理、と解される。ダンナーの言葉を借りれば、精神科学において普遍妥当性の概念を放棄し、客観性を拘束性の基準とする理由は、その方が「科学的な確実性にもっとも到達しやすい尺度を強調する」(3)ためであるという。ボルノーのいう「客観性」とは、誰にでもどこででも獲得しうる普遍妥当的真理を扱うのではなく「認識のその対象への妥当性」を意味する。すなわち、ボルノーの捉える認識の客観性とは、事柄そのものの抵抗に屈せず、というよりもむしろ逆にその抵抗経験を拠り所としつつ、この事実の抵抗に自らぶつかってゆくことにおいて自己証明されるのである。

このことをより明確にするためにボルノーは、「本質にかなった（wesensmäßig）・正しい」主観性と「回避しうる・悪しき」主観性を区別した。後者は節度のない恣意性と自己自身へと囚われて「事柄自体との真の接触に決して突き進まないような主観性」[4]を意味する。もう一方の本質にかなった・正しい主観性は、認識の引き裂きえない本質に必然的に属する。「なぜならそれは、認識をまず第一に可能にする助けをなすからである」。[5]さらにこの正しい主観性は内面的・人格的に参与しており「人間が認識されるべき真理の内容に関心づけられている状態」[6]を指し示す。すなわち、本質にかなった正しい主観性とは内面的人格的に参与していることであり、認識しようとする真理の意味内容に実存的に関わり合うという人間の在り方を意味する。ここではいつでも同じように反復可能な普遍妥当的な真理が問題にされるのではなく、主観の一回性全体が実存的に認識の中に関与することが問題となる。[7]ここで重要なのは、人間とその認識との間の内的関係なのである。それゆえ、真の解釈学的理解から締め出さなければならない誤謬とは、「勝手気ままな恣意と単なる先入観によって規定され、純粋に心理学的領域にある（回避しうる）主観性」[8]と「もう一方は一面的な科学の理念として、すべての言表が誰にもいつでもわかるものとみなそうとする普遍妥当性」[9]に他ならない。ここに至ってわれわれは実証的・経験論的教育学の守備範囲と解釈学的な教育学のそれとが明確に区別されたように思える。そこで以下においては、教育学における「仮説」の問題をめぐってこの二つの教育学がいかなる連関にあるのかを考察することにしたい。

註

（1） H. Danner, Methoden geisteswissenschaftlicher Pädagogik, S.49.

（2） E. König, Theorie der Erziehungswissenschaft. Band 1. Wissenschafts-theoretische Richtungen der Pädagogik, W. Fink Verlag, 1975, München.
ケーニヒ著、クラウス・ルーメル、江島正子訳、『教育科学理論——教育学における科学理論の動向——』、学苑社、一九八〇年、初版、一二五頁。
(3) H. Danner, Methoden geisteswissenschaftlicher Pädagogik, S.50.
(4) O. F. Bollnow, Das Verstehen, S.89.
(5) O. F. Bollnow, a. a. O. S.87.
(6) O. F. Bollnow, a. a. O. S.87.
(7) Vgl. H. Danner, Methoden geisteswissenschaftlicher Pädagogik, S.50 f.
(8) H. Danner, a. a. O. S.51.
(9) H. Danner, a. a. O. S.50.

四　教育学における「仮説形成」をめぐる問題

「仮説形成としての解釈学」(Hermeneutik als Hypothesenbildung) の働きと経験的科学の間には密接な相互作用があるという観点から、ダンナーは次のような論究を展開している。仮説は、経験・実証主義的な科学理論に基づけば、①仮説形成から、②経験的検証を経て、③調査結果の評価、という連関にある。その際、第一の仮説においては一つの問題の定式化と法則性を樹立して、そこから問題解決への吟味が開始されるが、ここにおいて解釈学はいかなる働きをするのだろうか。ダンナーによれば、「ある特定の規範や価値や目的などに顧慮してはじめて、なにかが問題であるとか、知るだけの価値があるなどというようにみえてくる」(1) という。すなわち、規範や価値や目的は、けっして経験的・数量的なアプローチだけではなく、解釈学的なアプローチをも必要とし、実証主義的・経験論的な科学的研究においても一定の認識的興味を必要とする。したがって仮説形成とは、けっして経験的・数量的処理だけでは全体を把捉し得ないことが理解されよう。

第二段階での経験的検証における実証主義的・経験論的な分析方法にしたがえば、法則定立的に仮説を定式化した後、テストや実験やアンケートなどによる統計的な検証がなされねばならない。こうした領域内では、解釈学の関わる余地は皆無であるかのようだが、次のことが看過されてはならないだろう。すなわち、仮説の言表は質的要素つまり言語的定式化と関わる。実証的な科学理論にとって「仮説は『操作化』、つまり経験的に継続していくことのできる作業行程のなかで細分化されなくてはならない」[2]が、これは、「仮説の質的な言表が数量化されるということを意味する」。[3]

ダンナーは「注意力散漫」な生徒を例にとり、たとえば「ある生徒が教師の望まない行為を授業時間の三五パーセント以上おこなっている場合に、注意力散漫である」という仮説を立てたとして、これによってわれわれはいったい何を理解するのだろうか。なぜ三五パーセントでそれ以上でも以下でもいけないのか。質的な言表で定式化された仮説が、数量的な諸要素へ移行される瞬間、数学的な「客観性」(科学的理念としての普遍性の意)といわれるものもまた、解釈学的作業を必要不可欠なものとせざるを得なくなるのではないか、という問いが可能となろう。[4]こうして、第二の経験的な検証を通して当初の仮説を実証するにせよ反証するにせよ、いずれにしても何らかの調査結果を評価する際、再び解釈学的作業が必要となろう。「なぜなら調査結果は仮説事項と単に数量的に比較されるものではないから」[5]である。解釈学的にみると、実証主義的な調査の過程では、理解されねばならない新しく評価された事実が作りだされるのみである。しかし、ダンナーはここで重要な指摘をしている。すなわち、実証的な「研究過程の奥深くに根ざしている意味と、研究過程を規定している連関全体とを真剣に受容したうえで、ある教育学的事実がいやしくも数量化されてしまうことに疑問を提出したならば、教育学者による決定的に科学的な研究が、そこにある事実と共にはじめてスタートする。」[6]と。少なくともこの領域に限っていえば、実証的・経験的方法と解釈学的方法の位置関係が逆転し、解釈学が中心的な方法となる。その際、「理解されたものは、解釈学的に検証されねばならない仮説として定式化される」。[7]こうした在り方は解釈者の開放性を前提とするが、それでは解釈学における開放性とはいかなるものなのか。

ボルノーによれば、解釈学的な方法がこれまでの生活経験から獲得した理解を保守的なものとせずに、因習に固執しないようにするためには、「先に与えられた理解の閉ざされた世界を打ち破り、予期しないものや新しいものの侵入にたいして、解釈学の門を開くことができなければならない」。[8]換言すれば、解釈学的な教育学の方法をとおして、われわれは新しい経験を受け入れ、認識を再生産して発展してゆくことができるのである。その結果、「新しい経験はこれまで自明のものにみえていた世界に侵入してきて、学び直すことを強制する」。[9]こうして新たに接近しうるところの教育学は「新たに侵入してくる経験の解釈学」(die Hermeneutik der neu hereinbrechenden Erfahrungen)となる。このように考えれば、先述のボルノーのいう経験の解釈学に依拠した教育学は、特別な形での経験論的な学問研究の結果となりうる。ここで「言葉の本来の力強い意味での経験とわれわれが言いうるのは、学問的な研究活動から何か予想もしない新しいものが現れ、それが持ち込まれていた期待に一致せず、これまでの理解の訂正を強いるときである。この時に初めて解釈学的な教育学の概念がその究極の大きな意味を持つ」[10]に至るのである。

このように教育学における仮説形成という問題一つをとりあげても、経験主義的・実証主義的な研究と、解釈学的な研究の絶えざる相互依存性において初めて教育学の仕事を教育全体の学問として進めることができるのではないかということが理解されよう。侵入してくる「事物の抵抗」を解釈学的に受容することによって初めて教育学的解釈学と、経験的・実証的教育学の研究との関係は正しく把握され、新たな展開が可能となろう。それ故ボルノーは言う。「この研究と考察、経験と解釈学の必然的な内面関係への洞察は、現代の教育学の用語の混乱の中にあって、平和をもたらす要素の一つとして作用することができ、この両面は相互の補いと効果ある共同作用によって、統一した教育学の建設に参加することに貢献できる。この両者が協力して初めて、欠陥のない教育的な経験の全体を正しく評価することができるのである。」(11)と。すなわち、解釈学的な教育学の理解（何か新しいものの経験）を経験的・実証的な教育学の新しい研究結果と相互に比較検討することにより、教育学の仕事を教育全体の学問としてさらに深化・拡大してゆくことができるのではないだろうか。

註

(1) H. Danner, Methoden geisteswissenschaftlicher Pädagogik, S.96.
(2) H. Danner, a. a. O. S.97.
(3) H. Danner, a. a. O. S.97.
(4) Vgl. H. Danner, a. a. O. S.97.
(5) H. Danner, a. a. O. S.97.
(6) H. Danner, a. a. O. S.98.
(7) H. Danner, a. a. O. S.98.
(8) O. F. Bollnow, Der Erfahrungsbegriff der Pädagogik, S.249.
(9) O. F. Bollnow, a. a. O. S.250.
(10) O. F. Bollnow, a. a. O. S.251.
(11) O. F. Bollnow, a. a. O. S.252.

第三節　ボルノーの「理解」概念について

一　問題の所在

ディルタイ（Wilhelm Dilthey, 1833-1911）によれば、歴史的・社会的現実としての生の客観態、つまり文化体系の一切を認識する方法は以下の二つにまとめられるという。一つは「対象的把握」（das gegenständlich Auffassen）であり、もう一つがここで扱う「理解」（das Verstehen）である。ディルタイが、この理解の形式を「基本的理解」の形式と「高次の理解」の形式の二つに区分したことは周知の事実であるが、この基本的理解とは生の個々の表現の解釈に他ならず、あくまでも「共通性」という特徴を担った個々の生の行動の表面的把握にとどまる。いずれにせよ、ディルタイにあっては基本的理解では、外的なものと内的なものとの単純な関係が問われるにとどまるが、他方で高次の理解においては常に部分と全体の関係に関連するものと思われる。それ故、基本的理解から高次の理解への移行は、単純なものから複雑なものへの移行であると言明できよう。この移行の際に、与えられた生の表出と理解する者の内的隔絶が大きいほど、「不確実さ」と「妨げ」が増大する。たとえば、私が少しも予期していない時に誰かが私を冷笑した場合、私はなぜその人が笑ったのか、その態度を理解できない。ボルノーはその瞬間から、つまり「不確実さ」や「妨げ」

が生じた瞬間から高次の理解の仕事への移行が必要になるという。

われわれは、このようなディルタイ解釈学における理解概念の一般的考察を、主としてボルノーの視点から捉えなおしてみたい。そこから基本的理解と高次の理解が現実の教育のなかでどのように関わりあっているのかを以下で考察し、さらに「理解」概念が教育学により実り豊かな示唆を与えるための端緒をダンナー(Helmut Danner, 1941-)と共に見いだすことにする。

二　基本的理解の形式

先述のように、歴史的、社会的現実としての生の客観態、つまり文化体系の一切を認識する方法の一つは「対象的把握」(das gegenständlich Auffassen)であり、もう一つがこれから考察する「理解」(das Verstehen)である。第一の対象的把握とは、感覚・知覚・判断・概念・推理など認識のきわめて初歩的な働きであり、「われわれの思惟の働きが担々として流れ行く間は、こうした対象的把握だけがわれわれの意識にのぼるのであって、それ以上に思惟そのものを考察するとか、反省するとかいうことがない」。(1) このように意識され表象される内容は、精神生活の体験的事実として、知覚・判断・意志などが互いに内面的に結合して形成されるものに他ならない。「しかしこうした内面的、直接的体験の諸関係を明らかにしようとしたり、またわれわれの主観がどのようにして客観化されていくのかということを明らかにするには、もはやこの対象的把握の仕方では捉えることはできない」。(2) むしろ、人間の内的生の本質を捉えるためには、「理解」という特別の把握形式がここでどうしても必要になってくるのである。

理解の形式を「基本的理解」(die elementaren Formen des Verstehens)と「高次の理解」(die höheren Formen des Verstehens)の二つの形式に区分したディルタイは、基本的理解を次のように捉えている。すなわち、「理解の基本的形式においては、一連の親しい生の表示のなかに、その表示に対応する親近性を示す、ある精神的なものが表現されていた、といういくつかの場合から、同じ関係が、それ以外の似たような場合にも見いだされるだろうということが、推論される。ある言葉、ある身振り、ある外的行為が同一の意味を反復することから、今度あらためて同じ言葉、身振り、外的行為が見られる場合も、同じ意味だろうということが推論される」。(3)

ここで述べられている基本的理解とは、ディルタイにあっては生の個々の表現の解釈に他ならない。たとえば、ある人の表情が、われわれに喜びとか悲しみを示す場合、われわれはその行為を個々の生の表現として理解はしても、それを一つ一つ生の連関の全体にまで遡及して理解することはない。「したがって、この基本的な理解においては、生の表示の持続的な主体をなしている生の連関全体にまで遡るということは、おこらない」。(4) つまり、ディルタイのいう基本的理解は、あくまでも共通性という特徴を担った個々の生の表現や行動の表面的把握にとどまるものである。

このように「もともと理解とは、表現の理解のことであり、また表現とは、体験の表現のことである。そしてここに彼(ディルタイ)の解釈学における基礎概念として、体験、表現、理解という一連の概念がえられるのである」。(5) それ故に、「基本的理解はやがてまた、ディルタイのいう生の客観態ないし客観的精神の思想と密接に関係してくる」(6) のである。なぜならディルタイのいう客観的精神とは、習慣、道徳、国家、宗教などにまで及ぶ個々の人間に存する共通性を有するものだからである。たとえばディルタイは次のような「共通性」の例を提示している。すなわち、「手職は、さまざまな国で、ある目的を実現するための、ある一定の手続き、ある一定の道具を、発展させているが、それらの手続きや道具から、私たちは、彼［職人］がハンマーを使ったり、鋸を用いたりするとき、その人の目的を理解できるのである。」(7)と。

ところでボルノー（Otto Friedrich Bollnow, 1903-1991）によれば、「基本的理解において問題となるのは、個々の表現とその意味の関係であり、これに対して、高次の理解においては、いわばこのような表出のより大きな連関が問題になっている」(8)という。なぜなら、次の箇所で述べられる高次の理解では、個々の表出はそれ自身から理解できないが故に、個々の表出は高次の理解と対立するからである。上述のごとく、「表現と意味の間にあるこの関係は、論理学的には類推と解されている」(9)が、基本的理解は結果から原因への推理ではない(10)がゆえに、「この表現の理解もまた直接的に、つまり仲介的な思考活動なしに、起こるのである」。(11)実際的な生の関心の中で生ずる理解においては、人格は相互の交渉に頼らざるをえず、一方が他の者の欲する事を知る必要上、理解の基本的形式が生ずることになる。(12)ボルノーによれば、ここで客観的精神の理論の中に「基本的理解」の理論をはめ込むことができる、と考えられている。なぜなら、この「客観的精神によって、個々の生の表出の共通の基盤が回復され、そこに位置づけられ、そこからそれぞれが理解可能なものとなる」(13)からである。

註

（1）西村皓著、『人間観と教育』、世界書院、一九七八年、二刷、一〇四頁。
（2）西村皓著、前掲書、一〇四頁。
（3）W. Dilthey, Gesammelte Schriften, Bd. VII, Stuttgart. 『精神科学における歴史的世界の構成のための続稿の計画』（Plan der Fortsetung zum Aufbau der

geschichtlichen Welt in den Geisteswissenschaften）の第一部から「他人の人格およびその生の表示の了解」（Das Verstehen anderer Personen und ihrer Lebensäußerungen）が訳出されている。ここでは以下の翻訳書を使用した。

ディルタイ著、尾形良介訳、『精神科学における歴史的世界の構成』、以文社、一九八一年、第一刷、およびディルタイ著、久野昭訳、『解釈学の成立』、以文社、一九八二年、改訂版二刷、一一〇頁。

(4) ディルタイ著、『解釈学の成立』、八二頁。

(5) 西村皓著、『人間観と教育』、一〇四頁。

(6) 西村皓著、前掲書、一〇五頁。

(7) ディルタイ著、『解釈学の成立』八七頁。

(8) O. F. Bollnow, Dilthey. Einführung in seine Philosophie, Leipzig 1936, 4. Aufl. Schaffhausen 1980. S.192.

ボルノー著、麻生健訳、『ディルタイ——その哲学への案内——』、未来社、一九七七年。

(9) O. F. Bollnow, a. a. O. S.192.

(10) Vgl. O. F. Bollnow, a. a. O. S.193.

(11) O. F. Bollnow, a. a. O. S.193.

(12) Vgl. O. F. Bollnow, a. a. O. S.194.

(13) O. F. Bollnow, a. a. O. S.194.

三　高次の理解

しかしながら、こうした理解がすべて上述の基本的理解だけに限定されてしまうならば人間の個性の特質は、すべて基本的理解における共通性の背後に消し去られてしまうことになりはしないか。そこでディルタイは、理解の解釈学の主要論点として個性の把握について取り上げたのである。(1) それとの関連で、ディルタイの本来の関心を高次の理解のうちに見ようとするボルノーは以下のように考えた。すなわち、基本的理解においては、個々の生の表出と、その意味の間の関係が問題であるが、高次の理解では、「生の連関の全体」つまり、その様々な表出の全体からわれわれは理解しなければならないのである。(2) いずれにせよ、ディルタイにあっては基本的理解では、外的なものと内的なものとの単純な関係が問われるにとどまっていたが、高次の理解においては、つねに部分と全体の関係に関連するものと思われる。それ故に、「基本的理解から高次の理解への移行は、単純なものから複雑なものへの移行」(3) であると言明できよう。

ところで、高次の理解の特徴は、外的にたんに感覚的に与えられているいわば符号を、内面的なものの認識にまで高めることにある。それ故に、高次の理解は、著作・人格・精神生活という全連関へ遡る個性的な全体者としての理解の対象となりうる。それとの関連で西村の生の哲学と実存哲学との関係についての次の指摘は興味深い。すなわち、「実存主義の哲学者は個性の究極のものは、表現することも理解することもできないと考えるかもしれないが、人間の『実存』も生の直接的根源的表出に他ならないであろう。生の哲学の立場は、かかる『実存』も自己のものとして内につつむであろう。生の哲学は、自己の実存的体験をその最も根源的な深みにいたるまで他人の中に再び見出しうると考えるのである。」(4) と。

ここでボルノーは基本的理解から高次の理解への移行の際、与えられた生の表出と理解する者の内的隔絶が大きいほど、「不確実さ」(Unsicherheit) と「妨げ」(Störungen) が増大し、これをいかに解消するかが重要な課題となる、と考えている。ディルタイはその点をすでに次のように論究している。「理解が、生の表示とその生の表示のなかに表現されている精神的なものとの正常な連関の外に出ることで、理解の高次の形式への移行の第一歩が、踏み出される」。(5) たとえば、私が少しも予期していない時に誰かが私を冷笑した場合、私はなぜその人が笑ったのかその態度を理解できない。ボルノーはこの瞬間からつまり「不確実さ」や「妨げ」が生じた瞬間から、高次の理解の仕事への移行が必要になる、という。私はここで当該の人物の特殊な生活環境などを含む彼の全生活を吟味することによってはじめて、そのときには理解できなかった事柄を解明しようと努める。(6)そこでディルタイの上述の思想をうけてボルノーは次のことを確信する。すなわち、「私は基本的理解が挫折し、私がもはやそれ以上理解できない事柄にぶつかる。そして理解の高次の形式が発動するのは、この理解しないという事実に直面したとき」(7)に他ならないのである。このように、不確実さや妨害を通して初めて理解が意識化されることから、基本的理解と高次の理解の相違は、無意識的な理解と意識の理解の相違とも言い換えられよう。

高次の理解の前提としての不確実さや妨害との関連で、ボルノーは「異質なるもの」としての「闘争的理解」という独自の概念を設定する。この「異質なるもの」という概念から出発するボルノーの思想によれば「すべての生は、周知のもの・熟知のものの世界を、未知のもの・異質なるものの世界から弁別するようなはっきりとした地平が存在するかぎりでのみ、力強くかつ実り豊かでありつづけることができる」(8)という。そこから、「結局、異質なるものとは、その最も厳密な意味で、個人の生を脅かす敵対的な力のことである」(9)ということがわかってくる。ここから生ずる闘争的理解の目標とは、自己自身を敵に対して打ち勝たせることに他ならない。したがって一般に「歴史的経過において、おのおのの精神運動は一つの抵抗に直面してはじめて目的を達することができる」(10)(傍点筆者)と言えよう。

ところでディルタイにとって、基本的理解は、人間の平凡な日常生活の中での交渉のための手段であり、元来人間に当然のことのように与えられているものに他ならなかった。それ故、ボルノーによると、基本的理解に対しては、「つねに何か心的生の特殊な領域の響きをもつ理解という言葉は避け、むしろできるとか、関わることができるとか、取り扱うことができるなどにおきかえた方が目的にかなっている」(11)と考えられている。つまりこの基本的理解は、素朴な生の安全が妨害され、「異質なるもの」が生ずる高次の理解とは決定的に異なる。そしてこの妨害が消えて、理解が再び自明なものとなるや否や、意識化された知としての理解も消滅し、再び素朴な生の交渉が生じることとなる。(12)すなわち「つねに異質なもの、理解不可能なものと結びついている理解は、つねに理解できないということと一体」(13)なのであり、換言すれば、あらゆる無理解は深みに通じているが、あらゆる自明の理解は表面を滑るだけなのである。また、高次の理解から「異質なるもの」の特徴が分析されたが、もう一つの特質として、高次の理解にはたとえば音楽などの「追体験」という重要なテーマが含まれている。ここではその点について触れることができない。この追体験と高次の理解のもつ教育学的意味については別の機会に論じたい。

註

（1）西村皓著、『人間観と教育』、一〇六頁参照。
（2）Vgl. O. F. Bollnow, Dilthey. S.198.
（3）O. F. Bollnow, a. a. O. S.202.
（4）西村皓著、『人間観と教育』、一〇八頁。
（5）ディルタイ著、『解釈学の成立』、八九頁。
（6）Vgl. O. F. Bollnow, Dilthey. S.203.
（7）O. F. Bollnow, a. a. O. S.203.
（8）O. F. Bollnow, Das Verstehen. Drei Aufsätze zur Theorie der Geisteswissenschaften, Mainz, 1949. S.59.

ボルノー著、小笠原道雄・田代尚弘訳、『理解するということ』、以文社、一九七八年。
(9) O. F. Bollnow, a. a. O. S.61. および O. F. Bollnow, Studien zur Hermeneutik. Band 1: Zur Philosophie der Geisteswissenschaften. Verlag KarlAlber GmbH Freiburg. München 1982. ボルノー著、西村晧・森田孝監訳、『解釈学研究』、玉川大学出版部、一九九一年第一刷も参照のこと。
(10) O. F. Bollnow, a. a. O. S.63.
(11) O. F. Bollnow, Dilthey. S.205.
(12) Vgl. O. F. Bollnow, a. a. O. S.205.
(13) O. F. Bollnow, a. a. O. S.205.

四 教育学的解釈学における「理解」の位置

われわれは、以上の解釈学における「理解」概念の一般的考察を踏まえたうえで、基本的理解と高次の理解が現実の教育や教育学のなかでどのように関わっているのかを主としてダンナーの論考に依拠しつつ以下で考察し、さらにそのことによって教育学により実り豊かな示唆が与えられるための端緒を見出すことにしたい。われわれの基本的立場である教育学的解釈学にとって強調される重要な視点の一つに先述の「理解」(Verstehen)という認識行為がある。これは、意味連関と個別現象とを理解することによって認識し解釈することであり、これとともに解釈学的方法が注目を浴びることになるのは周知の事実である。

そのことを前提としたうえで教育学的解釈学が関わる主要な問題は、具体的な子どもが個人的な問題として関わる教育現実の領域内にある、と考えられよう。しかし、様々な現実が対象領域としての「教育学的解釈学」において取り扱われる限り、様々な現実はその偶然性に袂を分かち、可能な限り持続的な解釈に委ねられねばならない、という困難さが生ずる。(1) いずれにしても上述のような領域の水準では、解釈学は教育学のなかでも「方法論」としての機能を果たすとダンナーは考えた。そこから、ディルタイのいう「基本的理解」という水準と「高次の理解」という水準とを区別することが可能となると、ダンナーは確信する。つまり、教育現実の解釈において重要なのは「基本的理解」であり、一般的な教育過程・テキスト・諸制度の解釈に関しては高次の理解が要求される、という両者が区別された考え方が重要な点である。

　ところでこれまで述べてきた「理解」概念の前提としての解釈学は、元来「読み書きの技芸」として把捉されてきた。ディルタイによれば、「恒久的に固定された生の表示の、技巧的な理解のことを、私たちは、解釈（Auslegung）とよぶのである。（中略）精神的な生にとって、その完全な、遺漏のない、したがって客観的把握の可能な表現は、ただ言語表現だけである。だから、解釈が完結するのは、人間の生存の、文書に含まれている名残りを、解釈することによってである。この技術が、文献学の基礎である。そしてこの技術の学問が、解釈学（Hermeneutik）である」。(2) そして、この「読み書きの技芸」はそもそもこの基本的理解で現れうるのかとの問いに対して、答えは否と言わざるをえない。なぜなら、基本的理解では、即座に理解もしくは誤解するか、全く理解されないかのどちらかだからである。つまり解釈学的な読み書きは、より大きな連関が問題とされる高次の理解の段階で初めて介入してくるからである。(3)

　それでは、理解の一般構造とディルタイのいう「客観的精神」によって与えられる共同的なものの基盤において成立する高次の理解は、いかなる仕方で進められるのだろうか。そこには一種の反復運動が見出され、この一種の循環運動は「解釈学的循環」と名づけられている。たとえばダンナーはこの教育的現実の一つの具体例として、ある若い母親が小さな娘の育児にゆきづまり、ある教育書に助けを求める場合を取り上げている。前提として彼女はこれまで教育とは何かとか、そのあるべき姿などを十分に意識せず無反省的に彼女の娘を教育していたとしよう。その場合、彼女は教育についての彼女なりの漠然とした「前理解」を持っていたが故に、その教育書に手を伸ばすことができた、と考えることができよう。そのテキスト（教育書）は第一に彼女の無反省的な教育観という「前理解」に妨害を与え、そして彼女のこれまでの漠然とした教育的知が訂正され、そのことによって、彼女はそのテキスト（教育書）をより良く理解してゆくことになる。ここにボルノーが指摘する「著者以上によりよく理解するとはいかなることか」という大きな課題が生じてくるが、ここでもこれ以上このテーマを追求することは断念せざるをえない。ボルノー自身も語るように、これは彼の理解論のうちでも非常に重要な問題を含んでいる(4)ので、別に機会を設けて論じてみたい。

いずれにしても、母親がその教育書を理解できるためには、そもそも「教育」に関する前理解が必要であったことは明白であろう。こうした高次の理解は、ある認識から次の認識への直線的な前進の過程ではなく、螺旋的・円環状のものであり、この「理解」の運動こそが上述の「解釈学的循環」(hermeneutische Zirkel)の具体例としてふさわしいものである。その際、先の解釈学的循環が、高次の理解、つまり解釈の際に顧慮されるべき諸法則への手がかりを与えてくれることとなる。(5)それでは、この高次の「理解」の運動はどのようにして機能するのであろうか。それは以下のとおりである。基本的理解が、精神へと単純に与えられているものを直接理解するのに対して、循環的運動の中を進む高次の理解は複雑な諸連関を把握する。さらに、高次の理解は個人的・普遍的諸連関を創造するために解釈学本来の対象となりうる、と考えられている。(6)また解釈学的循環によって特徴づけられている高次の理解は、「とりわけ、部分と全体、前理解と理解すべきもの、理論と実践とが相互に解明されることを意味する」。(7)

註

（1） Vgl. H. Danner, Methodologie und 'Sinn' -Orientierung in der Pädagogik, Ernst Reinhardt Verlag, München Basel, 1981.
H・ダンナー著、山崎高哉監訳、『意味への教育』（M・J・ランゲフェルドとの共著）玉川大学出版部、一九八九年、第一刷、三〇五頁参照。

（2） ディルタイ著、『解釈学の成立』、一〇五－一〇六頁。

（3） Vgl. H. Danner, Methoden geisteswissenschaftlicher Pädagogik. Ernst Reinhardt Verlag, München Basel, 1979. S.54.
H・ダンナー著、浜口順子訳、『教育学的解釈学入門――精神科学的教育学の方法――』、玉川大学出版部、一九八八年、第一刷。

（4） Vgl. O. F. Bollnow, Otto Friedrich Bollnow im Gespräch, Hans-Peter Göbbeler und Hans-Ulrich Lessing, Freiburg; München: Alber, 1983. S.55.
ボルノー著、石橋哲成訳、『思索と生涯を語る』、玉川大学出版部、一九九一年、第一刷。

（5） Vgl. H. Danner, Metoden geisteswissenschaftlicher Pädagogik, S.57.

（6） Vgl. H. Danner, a. a. O. S.62.

（7） H. Danner, a. a. O. S.62.

五　教育における「理解」の意味

以上の考察を踏まえたうえで、われわれは教育的現実における「理解」の意味を論究しつつ結論へと入ってゆこう。先述のとおり教育的現実は第一に「基本的理解」つまり身振り、行為、言語等の理解と常に関わり合っていることは、先に触れたとおりである。ダンナーによれば、「これらの理解行為をも教育学的解釈学の省察に算入する意味の本質は、基本的理解を偶然性という隘路から導き出して、より大きな連関のなかに位置づけ、つまり高次の理解へと導くところにある」。[1] たとえば、ダンナーは次のように考える。「教育者は成長していく者たちを教育という出来事のなかで理解しなければならない」[2] が、そこでは子どもたちが何をし、何を動かし、何を言うのであろうか。教育者たる者は、こうした子どもたちの行動・動機・身振り・価値観など、無数の一般的人間的な契機を孕む教育現実を理解しなければならない。そのような教育現実のうち、ディルタイのいう「基本的理解」が、教育者と子どもとの直接的な出会いにおいて働いているる、と考えることが許されよう。[3] これとの関連で教育学的に重要なことは、「個々の子どもの個人的な独自性を把握することとならんで、年齢に特有の独自な世界を理解すること」[4] であり、それができていればこそ、子どもにあった授業への要求も意味をもつものと考えられる。この段階においては、あくまで「基本的理解」が教師に要求されていることになる。

しかし他方で、教育的現実の解釈学においては、もう一つの視点がダンナーによって強調されることとなる。すなわち、実践的な教育的出来事は、理論家と同様に、実践家によってもあるがままに受け取られねばならない多様な理解行為で形成されている。そこで実践的教育に関与している者は、「基本的理解」を「高次の理解」に移行する作業を必要とするという。なぜならそのことによって、より大きな連関においての教育現実が省察可能となるからである。教育そのものは人間的な行動であるがゆえに、教育と人間形成の意味は、教育学的な解釈の地平を提示する。そしてここから、教育学は解釈学なしには成立しないことが実証されるのである。[5] あるがままに理解しようとする行為の知覚、すなわち心理学的感情移入も含めた「基本的理解」行為から、意味連関に顧慮して個々の教育現実を解釈することを含めた「高次の理解」行為への移行の根拠を、ダンナーは以下の諸契機に看て取る。つまり、教育に参与する者の個性・世界理解と人間形成に関わる教育学的所与・教育学的情熱の責任などの諸契機が上述の「理解」概念の移行を必要とするものと考えられる。(6)

こうした論点を踏まえたうえで、教育学的解釈学の特殊性とは、「個々の理解が目指している、教育と人間形成の意味にある」(7)と言うことができるならば、それ故にこそ教育学的解釈学は一般的な解釈学から区別することが可能となる。なぜなら、一般的な解釈学の古典的意義は、科学的・前科学的なテキストの解釈に力点が置かれているのに対して他方、教育学的解釈学の核心は、「実践的・理論的教育学の前理解の解明、すなわち教育と人間形成の意味を明らかにする」(8)ことに重要性を見出すことだからである。その意味で、人間的なものすべてが関係している現実の概念を前提とする教育的現実の解釈学は、必ずしも固定した事実から出発する必然性はなく、その点で厳密な意味での解釈学と区別されてしかるべきであろう。一般的解釈学と教育学的解釈学の本質的な相違点は、教育や人間形成における「価値観」の有無に存する。この価値観には教育者に特有の「責任」が含まれており、この点をダンナーは次のように述べている。「その責任とは、教育者が、自分に託された者へのいわゆる配慮を引き受け、その者の幸福を望む限りにおいて、教育をおこなう誰をも規定する情熱と内的な方向性において現れるものだ。(中略)同時に教育者の責任は、価値があるとみなされることが継承されていくことによって、ある客観的な一面も持っている」。(9)このように、教育学的な理解とは、いつでも教育学的責任を伴っており、しかもそれが同時に漠然とした前理解の領域を明確にするための科学的な熟考に他ならないのである。「つまるところ、教育と人間形成とか教育学的責任というものを説明のかたちで推論することはできない」(10)のである。

それ故にこそ、「教育的現実の理解は、理論家にとっては理論によって、実践家にとっては他者の前に開かれているという態度によって変化する」(11)とのダンナーの主張も説得力をもつ。以上の論究によって、「教育的現実の解釈学の意味は、あるがままに理解しようとする行為の知覚、『基本的』理解行為から『高次の』理解行為への転化（中略）に顧慮して個々の教育的事実を解釈する」(12)ところに存するという教育学的解釈学の立場の正当性が根拠づけられるものと思われる。

註

(1) H. Danner, Methoden geisteswissenschaftlicher Pädagogik. S.100.
(2) H. Danner, a. a. O. S.100.
(3) Vgl. H. Danner, a. a. O. S.100.
(4) H. Danner, a. a. O. S.100.
(5) Vgl. H. Danner, a. a. O. S.104.
(6) Vgl. H. Danner, a. a. O. S.107.
(7) H. Danner, a. a. O. S.105.
(8) H. Danner, a. a. O. S.105.
(9) H. Danner, a. a. O. S.87.
(10) H. Danner, a. a. O. S.87.
(11) H. Danner, a. a. O. S.107.
(12) H. Danner, a. a. O. S.107.

第四節　ボルノーの解釈学的認識論について

一　問題の所在

ここでは、ボルノー（Otto Friedrich Bollnow, 1903-1991）の『認識の哲学』(1) に依拠しつつ、彼の解釈学的認識論が従来の伝統的な認識論とどのように異なるのかをボルノーの「前理解」概念との関わりにおいて論ずることが目的である。考察の順序として、まずデカルト（René Descartes, 1596-1650）に代表される合理主義とイギリスの経験論が共に「アルキメデスの点」を求める努力をしたが、最終的にはそれを見いだせなかったことを明らかにする。絶対確実な認識の拠り所をもはやアルキメデスの点に求められない現代人は、いつも既に理解された世界に生きているという認識から出発せざるを得ない。ここからわれわれの知覚や認識は、その世界のなかで一定の理解（前理解）に導かれて形成されるという前提が設定できよう。そこで次にまず前理解とはどういうものであるのかをより明確にするために、キュンメル（Friedrich Kümmel）、ガダマー（Hans Georg Gadamer, 1900-）、リップス（Hans Lipps, 1889-1941）の見解に依拠しながら、彼らの把捉する前理解を要約する。そのうえでボルノーの強調する「開いた前理解」と彼らの把握する「前理解」との相違点を明らかにしたい。その後に、認識の成立過程を前理解との関わりで論じてゆき、知覚・事実・経験という概念を解釈学的に分析してゆく。最後に、認識の問題を直観との関連において述べ、ボルノーにあっては彼の主張する「開いた前理解」の解釈が、この直観の捉え方にも共通していることを浮彫りにする。なおこの主題の先行研究としてはこれまでに、森田孝、(2) 鹿毛誠一、(3) 戸江茂博、(4) 中野優子、(5) 堺正之、(6) の優れた考察がなされている。

註

(1) O. F. Bollnow, Philosophie der Erkenntnis. Kohlhammer, 1970.
ボルノー著、西村皓・井上担訳、『認識の哲学』、理想社、一九七五年。

(2) 森田孝著、「〈前理解〉と〈解放性〉の諸問題――人間の自己理解と世界理解への基礎的考察――」、大阪大学人間科学部紀要、第四巻、一九七八年、一〇九頁－一二七頁。

(3) 鹿毛誠一著、「ボルノウの言葉と認識」、独協大学教養諸学研究、第一一巻、一九七六年、一頁－一二四頁。

(4) 戸江茂博著、「経験の解釈学――ボルノー、O・F・の精神科学と教育学――」I・II・III、兵庫女子短期大学研究収録、I：第一五号、一九八二年、三二頁－三七頁、II：第一六号、一九八三年、一二三頁－一二八頁、III：第一七号、一九八四年、六頁－一四頁。

(5) 中野優子著、「ボルノーの解釈学的認識論の考察――認識の発展とその教育的意義について――」、京都大学教育学部紀要、第二六巻、一九八〇年、一五二頁－一六二頁。

(6) 堺正之著、「O・F・ボルノウにおける解釈学的認識論の特質――ディルタイ解釈学の継承とその発展を中心に――」、教育哲学研究、第五〇号、一九八四年、三四頁－四八頁。

二　解釈学的認識論の出発点

ボルノーによればデカルトやイギリス経験論者たちが樹立してきた近代哲学の目指すところは、「押し寄せる懐疑に対して絶対確実な出発点を見いだして、次にそこから一歩一歩進むやり方で確実な知識の体系」(1)を築くことにあった。デカルトに代表される近代合理論はすべての既知のものを一度、度外視して新たに始めることのできる確実な基礎を作りあげその上に認識を構築してゆくことであった。(2)デカルトはそこで初めて真の認識が成立すると考えた。デカルトは自己の確実な出発点を周知の「我思う、故に我在り」の公式にまとめたが、このように「その究極的命題から拘束力のある認識を獲得できるという確信が、近代哲学では合理主義として特徴づけられる」(3)のである。

たとえばわれわれは悟性の確実な判断の明証性を数学の公理のなかにその顕著な一例として認めることができる。公理に基づいて無矛盾的に構成されたユークリッド幾何学は、非ユークリッド幾何学の登場によって公理の有効性が、ある限界内でのみ明証性を維持しうるにすぎなくなったことをわれわれは知っている。このことは「もし認識の確実性が、絶対に確実な確固としたアルキメデスの点を見いだすことに依存するのならば、このアルキメデスの点は諸原理の理性的明証のなかには求められない」(4)ということを意味する。認識を構成するためのアルキメデスの点はけっして明証的命題、すなわち、悟性の洞察のなかには見いだされない。そこでさらに既成の哲学のなかにアルキメデスの点を求めるならば、われわれは知覚の明証を基礎とする経験論に頼らざるを得なくなる。

人間の認識行為や認識内容を、すべて経験に還元するイギリスの経験論もまたデカルトと同様に、「現存する表象をその内にもった意識の所与から出発し、次に、どのようにしてこれらの表象が意識のなかへ入ってきたのか、を問う」(5)ところに特徴がある。すなわち根源的経験を感性的知覚に求めるならば、「表象」は感性によって受容された「印象」(Impression)に還元されることになるので、この経験論は必然的に感覚論への道を歩むようになる。科学性を要求する認識論において、絶対に確実な出発点であるアルキメデスの点を求めようとすれば、いかなる表象(意識内容)も単純な感覚に還元されなければならなくなる。

しかしこのような分離された単純な感覚がまったく存在しないことを、ボルノーは近代のゲシュタルト心理学(全体心理学)をひきあいに出して証明しようとする。すなわち、「全体はその部分の合計より以上のものである」(6)というゲシュタルト心理学の有名な公式から、全体はけっして原子的要素から構成されず、全体はすべての部分に先行するということが理解できるのである。われわれの世界に最初に存在するのは部分の確実な把握ではなく、むしろただ漠然と与えられた全体であるので、認識の絶対確実な出発点であるアルキメデスの点に対するいかなる探究も成功しえないのである。

デカルトに始まる近代哲学における従来の古典的認識論の特徴は、「あらゆる疑わしいものを排除して、確実な認識体系を一歩一歩進みながら構築していくことのできる〈アルキメデスの点〉を求めること」(7)であった。ボルノーが『認識の哲学』の第一章で強調する点は、このアルキメデスの点の不可能さを知ったわれわれは、本質的に認識を決定的に確実な出発点から基礎づけることを断念しなければならないということである。むしろいつも既に理解され意味づけられた世界で生きているわれわれは、一定の認識の仕方が与えられ、一定の理解(前理解)に導かれているのである。それ故、既に持つ前理解を抜け出して、「零の地点」から出発することはもはや不可能なこととなる。

アルキメデスの点の不可能性を認識論の側から言えば、「認識は直線的に確実に構築してゆくという具合にして全体を部分から構成できるという性質のものではなく、むしろ、最初はまだ混沌としている全体から出発し、そのなかで部分をより大きく規定していくという性質のもの」[8]なのである。それ故、認識は自律的な純粋思考の領域だけで基礎づけられるのではなく、もっと広い人間的生の全体において理解されねばならないとボルノーは考えた。[9]従来の伝統的認識論では、認識の確実性を保証すること、すなわち、アルキメデスの点を獲得することが、正しい認識に至る道だと考えられていた。しかしボルノーはハンス・リップス（Hans Lipps, 1889-1941）の『解釈学的論理学に関する諸研究』[10]に依拠しつつ、ボルノー独自の「解釈学的認識論」を展開してゆく。ボルノーはこの点に関して次のように述べている。「人間は解釈され、また言語的に形成されている世界の文脈のなかで生きているのであり、はじめはそれを意識していないが、かれの理解は、いつでもすでにこの〈前理解〉によって導かれているのである」。[11]それ故ボルノーの言う解釈学的認識論の課題とは、確固としたアルキメデスの点を持たない人間が、これまでに既に何らか知ってはいるが十分に認識されていない前理解を修正し明確化する、ということである。その前理解の修正を通して初めて新たな認識が可能となり、本質的にまったく新たなものを産み出すことができるようになるのである。この意味でボルノーは解釈学的認識論を、認識をたんに技術的知性の問題として純粋にそれ自身のなかでのみ扱ってきた従来の認識論と区別した。そこから彼は「認識からする人間的現存の自己照明」、[12]すなわち「どのようにして人間は結局は認識においてのみ人間自身となりうるのか」[13]という問いを探究しようとする。

註

(1) O. F. Bollnow, Philosophie der Erkenntnis, S.7.
(2) Vgl. O. F. Bollnow, a. a. O. S.13.
(3) O. F. Bollnow, a. a. O. S.15.
(4) O. F. Bollnow, a. a. O. S.16.
(5) O. F. Bollnow, a. a. O. S.18.
(6) O. F. Bollnow, a. a. O. S.19.
(7) O. F. Bollnow, Pädagogik in anthropologischen Sicht, Tokyo, Tamagawa University Press, 2 Aufl., 1971.
ボルノー著、浜田正秀訳、『人間学的に見た教育学』、玉川大学出版部、一九六九年、一九八一年、第二版、二一五頁－二一六頁。
(8) O. F. Bollnow, Philosophie der Erkenntnis, S.24.
(9) Vgl. O. F. Bollnow, a. a. O. S.25.
(10) H. Lipps, Untersuchungen zu einer hermeneutischen Logik. Frankfurt a. M. 1938.
(11) O. F. Bollnow, Erziehung zur Frage.
ボルノー著、森田孝・大塚恵一訳編、『問いへの教育』、川島書店、一九七八年、二二六頁。
(12) O. F. Bollnow, Philosophie der Erkenntnis, S.29.
(13) O. F. Bollnow, a. a. O. S.29.

三　前理解の解釈学

われわれはこれまでに、アルキメデスの点の不可能性について考察してきた。そこでは認識は究極的に零の地点を持たず、一定の前提なしに認識を進めることは無意味である。人間はむしろいつでも既に理解された世界のなかに置かれているため、そこで人ができることは、「知識を一歩一歩必然的に循環的に確立し、必要に応じてはまた修正しようと試みながら」[1] 新しいものの認識を広げてゆくことである。こうした認識は常に前理解によって修正され明確化されるのであるが、そこから「前理解」の把握ということが問題になる。キュンメルは、前理解という概念を二つの意味に区別して次のように使用している。第一は「共在的前理解」(持参された前理解)(mitgebrachtes Vorverständnis) であり、第二は「予感的前理解」(先取り的前理解)(antizipierendes Vorverständnis) である。

予感的 (先取り的) 前理解とは、事態との接触において形成され、いつでも特定の作品に関する理解のことである。これは主に文献解釈において用いられる概念であり、たとえば個々の文章や詩歌、法律的契約などをどのように理解するかという問題と関連する。他方、共在的 (持参された) 前理解とは、認識の基礎づけを考察する場合に問題となるもので、われわれの今までに持っている知識や世界理解の全体に作用する。[2] 換言すれば「一方 (共在的前理解) はいつでも同一で一般的で、各種の対象に適用可能な理解であり、他方 (予感的前理解) は、この特定の対象を把握する具体的な理解過程の最初の導入の肢として、特定の対象に関してだけ当てはまる」[3] (カッコ内筆者) のである。

ここで特に問題となるのは、共在的（持参された）前理解、すなわち具体的な認識過程の以前に既に存在して一定の枠組みを形成している前理解の考察である。人間の認識の過程において獲得されるすべての知識は、一般に時と共に増加してゆく。しかし突然、自分の前にこれまでの自己の持つ前理解の枠では把握しきれない出来事が生じた場合、人はこれまでの自己の前理解の限界に突き当たらざるを得なくなる。その時、この自己の前理解は変化を余儀なくされる。そこから、「この理解の地平と、そのなかに保有されている基本概念をはっきり自覚し、みずからそれと批判的に対決するという課題が生じる」(4) のである。ボルノーはここに、前理解の解釈学の課題があると考えた。

ところでガダマーは『真理と方法』(5) において、認識を特定の前提なしに構築することは不可能であると述べ、前理解の必要性を「先入観の概念の復権」として公式化した。(6) 認識はけっして前提のない土台から始めることはできず、いつも既に存在する理解に付け加えられ修正されるというガダマーの主張は、ボルノーも承認している。しかし他方でガダマーが前理解を先入観として解釈するときには、否定的な意味での先入観が正当化される危険を孕むとボルノーは批判している。ガダマーは法律用語としての先入観の名誉回復を図った。すなわち、先入観は法律的には「他の判断、わけても最終判決に先行するあの法廷的判断」(7) を意味する。法廷においては、どんな判断であれ人格的責任がかかっている確定判断の修正や補足は許されない。しかし、ここで問題になっている生の理解に根ざした意見の領域では事情が異なる。「意見はけっして確固とした完結した所有ではなく、変化し成長する。そしてその中から確実な認識が生じる。先入観はこれに対して非開放的で発端から固定していて、そのために啓蒙不能である」。(8) もし前理解がガダマーの言うような先入観として把握されるならば、そこでは自己を豊かにする経験の開放性は存在せず、それは先入観という閉じられた円環のなかに留まることになる。前理解の解釈学はそこではたんなる「説明」

にすぎず、けっして未来に展開する可能性は生じない。

リップスは自らの解釈学的論理学を従来の形式的な論理学と区別して、むしろ「判断の形態学に代わって、実存の生起する段階の類型学が必要である」[9]と主張する。リップスは定義によってのみ規定できる普通の論理学で扱われる概念でなく、実践において確証される概念様式を「概念化作用」と呼んだ。リップスはこの概念化作用のなかに存在する前理解と人間の関係を、「人はいつも自己自らに巻き込まれ、自己の基礎のある範囲内で捕らわれたままでいる」[10]ことと規定した。つまり人間はけっして無前提に認識活動ができるものではないという点で、リップスの考えはボルノーの視座と一致している。しかしここでボルノーが指摘する問題は、概念化作用を導く前理解がリップスにあっては「巻き込まれている鎖」として把握されていることで、これでは理解への依存性が初めから歪んで捉えられることになる。リップスのこのような表現は、「前理解をちょうどそのなかへ人間が閉じ込められ、それから原理的にけっして解放されないところの檻として」[11]把握していることから結果するものである。ボルノーは、たとえ言語による概念化作用が人間に既に与えられていても、それはリップスの言うような否定的な妨害ではなく、むしろ人間の生に対する不可欠の手段となりうる、とリップスを批判している。この世界が真に新しいものの出現によって展開してゆくと言うことができるならば、新しい出来事は人間の既存の前理解の枠に納まりきらず、その時初めてこれまで自明であると思われた自己の前理解そのものがもう一度問われる存在へと移行する。そして新しいものはこれまでの自己の前理解を打ち破り、修正と拡大の経過を繰り返して初めて認識の進歩を可能にするのである。[12]

リップスは、実存主義の概念化作用の特徴を「自分を遂行する」(sich vollzieht) と表現している。しかしリップスのこの実存概念は、「その本質において増加も変化もしないで、ただ単に新しい努力のなかでだけ実現される」[13]ものである。ここでは、人間の前理解は訂正や再構築の余地をまったく持たない。なぜなら外から突入してくる新しい出来事に出会う「経験」が存在しえないからである。リップスの前理解の把握は、人間を越えた不動のものとして、アプリオリにあらかじめ与えられてしまっている。新しい出来事がいつも自己の前理解の枠内だけで把握される限り、前理解そのものは変化もしなければ増加もしない。その意味でボルノーは「人間は実際上、彼の変化不能の檻のなかへ閉じ込められている」[14]状態を「閉じた前理解」と定義する。この閉じた前理解という認識はひじょうに危険性を孕んでいる。なぜなら、そこでの人間は絶えず過去に引き渡され、未来のまだ見通すことのできない新しい様々な可能性や開放性を拒否するからである。逆に自己を絶えず発展させるためには、人間の生に与えられている新しいものや予測不可能なものへと絶えず開かれていることが必要である。そこで初めて人間の新しい経験が少しずつ変化しながら自己の持つ前理解へと働きかけ、自己のあらかじめ限定されている前理解を修正しつつ拡大・発展させてゆくことができる。このような概念をボルノーは、「開いた前理解」と名付けたのである。

註

(1) ボルノー著、浜田正秀訳、『人間学的に見た教育学』、一二六頁。
(2) Vgl. O. F. Bollnow, Erziehung zum Gespräch.
ボルノー著、浜田正秀訳、『対話への教育』、玉川大学出版部、一九七三年、八八頁―九〇頁参照。
(3) O. F. Bollnow, Philosophie der Erkenntnis, S.105.
(4) O. F. Bollnow, a. a. O. S.105.
(5) H. G. Gadamer, Wahrheit und Methode, Grundzüge einer philosophischen Hermeneutik,

Tübingen, 1960.
(6) Vgl. O. F. Bollnow, Philosophie der Erkenntnis, S.106 f.
(7) O. F. Bollnow, a. a. O. S.107.
(8) O. F. Bollnow, a. a. O. S.108.
(9) O. F. Bollnow, a. a. O. S.111.
(10) O. F. Bollnow, a. a. O. S.115.
(11) O. F. Bollnow, a. a. O. S.114.
(12) ボルノー著、『人間学的に見た教育学』、一二〇頁参照。
(13) O. F. Bollnow, Philosophie der Erkenntnis, S.118.
(14) O. F. Bollnow, a. a. O. S.118 f.

四　開いた前理解と経験

これまでに、認識というものが常に前理解によって修正され、明確化されるということを考察してきた。ここではボルノーの言う開いた理解がどのような過程を経て「経験」という概念に結びついてゆくのかということを明らかにしてゆきたい。われわれがある出来事を理解する場合、認識の第一段階は「知覚」によってである。われわれは特に意識しない場合でも、何らかの認識活動をおこなっている。われわれは常に既に馴染んで理解された世界に生き、ただぼんやりとあいまいに事物を見ている。そこでは知覚が外から人間の内に入ってくるものを捉え、それを前理解の枠内で吟味しているのである。すなわち、知覚とは、「いつも、気づくこと（Gewahrwerden）であり、環境世界のなかで私に関係する可能性をもつ変化への最初の反応である」。(1) 知覚は人間に第一に、環境内の変化を気づかせる。次にその人間にその変化に応じたふさわしい行動をとらせ、彼のこれまでの行動に修正をほどこす。これをまとめると、知覚は「自律的で中性的な作用ではなくて、環境世界のなかで私に関係のある変化、安定を乱す新しいものの侵入を告知」(2) する一つの警告的確認である。知覚は人間の生の環境の変化に気づく働きをなし、それに応じた行動を人間にするように仕向ける。しかしその際、人は眼前に出現する出来事を既に何らかの形で理解するので、知覚の作用はすぐに消滅する。それ故に「知覚はそれ自身として、理解された世界を越えるもの」(3) ではなく、どこまでも前理解の枠内でのみ生じる。

しかし知覚の捉えたものが前理解に納まりきらない場合もある。これまで何の問題もなく過ぎてきたわれわれの世界に、突然ある新しい未知なるものが入り込んでくることによって、現実が人間に立ち向かうことになる。ここにおいて初めて主観と客観の分離が生じるのである。(4) ボルノーはそれを知覚と区別して、「熟視」(Sich-Ansehen) と名づけた。すなわち熟視とは、「前理解の構成そのものを変化させるような意味での新しいものを認識する働き」(5) である。知覚がどこまでも受身的な働きであるのに対して、熟視は能動的な自己の活動を意味する。人間が熟視するということは、習慣的行動の乱れや不確実性によって、これまで確実で自明なものが今やはっきりと対象化させられることである。

以上われわれは意識的な認識活動が、知覚と熟視によって変化することを確認できた。しかしその範囲はあくまでも単純な世界理解の場面に限られていた。認識活動の領域が精神的・人格的世界にまで拡がるとき、ボルノーは「経験」(Erfahrung) という新しい概念を使用するのである。前理解との関わりで考えるならば、どのようにして新しいものの経験が、前理解という閉じた世界に侵入することができるのかという問いに換言できよう。さらに、人間の持っている前理解に変化を迫る形で突入してくる出来事を「事実」と言いうるならば、そのような事実はいつでも人間にとって厳しいものである。「事実とは、これまでの生の秩序のなかへかき乱しながら暴力的に侵入してくる或るもの」(6)であり、人間の現実を妨害する操作不可能な部分であるので、けっして快適な「事実」というものは存在しない。また「事実」とは、現実がわれわれに対して「峻厳な、変化を拒否するものとして、また硬く確固としたものとして向かってくる特別な様式」(7)でもある。つまり、人間の生の閉ざされた世界のなかへ、人間の前理解に変化を迫る形で突入してくる出来事が、「事実」というものの形態なのである。こうした事実との絶え間ない対決と克服の過程から、初めて人間の生の経験が生じ、新しい経験を導く人間の世界理解が開けてくるのである。

ボルノーはそのような経験の本質として、「経験の苦痛性」という概念を強調した。しかしここで言われている「苦痛な経験」とは、けっして否定的な意味で語られるのではなく、むしろその不快さを通してのみ人間は新しい経験を獲得することができる。自己の生がまったく妨害されずに経過する限りは、何事も人に襲いかかることはない。しかし「期待が欺かれ、途上に予期しない妨害が出現するとき、はじめて人間は彼の経験を〈する〉(machen)」(8)のである。ボルノーは「経験する」(erfahren)と「体験する」(erleben)の関係の類似性の奥に潜む決定的な相違点を際立たせることによって、「経験」の概念を明らかにしようと試みる。

たとえばロマン主義、生の哲学、そして二十世紀初頭の青年運動の典型的な概念である「体験」は、ひじょうに強い感情で色どられているとボルノーは指摘した。それに対して「経験」はもっと冷静な思考の概念である。体験者は体験されたものと自己が一体となる傾向にあるので、常に主観的なものに横滑りするという危険がある。他方、経験作用においては、人間のする経験が経験されたものを客観化するため、またいつでも「体験概念の主観的逸脱の危険から逃れようとする」(9)ため、そこには冷静さと事実性への厳しさが存

在することになる。(10)

このことを前理解との関連において説明するならば、人は「体験」においてまったく自己の前理解のなかに安らい、自己の枠を破ってあえて出てゆこうとはしない。知識や記憶は次第に累積し増加するだろうが、そこでは根本的に自己が変貌し発展してゆく可能性は閉ざされており、ボルノーはこれを「閉じた前理解」と名づけた。他方、真の「経験」をする場合には、自己のこれまでに形成してきた前理解というものが根底から覆され、新しい自己変革を迫るという形で新たに出会うものを認識してゆくのである。ボルノーはこの認識を「開いた前理解」と呼んだ。同様にボルノーは経験する対象についての考察を「相対的に新しいもの」と「絶対的に新しいもの」の二つの意味の区別によって押し進めていった。相対的に新しいものは、「これまでの理解全体のなかへはめられる場合で(中略)単に新しいデータとして、理解されている世界の座標系のなかへ秩序づけられうる」(11)ものである。それに対して絶対的に新しいものとは、「これまでの認識の視界(Horizont)には属させられないので、むしろそれをまったく飛び越えており、根本的に新しい自覚へと駆り立てる」(12)ものである。

同じ出来事を受け取る場合でも、それが閉じた前理解の枠内で行われるならば、相対的に新しいものとしてしか把握されず、その出来事を新しい経験へつなぐ道は閉ざされたままである。しかし他方で同じ出来事が開かれた前理解において把握されるならば、その出来事がたとえ自分にとって不快なものであったとしても、それは絶対的に新しいものとして捉えられ、自己の前理解の修正を迫られる。そこで初めて自己の経験を発展させ、さらに広い経験が増し加えられてゆくことになる。ここにおいて人間の生は経験する者として人間の深みを増し成熟の方向に導かれてゆく。しかし開かれた前理解において新しく得られた経験もまた時と共に退廃への可能性が生じ、そこに固定化する危険を孕む。それ故に常に新しい緊張が惰性への誘惑を克服できるという意味で、開かれた前理解は「けっして自然の賜物ではなく、労苦して獲得されなくてはならないひとつの徳」(13)である。

註

(1) O. F. Bollnow, Philosophie der Erkenntnis, S.63.
(2) O. F. Bollnow, a. a. O. S.63.
(3) O. F. Bollnow, a. a. O. S.66.
(4) Vgl. O. F. Bollnow, a. a. O. S.67 f.
(5) 中野優子著、「ボルノーの解釈学的認識論の考察――認識の発展とその教育的意義について――」、一五四頁。
(6) O. F. Bollnow, Philosophie der Erkenntnis, S.122.
(7) O. F. Bollnow, a. a. O. S.124.
(8) O. F. Bollnow, a. a. O. S.131.
(9) O. F. Bollnow, a. a. O. S.132.
(10) 同様の思想は、森有正著、『経験と思想』、岩波書店、一九七七年、七九頁－一四一頁の「日本人とその経験」でも詳細に展開され、ボルノーの「経験」概念と比較検討することは極めて興味深い課題であるが、ここではこれ以上追究できない。
(11) O. F. Bollnow, Philosophie der Erkenntnis, S.145.
(12) O. F. Bollnow, a. a. O. S.146.
(13) O. F. Bollnow, a. a. O. S.137.

五　開いた前理解と近代的直観教授

ところで直観とは「自由にかつ何ものにも囚われずに事物に身をゆだねて、事物から何ものをも得ようとしない」(1)ことであると定義するならば、前理解と直観とはお互いに正反対の相入れない概念である。なぜならば前理解とは、直観のように自由に何ものにも囚われずに対象を捉えることではなく、むしろ逆にあらかじめ自己のなかに存在し、われわれの理解を導きつつ対象を捉えるものだからである。しかしボルノーは、このように一見相反する前理解と直観という二つの概念をみごとに調和させることに成功している。彼は従来の伝統的な直観概念を踏まえつつも、そこに開かれた前理解と相通ずる思想を見いだしている。すなわち、ボルノーは根源への回帰としての直観という捉え方で直観というものを単なる認識そのものの問題にとどめず、一つの倫理的な問題にまで深めたのである。そこでまとめとして、上述のボルノーの主張する「開いた前理解」概念で直観というものを捉える場合、そこにはどのような特質が潜んでいるのかを浮彫りにしてみたい。

ボルノーによれば、伝統的な認識論にとって直観は既に自明なものとして存在する人間の認識の確実な基盤である。それ故にすべての認識は直観から始まり概念へと高まる、いわゆる「直観から概念へ」の公式が成立しうるのである。ボルノーは伝統的な認識論における直観と概念の関連を明確にするために、カント(Immanuel Kant, 1724-1804)の『純粋理性批判』の冒頭の一文を引用する。すなわち「認識がどのような仕方で、また、どのような媒介を通して、対象と関係するにしても、認識がそれによって対象と直接に関係するところのもの、あらゆる思惟が媒介として目指すところのものは直観である。（中略）そして感性だけが私たちに直観を与えるのである。悟性によってはしかし対象が思惟され、悟性から概念が生じる」。[2]

たしかにすべての認識は直観から始まり概念へと進むのだが、直観はまだ十分に概念化されていない認識の原料である。それ故に直観が明確な認識となるためには、明確な概念的把握が必要となる。「概念なき直観は盲目である」[3]という公式が生まれてくる所以である。教育学における近代的直観授業は、上述の直観把握を前提とする確実な知識伝授の原理の上に初めて成立しえたのである。しかしボルノーはここであえて、そのすべての教授原理の「直観」が果たして確実に一歩一歩の構築を可能にしうるかともう一度問い直すのである。その根拠はわれわれが繰り返し考察してきた前理解の把握に拠るものである。すなわち、われわれは既にいつも何らかの仕方で理解された世界のなかで生き活動している。しかしそのことを認識した瞬間、われわれは既に伝統的な認識論における純粋直観を飛び越えていることになる。

これとの関連で、ボルノーはいかにして直観は認識過程のなかに組み込まれるのかと問う。人間はただ事物さえ見ればそこに直観が生ずると考えるが、それは短絡すぎる思考であろう。なぜなら人は既に一定の前理解に囚われ制約されているからである。それではどのようにすれば真に事物を直観できるのか。そのためには、「自由にかつ何ものにも囚われずに事物に身を委ねて、事柄から何ものをも得ようとしないことが必要である」[4]とボルノーは強調する。すなわち、純粋直観は発端に存在するのではなく、人間がそこまでたどってゆかねば獲得できない高次の作用なのである。人間が事物と関わるとき、既に前理解の枠のなかで捉えられていたものが、直観において再び事物の発端ないし、本質へひき戻すことを可能にする。ここにおいて初めて「人間自身もまた自分の本質の根源へと、充実した世界に対する若々しい開放された存在へと、回帰する」[5]のである。

この根源への回帰としての直観は、たんに認識そのものの問題にとどまらず、直接に人間全体の在り方が問われるという究極的な意味で倫理的な問題となる。われわれは前理解を持った世界のなかで生きつつも、直観によって非本来的な状態への反対運動という意味での根源に戻ることは可能である。換言するならば、われわれは日常、前理解という眼鏡を通して対象を眺めているので、事物をあるがままに観ようとしてもけっして直観には到達しない。真の直観に至るためには自由にかつ何ものにも囚われずに、一度自己の持つ前理解の枠を壊して事物に身を委ねることが必要となる。このような「直観」の捉え方は、まさに上述してきた「開いた前理解」のとるべき態度と一致することになる。

註

（1） O. F. Bollnow, Philosophie der Erkenntnis, S.72.
（2） I. Kant, Kritik der reinen Vernunft, B.33. in Vgl. O. F. Bollnow, a. a. O. S.70.
（3） O. F. Bollnow, a. a. O. S.70.
（4） O. F. Bollnow, a. a. O. S.72.
（5） O. F. Bollnow, a. a. O. S.73.

第四章　ボルノーの教育実践論

第一節　教師と生徒の信頼関係について

――ボルノーとドベスに学びつつ――

一　問題の所在

一九八四年、関西学院大学文学部教育学研究室において「中・高教育改善のためのアンケート調査」(1)がおこなわれた。その主旨は、中・高の学校教育を現在以上に充実させるその端緒として、まず生徒自身の生の声を直接聴き取ることから始めるというものであった。大項目だけでも十二問以上ある学校生活に関わるアンケート項目のうち、筆者の興味をかきたてた主題は、今日の学校教育の焦眉の課題でもある教師と生徒の「信頼関係」についてであった。いくら充実した教育設備が与えられ、きめ細かな授業が計画立案されていようと、それだけで学校教育が充実するものではない。学校という器のなかで日々、複雑に織りなされている教師と生徒たちの関わりがむしろ教育の成否の鍵をにぎる。そこでわれわれはアンケート調査の結果をボルノー（Otto Friedrich Bollnow, 1903-1991）とドベス（Maurice Debesse, 1903-）の教育理論と照らし合わせつつ「教師と生徒の信頼関係」を基軸に論考を進めてみたい。具体的には、今回の調査結果を分析する基礎作業として、以下では主としてボルノーの『教育的雰囲気』(2)に依拠しつつ、教師からの展望として

「教師と子どもの信頼」と「教師のユーモア」について、さらに子どもからの展望では、「子どもの快活さ」と「子どもが持つ朝のような感情」について論じる。最後の結論部では、現代のフランスにおける発達教育学に多大の影響を与えているドベスの教育思想と照らし合わせつつ、「高校生の教師不信」について論考を加えてみたい。

註

(1) 今回の「中・高教育改善のためのアンケート」は、私立の中・高および公立の中・高、計六校で、総生徒数三四九五名を対象に一九八四年に実施されたものである。

(2) O. F. Bollnow, Die pädagogische Atmosphäre. Heidelberg, 4 Aufl., 1970, ボルノー著、森昭・岡田渥美訳、『教育を支えるもの』、黎明書房、一九八〇年。

二　教育者からの展望

a　教師と子どもの信頼

A校での調査結果をもとに、ここでは教師の子どもに対する「信頼」について考察してゆく。A校での質問事項は次のとおりであった。すなわち、「あなたは、悩み事があるとき、先生に相談しますか?」との問いに対して次の注目すべき回答が得られた。五つの選択肢のうち、「あまり相談しない」と「ほとんど相談しない」の回答合計が、A校で約八九%を占める結果となった。つまり子どもたちが様々な個別の悩みを負って学校生活を続けるなかで、彼らの大半は教師にほとんど相談していないか、もしくは相談できないという厳しい現状が存在する。

さらにこれとの関連で以下の問いが続けられる。すなわち、「先生に相談した方が良いと思いつつ相談しない理由は何か」との問いに対して、次の回答が多数を占めた。すなわち、「ふだん、先生と親しく接していないので、相談しづらいから」という理由である。この結果はA校のみならずB校でも顕著に見られたのであるが、こうした教師と子どもたちとの間の「信頼関係」の問題をわれわれはどのように考えてゆけばよいのであろうか。教育が円滑に進むための情感的前提としてボルノーは、「子どもに対する教師の情感的態度」の重要性を取り上げた。ここでは、教育がより充実するための数多くの諸条件のなかから、「教育者の子どもに対する信頼」に的を絞って論じてゆきたい。

子どもの成長は植物のように自然に発達してゆくものではなく、教育者の子どもに対する「信頼」がその根本にあって初めて正しい発達を遂げるのである。これがボルノーの指摘する第一の視点である。そのことは自ずから教育者の諸徳性の問題、つまり教師に必要とされる心的準備の問題へとつながってゆく。子どもは自分自身の内から内在する法則に従って発達するとの主張は、ロマン主義の植物的成長観を背景としている。しかし、現実には、子どもたちに寄せられる信頼によって、彼らの発達がかなり左右されるという解釈の正しさは言を待たないであろう。具体的な教育の場面で、教師は「子どもたちは何かができる」と信じなければならない。こうした教育者の心的態度が成立して初めて、子どもたちは大人からの様々な要求や課題を克服しうるのである。子どもたちは教育者以上に不完全な存在であり、今なお発達の途上にあり、諸能力が成長しつつある存在であることをわれわれは忘れてはならないだろう。これとの関連でボルノーは次のことを強調する。すなわち、「子どもは自分の諸能力を、それらによって為しうるぎりぎりの限界まで試そうとする自然な願望をもっている。もしも教育者が、いつもいつも子どもを彼の能力の限界いっぱいまで導くことをせず、最後の厳しさを彼に要求しないならば、柔弱な子どもを育てることになるであろう」。(1)

ボルノーが指摘する第二の点は、ひとが特定の人間についてもつ「信念」についてである。これは人間の発達にとって重要な要素となるにもかかわらず、必ずしもこれまでに十分な評価が与えられてこなかったので、われわれには特に貴重な示唆となろう。ボルノーによれば、人間とは「周囲から自分がそう思われていると考える表象に従って、自らを形成する」(2)存在である。それ故に、感化力の強い子どもは大人以上に、所属する学級の教師によって信頼され見込まれることにより、教師の抱く像に従って自らを形成するようになる。ボルノーはニコライ・ハルトマン(Nicolai Hartmann, 1882-1950)の次の言葉を援用して、いかに人間が他人の信念に応じて変わりうるかを証明した。すなわち、「人間は、まさに彼が他の人のなかに信ずるものを、その人のなかに実際に作り出す」。(3)

これまでに述べてきた対象は一般の大人に対してであったが、この問いは子どもにおいてもさらにあてはまると思われる。「なぜなら、成人に比べて、子どもは、その自己がまだわずかしか確立しておらず、なお外に向かって大きく開かれているがために、良きにつけ悪しきにつけ、外からの影響を強く蒙るからである」。(4) これはまさに教育の核心的な問題となろう。というのも、教育者が一人の子どもを信用し正直であると考える場合にのみ、その子どもの内部に教師の信念に対応する諸特性が形成され、実際に信用のできる正直な子どもになるからである。しかし同様に逆の事例も生じうるのであり、ここに教育の恐ろしさも存在する。「教育者が、子どものなかにありはしまいかと邪推する悪しきものが、この邪推によって、すべて同じように呼び起こされ、そして遂には、疑い深い教育者が邪推したとおりに、彼は愚鈍で、怠惰で、嘘つきの子どもになってしまう」。(5) このように良きにつけ悪しきにつけ、教育者の子どもに対する「信念」がそのの子どもの成長をまったく決定づけてしまうことにわれわれは注目したい。

ボルノーは第三に、子どものあらゆる能力の発達にとって不可欠な前提としての「包括的信頼」を取り上げた。「信用」と「意見」は相手の個々の能力や徳性についての知的判断を基準とするが、それに対して「信頼」は相手の道徳的・人格的核心に関わるものと言えよう。われわれは一人の人間を信頼するときには、彼の個々の徳性ではなく、彼の人格を包括的に信頼するのである。それ故にボルノーのいう「包括的信頼」こそ、教育の不可欠な前提となり、その教師の子どもに対する信頼によって子どもは自らの能力を最大限に発揮できるのである。同時にこれと逆の教育的状況の危険性を読み取り、ボルノーは次のような懸念を抱いた。もし教師が「子どもを信頼することを拒むならば、それによって、子どもからせっかく良き意図をもってやりとおそうとする力を、奪いとってしまう。それどころか、子どもが自分の意図に固執し自己を主張しようとするひどく反抗的な依怙地でさえも、もし子どもが彼に対する周囲の信頼に支えられていなければ、ついには挫折するにちがいないのである」。(6)

このように、「包括的信頼」を肯定するのと否定するのでは、両者の子どもに及ぼす影響という点で計りしれないものが存在することが明確に理解できよう。それ故に、教育者たちの子どもに注ぐ根本的な信頼は教育の焦眉の課題となる。(7) 教育的な信頼は盲目の信頼とはまったく逆で、子どもの弱点や欠点を十分に認識したうえで、さらにそれにもかかわらず、子どもの発達を信ずるところにのみ成立する。それ故に教師が子どもを信頼するときには、いつでも裏切られる危険に曝されていることをわれわれは覚悟しておく必要があろう。さらに教師がこの「包括的信頼」を保持することがむずかしい原因は以下の事実によるものと思われる。たとえ教師が一人の子どもを信頼していたとしても、子どもが教師の期待どおりの発達を遂げなかったり、逆に教師への悪意を抱くことさえありうる。なぜなら子どもは教師以上に一個の不完全な人間だからである。こうした現実が教師の側からいえば、子どもへの「包括的信頼」を保持しにくい理由となる。教育の奥深い使命をボルノーは以下のように表現した。「教育者は、失敗をいくたびくり返しても、また時として、利口な人間の目からみれば勘定に合わないことがあるにしても、こうした信頼への力を、彼の心のなかに、繰り返し新たに奮い起こすことができなければならない」。(8)

b 「教育におけるユーモア」について

教育者からの展望で考察する第二のテーマは、「教育におけるユーモア」についてである。A校の生徒たちに次の問いが出された。「教科の授業の進め方で、先生に一番望むことはどんなことですか」との問いに対して、極めて興味深い結果として、A中学では四八％、A高校では四〇％の高率で共に生徒たちが教師に「ユーモア」を何よりも求めていることが判明した。詳細な資料は省略せざるをえないが、ここで一番子どもたちが望んでいる教師像とは、「わかりやすく、ていねいに教えてくれること」以上に、「ユーモアのある楽しい授業をしてくれること」であった。教育者の立場から考えてみても、堅くて打ち解けない態度よりも、「ユーモアを醸し出しながらの子どもたちとの交わり」を望まない教師はいないだろう。しかし教育の原点に立ち戻って、教育におけるユーモアとはいったいどういうことなのか、またどのようにそれは可能となるのか、と今一度教師たちが自問自答してみると、これは極めて困難な問いでありこれまで教育論として正面から論じられてこなかった重要な課題ではないだろうか。

ボルノーが一節をあげて語っている「ユーモア」論は、世の中を滑稽なものとして捉え騒々しい笑いを誘い出す一般的な生活態度としてではなく、どこまでも「教育的ユーモア」という特殊な形態のものであり、そのユーモアのない人間は教育者として不適格であると断定しているほどである。それではボルノーをしてこのようにまで言わしめる「教育的ユーモア」とはいったいいかなる形態を有するものなのか。ボルノーは教育的見地から次のように述べている。すなわち、「ユーモアとは、子どもの小さな悩み事を、ある一定の高みから余裕をもって眺め、それを軽く受け流す能力である」(9)とし、その理由を次のように続けている。「というのは、教育者がもしも、当の子どもにとっては無限の、もはやとても耐え切れないと思われるような悩みを、いちいち子どもと同じように重大に受け止めるならば、もはや彼は正しい仕方で子どもを助けてやれないだろうからである。(中略)それと反対に、教育者はユーモアによって、緊張をほぐすのである。彼は、子どもと同じような仕方で厄介なことと真剣に取り組むことをせずに、それを軽くあしらい、こうして子どもにも、内的にそれを乗り越える可能性を得させる」。(10)教育者のユーモアの特徴の第一は、子どもの小さな悩みを一歩距離をおいて客観的に余裕をもって対処することによって、子どもの悩みを解いてやる「援助の手」なのである。それができるのは子ども以上に長い人生経験を積んだ教師であり、教師こそが当面の状態を絶対化し袋小路に陥ってしまっていると思い込んでいる子どもたちの悩みを相対化し和らげうるのである。

さて教育的ユーモアの第二の特徴は、子どもが教師に反抗し手こずらせるときにその真価を十分に発揮するにちがいない。その際、教師にとって大切な態度とは、子どもと同じ興奮した状況で反応することでもなく、さりとて法廷での司法官のような冷ややかな反応でもないとボルノーは指摘する。ここでボルノーのことばを聴いてみよう。「つまり教育者は、高みから眺めるユーモア(余裕)をもって、相手の攻撃を受け止め、瞬間の悪意を本気のものとは受け取らず、攻撃の鋭鋒を和らげることによって、たいていは、巧みにすべてを元通りに整えることができる。ユーモアは、まだ助力を必要とする子どもとの交わりのなかで巧みな手さばきを生み出す天分なのである」。(11)さらに子どもが成長してからも、教育者は軽やかで善意溢れる皮肉（アイロニー）も交えて、子どもの行詰まりを援助しなければならない。たとえば、ボルノーは失恋のために自殺を決意した若者の例を取り上げ、こうした悩みは当人一人だけの悩みではなく、程度の差こそあれ、だれでもが直面する危機的な問題であることを若者に理解させることによって、解決への突破口が開かれるものであると述べている。

註

（1）O. F. Bollnow, Die pädagogische Atmosphäre. S.46.
（2）O. F. Bollnow, a. a. O. S.46.
（3）N. Hartmann, Ethik, Berlin und Leipzig, 1926, S.429. in: O. F. Bollnow, a. a. O. S.47.
（4）O. F. Bollnow, Die pädagogische Atmosphäre. S.47.
（5）O. F. Bollnow, a. a. O. S.47 f.
（6）O. F. Bollnow, a. a. O. S.49.
（7）『教育を支えるもの』の訳者、森昭も訳註一一八頁で次のように述べている。「教育的な信頼は盲目の信頼ではなく、相手の弱点や欠陥についてのリアルな認識をもっている。にもかかわらず、なおかつ相手のよき発達を信ずる冒険を、信頼は含んでいるのである」。
（8）O. F. Bollnow, Die pädagogische Atmosphäre. S.50.
（9）O. F. Bollnow, a. a. O. S.68.
（10）O. F. Bollnow, a. a. O. S.68.
（11）O. F. Bollnow, a. a. O. S.69.

三　子どもからの展望

a　子どもの快活さ

戦後五〇年の日本の教育を振り返ってみるならば、ある時期の間、教師には「魂あい触れて」という言葉で表現されるような人間的触れ合いの重要性が強く叫ばれた時期があった。それは終戦まもなく日本全国が焦土と化したところから、教育の復興が開始された頃のことである。しかし時が過ぎ、次に教育現場で求められ始めた傾向は、「教壇で勝負する」授業型教師像であり、その延長上の現象として今日の落ちこぼれ、乱塾という状況が顕著になってきたのである。(1) さらに一九五八（昭和三三）年以来、全国的に実施されてきた「勤務評定」についての学校の教師たちと文部省の衝突も、根深いしこりを残しているのが現実であろう。こうした状況で、特に学校教育に問題を絞っても、教師と生徒の間には、埋め尽くし難い隔たりが生じてきた現実は、誰もが認めないわけにはゆかないだろう。

上述のこうした問題意識も含めたうえで、「あなたは自分の学校の先生方についてどのようなイメージをもっていますか」という問いをA校の生徒たちに投げかけてみた。教師側のイメージの項目としては、「陽気な」に対して「陰気な」、また「活発な」に対して「不活発な」という対句的な形容詞が二〇組用意された。ここで注目すべき事実は以下のことである。「正しい」「積極的」「明るい」などの教師のイメージについて、A中学とA高校の生徒たちの教師観を比較してみると、全般的にA高校の方がA中学より「教師のイメージ」が悪い、ということが明らかになった。この点についてはA高校のみならず同系列のB高校でも同様の結果が出た。すなわち、一般的に中学生よりも高校生の方が「悪い教師像」・「教師への不信感」を持ちやすい、という事実が明確な数値の上からも読み取れよう。こうした現実を踏まえて問題解決の糸口を探るために、ボルノーの論究している「子どもの快活さ」という切り口から迫ってみたい。

さて一般に学校教育では、授業本位の傾向が強く、もっぱら真面目さが先行し、教師は職業的に子どもの快活さを学校生活において発揮しきれず、むしろ教室には暗さと不快の雰囲気が流れ込みがちである。こうした教師の無意識に産みだす沈欝な気分が、実は今まさに成長しつつあり教師に信頼してもらいたいと願っている子どもたちに、どれほどの悪影響を及ぼすかという点について、また逆にそれ故に、教師と生徒の間で醸し出される雰囲気が快活で晴れやかに展開されるならば、そこではどれほど教育が成功しているのかという点について、これまで意外にもその分野についての教育学的考察がなおざりにされてきた。

「快活」とか「晴れやかな気分」というこうした情感なしにはひとときとして成立しえない教師と生徒の人格的関係の重要性が、今回の調査結果から窺い知ることができる。(2) ボルノーは、子どもが楽しく生活し社会のなかで充実した生活を営むためには、まず「快活の感情」が普遍的な気分として子どもたちを包まねばならないと考えた。ボルノーの教育的見解の背景にはハイデッガー（Martin Heidegger, 1889-1976）の影響が色濃く反映されていることを忘れてはならないだろう。「気分というものは、人生と世界とが、そのつど一定の彩りをもって、そこから人間に開示され、そして人間と世界の意味を把握する個々の具体的な作業が、そこから初めて可能になる普遍的基底」(3) なのである。

別言するならば、陰欝な気分での教育的関わりのもとでは教育および個々人の人生全体は暗いものとなり、人間は各々の殼に閉じ籠もり、教師と生徒との信頼関係は完全に崩壊してしまう。心が萎縮し苦悩と恐れの世界のなかで、子どもたちは心身ともなる成長と発展を遂げることができるだろうか。答えは当然、否である。しかし反対に喜ばしい気分での教育的関わりにおいて、子どもたちの魂は再び世界に向かって開かれるのである。教師と生徒との信頼関係もまた、この喜ばしい気分が前提にされて初めて語りうる。ボルノーはジャン・パウル（Jean Paul, 1763-1825）の教育論『レヴァナ』の一節を援用して彼に次のように語らしめている。「喜ばしさは（中略）入りくるすべてに向かって子どもの心を開き、（中略）すべての若々しい力を、朝の光のごとくに立ち昇らせる」(4)と。

われわれはここで、具体的な教育現場で生じる様々の事例に上述の「喜ばしい気分」のもつ教育的意義を適用することが許されよう。一般的に見れば、ばかげた腕白や愚行でさえも、教育における喜ばしい気分の側面から捉え直すと、場合によってはそれは疑り深い教師たちの想像の産物であることも少なくない。子どもの快活な腕白も、むしろ少年期の発達を支える一つの要素であり、教育的にも評価される側面を有していると考えたほうが良いことをボルノーは確信する。

ボルノーはこれとの関連で学校教育の危険性を次のように鋭く指摘した。「なぜなら、教育的な意図そのものが、意識性をもち、また自由な遊戯とは区別される理性的に規制された作業を強調するものであるがため、そこには最初から真面目さへの方向が含まれていて、快活な笑いをはじめ、子どもらしい天真爛漫さを示す他のあらゆる兆候は、不真面目なものとみられるからである」。(5) 学校教育の中心的存在としての教師自身の克服すべき問題をボルノーは上述のように「暗さへの傾向」と特徴づけ、まさに「教師の職業病」とさえ呼んでいるほどである。こうした現実を直視して、そこに潜んでいる問題の深さを認識すればするほど、教師の周囲に「快活な気分」を広めてゆき、生徒たちの心を開いてゆくことが、どれほど重要な教育的課題であるかが明確になろう。ここでボルノーは、理性的な汎愛学派のザルツマン（Christian Gotthilf Salzmann 1744-1811）の老教師としての夢を援用している。「すべての教師は、それまで彼らの顔つきを不親切で不機嫌なものにしていた皺をすべて消し去るように努める。彼らの眼差しは、昇る旭日のように晴れやかになる。彼らは子どもたちに立ち交じって、ともに標的を追いかけて走り、ともに球を打ち、また独楽回しを教える。子どもたちは、それを大いに喜び、両腕を教師の首にまきつけ、抱きつき、そして接吻する」。(6)

こうしたザルツマンの援用からも理解できるように、快活な教育者のみが良い教育者でありうるとボルノーは断言する。ともすれば理性的という名のもとに生徒を管理し規制された学校生活の実践を自負する教師たちが孕みもつ危険を、われわれは今一度、「子どもの諸力の健全な発達」という観点から考え直してみる時期にきていると言えよう。

b　子どもがもつ「朝の感情」

ボルノーは「子どもからの展望」における子どもの健全な発達を支える第二の気分として、「朝の感情」を取り上げている。彼はこれまで一般論として、世界を開示する気分としての子どもたちの心の喜ばしさと快活について述べてきた。ここでは「子どもの健全な発達を支えるものは何か」という同じテーマを時間的観点から、新たな解釈を加える形で論じてゆきたい。

それではボルノーのいう「朝の感情」とは具体的にはどのようなことを意味するのだろうか。ボルノーは、青少年期にみられるこの「朝の感情」の特性が教育に対してもつ意味について、これまでにほとんど問われなかったと前置きして次のように説明する。「朝の感情」は「人間の発達にとって、またそのゆえに、教育にとっても欠くことのできない、未来へいきいきと立ち向かってゆく勢いなのである。それは朝の新鮮な感情であり、どうしても自分のなかに閉じ籠もることができずに、あふれでようとする感情であり、そして自分を乗り越えてゆく理想的な努力への力強い活動に直接転化することを欲する感情である」。(7) 青少年の「朝のような気分」とは、自分の将来に対して喜びをもって前進してゆき、自己の立てた遠大な計画に向かってその実現を夢みて努力しようとするものなのである。それゆえ、こうした状態において青少年が空中楼閣を描き夢見る傾向はむしろ自然なことでさえある、とボルノーも認めている。ただしその際、われわれは未来に対する青少年の「朝のような気分」が本来的に持つ二重の時間的性格を正しく把握しておかねばならないだろう。この二重の時間的性格とは、青少年の性急さが及ぼす未来への向こう見ずな努力ではなく、現在という時間を充実して生きることによって自らが未来に期待を持ちうる、ということを意味する。

上述の青少年の「朝のような気分」が教育学に重要な意味をもたらすのは、こうした気分が今後の青少年の発達にとって、なくてはならない必須の前提となるからである。これとの連関で、ボルノーはカント(Immanuel Kant 1724-1804) の有名な教育的テーゼ「人間は教育されなければならない唯一の動物である」(8) だけでは捉えきれえない教育現実を以下のように示唆している。もちろんカントが説くように、子どもたちは外部からの援助によって、つまり教育が彼らに与えられて初めて人間となりうるという指摘はなるほど正しい。しかしさらに青少年の健全な発達を願うならば、次の点が忘れられてはならないとボルノーは考える。すなわち、「教育は外的な強制として子どもに課せられうるものではなく、子ども自身のなかに、それを待ち望み、あのような助成を要求するところの何かが存在していなければならない」(9) と。だからこそボルノーは力を込めてさらに続ける。「教育を求め、率直に教育を喜ぶ存在としての子ども、これが同じくおいにわれわれの認識しなければならない他の一面である。これは幼少期の人間学において、ひとつの大きな、しかしまだ十分には認識されていない意義をもつ」。(10)

以上のことから、青少年が教育を待ち望み自らそれを受け入れようとする態度は、けっして合理的で法則的な説明で理解されるものではなく、ボルノーの指摘した「朝のような気分」の前進的な感情に、より深く根ざすものであると言えよう。それ故に教師不信などが原因で生じる怠惰や倦怠が青少年を捉えたり、彼らにとって未来が抑圧的に感じられたりする場合には、彼らは心身共に健全な発達を遂げることができなくなるのである。

註

(1) 深谷昌志編著、『現代っ子と学校』、第一法規出版、一九八一年、五刷、六〇頁参照。
(2) ボルノー著、浜田正秀訳、『人間学的に見た教育学』、玉川大学出版部、一九八一年、六一頁参照。
(3) O. F. Bollnow, Die pädagogische Atmosphäre. S.26.
(4) O. F. Bollnow, a. a. O. S.27.
(5) O. F. Bollnow, a. a. O. S.28.
(6) C. G. Salzmann, Carl von Carlsberg oder über das menschliche Elend. 1785. 3 Teil. S.286 ff. in: O. F. Bollnow, a. a. O. S.29.
(7) O. F. Bollnow, a. a. O. S.30.
(8) I. Kant, Werke, hrsg. v. E. Cassirer, 8. Bd. S.457.
(9) O. F. Bollnow, Die pädagogische Atmosphäre. S.32.
(10) O. F. Bollnow, a. a. O. S.32.

四　高校生の教師不信について

ここまで中・高一貫教育についてのアンケートの内容と関連づけて、「教師と生徒の信頼」の教育学的課題をボルノーの教育人間学的考察法に照らしつつ論じてきた。それゆえにこれまでの論究は、どこまでもボルノーの主著の一つ、『教育的雰囲気』の論旨を目安とする一般論に終始せざるをえなかった。しかし結論部においてはどうしても避けて通ることのできない重要な調査結果を分析・解釈する必要性が残されている。その調査結果とは以下の内容である。

上述の調査においても、A校だけでなくB校などの中・高一貫教育を実践している学校では特に、中学より高校の方が平均して先生方のイメージが悪くなるという結果がでていた。「明るい・陽気な・活発な」教師像については、中学より高校の方が劣り、同様の教師と生徒間の信頼関係についても、高校生の方が中学生よりも教師を信頼しにくいというデータがまとめられた。調査範囲をA校だけに絞ってみよう。（A高校ではその三分の二がA中学から入学してきた生徒で、A中学の雰囲気を知っている）

この調査結果から、単純に中学校の教師の方が高校の教師よりも熱心な学習指導や生徒指導をしている、と考えられてはならないだろう。というのもA高校の場合だけが、高校の教師と生徒間の信頼関係が弱いという結果がでているならば、「A高校の教育の欠陥」という視点からこの問題が取り上げられねばならないだろう。しかし現実には、B高校にしても、また他の公立高校にしても、中学よりも高校の方が全般的に教師像の質問に対して否定的なイメージの回答を寄せている。この点についてわれわれはどのように解釈してゆけばよいのだろうか。このことは単に中学教師が高校教師以上に熱心で人格優秀といった単純な図式で捉えうるものではなく、むしろ青年期特有の子どもたちの教師に対する態度を問題にしなければ、納得のゆく調査結果の意義づけは困難になるのではないかと思われる。

一般に中学生から高校生に成長してゆくにつれて、子どもたちは心理的離乳を図り、自由と独立を求めるようになると言われている。「中学生になるまでは親や先生の望む行動様式をとり入れ、率直にその指示や命令を受けとめ、従順であるが、青年期になると、親や先生を自分と対等におき、批判や反抗をはじめる。それは感情的なものから次第に理論的なものへと深まる。単に自分の行動の自由な独立を求めるだけでなく、精神的にも思想的にも自分の信念や理想を一方的に絶対化したり美化していく傾向が強まることから、親や先生は言うまでもなく友人とも対立したり抗争したりするようになる」。(1)

こうした高校生の教師不信、対立の問題をわれわれはいかに受け止め、解釈してゆけばよいのだろうか。その手がかりとして、フランスにおける発達教育学に多大の影響を与えているモーリス・ドベスの教育思想を紹介してみたい。高校生という時期が子どもの発達段階にとってどのような特殊な位置づけがなされているのかを探ることによって、「高校生の教師不信」の理論づけが少しでも可能になるものと思われる。

ドベスも指摘するように、青年期(一六〜二〇歳)に入るということが、単純に善への接近が始まることだと考えるのは早計である。(2) ドベスによると、まだ率直に年上の者の指示や命令を従順に受け入れ、「まだ眠っている子ども時代と、しばしば貧弱なものになる成年期との間で、青年期の後半の生活は、若い個性の高揚の動きに駆られて四方八方にあふれ出して行く。この飛翔を破壊することなく調整し、より高次の人間的特質の獲得を若さの高揚の目標として示すのが教育の責任である」(3) という。

今回の一貫教育の調査結果が如実に物語っているように、A高校のみならずB高校や他の公立高校でも、こぞって高校生のほうが中学生よりも教師との信頼関係が弱いという事実に対して、ドベスの以下の青年期に対する省察はわれわれの調査の解釈の一助となるだろう。すなわち、高校生に成長すると、中学生時代以上に心理的離乳、自由と独立を求めるようになり、「今やすべての手段を手にした思考は、どんな問題の前にも退却することなく、極端な意見に走り、原則や体系に陶酔する。多くの学生にとっては、この数年間は形而上学の年代」(4)でもありうるのである。

調査結果の数値だけから判断すると、高校生の「教師不信」が中学生との対照によってひときわ顕著なものとなる。一般的に考えれば、ここで高校生の教師への否定的イメージが否めない事実となるが、ドベスの把捉する青年期、つまり青年の自己主張、原則に陶酔し極端な意見を持つことに正当性しか見いだささないことが一般的な青年期の特質であるとするならば、むしろ調査結果の数値は、青年期の発達段階が正常であることの動かし難い証明となる、と考えた方が自然ではないだろうか。

このようにして高校生の精神的発達段階の特性を吟味してくると、既成の社会秩序の象徴ともいうべき学校や教師への反抗・対立を一つの契機として、青年期後半への人間的成熟が初めて可能となる。この点についてのドベスの見解を聴いてみよう。若者の「取る道はしばしば意表をつくようなところがある。(中略)ジャズ狂から、暴力を創り出すと自負する不良少年にいたるまで、(中略)猛烈な異議申立者、暴走族、(中略)様ざまな種類にわたる社会のつまはじきが次から次に続き、移り変わる世相の風にとけあってきた。(中略)青年は性急に行動し、何か大きいことをやりたがる」。(5)

具体的な内容やその深浅の程度こそ異なれ、大半の高校生たちが直面する現実は、ボルノーの言葉を借りて表現するならば、一つの「危機的状況」として捉えることが可能であろう。ボルノーは彼の教育的主著の一つ『実存哲学と教育学』のなかの「道徳的危機」の箇所で、いみじくも次のように述べている。すなわち、

「持ちこたえられなくなった古い秩序から、これに解決を与えるはずの決断に対する絶望という奈落へ落ち込むことによって、かえって新しい秩序へと達することになる。（中略）一般的にいって、新しい生活はいずれも危機と共に始まる」(6)のである。

人間の発達課題、すなわち、ボルノー的に言えば人間の連続的教育形式を踏まえたドベスの青年期理解においてさえ、青年期を単純に「一般的な善への接近の開始」と捉えることに警戒し、特に青年後期の生の特徴として、若い個性の高揚の動きに駆られて四方八方にあふれ出す「飛翔」（ドベス）と表現している点がまことに興味深い。なぜならドベスの人間の連続的発達段階から見た教育観でさえ、この青年後期のひとときは、「飛翔」という極めて非連続的な概念でしか的確に説明できない時期が存在するからである。ここにボルノーの非連続的形式の一例としての「危機的状況」を引き合いに出す根拠もある。

こうした気分の高揚や精神的な危機的状況が、青年期のひととき若者の心情を支配した後、彼らは相対的な「落ち着き」を人格の成熟と共に獲得し始めるのである。ドベスによれば、およそ二〇歳を過ぎる頃には、多くの場合、就職とそれに続く家庭の創造の営みが若者の言動を安定させてくる、という。(7)ドベス自身はこれまでの性急さと抗争的な態度は全般的なものでなくなり、周囲に同化したいという望みが生じ始め、多明確に高校生の時期の人間不信や精神的危機について述べているわけではないが、少なくともわれわれは高校の一時期の社会への抗争や対立、具体的には人間不信や教師との信頼関係の問題が青年各人の問いとして受け止められた後で、大人へと成熟してゆく一つの契機になるのではないかと考えることは許されよう。このように解釈してくると、今回の中・高一貫教育の調査結果の特徴となった「高校生の学校教師への不信」という現実も、教育の主体（教師）が不断の努力を惜しまない限りにおいて、承認されるのではないだろうか。青年後期という人生の精神的危機に生きる高校生たちが、既成の社会秩序（学校組織や教師）と対立し拮抗した後に、彼らは相対的に落ち着き始め、人間的成熟が初めて可能となる。われわれはその意味で、「新しい生活はいずれも危機と共に始まる」[8]（傍点筆者）と言うボルノーの言葉を理解できるのである。

註

（1）増田信編、『高等学校学級担任必携』、文教書院、一九八四年、九刷、三六頁－三七頁。
（2）Maurice Debesse, Les étapes de l'éducation, 1952, Press es Universitaires de France (10th revised edition published in 1980)
モーリス・ドベス著、堀尾輝久・斎藤佐和訳、『教育の段階――誕生から青年期まで――』、岩波書店、一九八三年、二刷、一六六頁参照。
（3）ドベス著、前掲書、一七九頁。
（4）ドベス著、前掲書、一八〇頁。
（5）ドベス著、前掲書、一八二頁。
（6）O. F. Bollnow, Existenzphilosophie und Pädagogik, Kohlhammer, 1977, 5 Aufl. S.34.
（7）ドベス著、『教育の段階』、一八二頁参照。
（8）O. F. Bollnow, Existenzphilosophie und Pädagogik, S.34.

第二節　自立性への教育
――ボルノーの「役割からの解放」概念に即しつつ――

一　教育学における「適応」の問題

「教育的な営み」とは、人間同志が価値ある文化や社会を形成してゆくための客観化され固定化された行動の規範であり、文化や社会への「適応」であるということができるならば、どの時代やどの社会にもそれぞれふさわしい「適応」という視座に立脚した教育観が存在することになる。そしてその教育観に合致する考え方や行為が「善」と見做され、他方そぐわない考え方や行為を「悪」と刻印づけられ、そこから「社会規範」というものが生じてきたのである。こうした教育の機能を社会学的な視点に照らしてみると、それは社会の構成員である人間の「社会への編入」の過程であり、成員の立場からみると「社会への適応」の過程である、と言うことが許されよう。(1)

子どもはすべて無力なものとして生まれ、他人への依存性を媒介として社会のなかで人間として生きてゆくことを学んでゆく。「新生児の無力さと彼が生存する社会の生活様式との間の一定の文化的落差を前提とし、その落差の解消の過程」(2)を「社会化」と社会学は定義している。この社会化の過程で個人が健全に発達できるために、子どもは社会の成員としてしなければならないことと、やってはならないことを知ることを要求される。社会化によって展開される広義の人間教育は本質的に社会的性格を包含する。そのために、教育とは「社会の根本的機能」(クリーク、Ernst Krieck, 1882-1947)であるとか、個人の「社会的同化」もしくは「社会的適応の過程」(ペーターゼン、Peter Petersen, 1884-1954)などと定義されてきたのである。

ボルノー(Otto Friedrich Bollnow, 1903-1991)も語るように「社会化」とは程度の差こそあれまた「社会への編入」である。同様に「文化化」とは歴史的に制約された文化のなかへ人間を適応させることであり、文化を身につけさせることを意味する。とするならば社会化にせよ文化化にせよ、子どもたちはこうした過程を通じて一定の社会や集団の規範的構造のなかへ組み込まれ、社会的な役割を学習し始めることになるし、また同時に他方で社会や集団の側からみるならば、子どもたちは各々の場面で「適応」を強要されることになる。

われわれは、ここでの中心概念である「適応」の概念分析をしておこう。一般に生命体が自然的環境や社会的環境と調和した望ましい関係を作り出すために、自己や環境を変化させて相互に調整してゆく過程が「適応」と呼ばれている。ヤング(K. Young, 1893-1974)はそれを「人が自己の欲求を充足しようとする努力、また自己の内的環境と外的環境に適合しようとする努力」(3)と定義し、同様にワレン(H. C. Warren, 1867-1934)も「有機体がその環境と望ましい関係を作り出していること」(4)と定義している。さらに仲原晶子は、適応とは「個人が社会生活を営んでいく上に、その個人の要求が社会的に承認されるやり方で満たされ、個人と社会との関係が調和的に保たれ、個人の成長発達が順調に行われている時、その個人の在り方」(5)を示すという藤原喜悦の定義を引用して次のように述べている。すなわち、右のような定義は「何れも適応ということを、個人と環境との力学的な関係として把握しており、ゲシュタルト心理学の理論に負うところが

大きい」。(6)
また仲原は、「適応せるパーソナリティーの二つの大きな特質は、幸福感情と社会的能率性である」(7)という大塚三七雄の言説を援用して、このような適応の説明になると前者の定義とかなり異質なものとならざるをえないと分析し、その原因を以下のように考えている。要するに「適応」概念は自我と環境との基本的関係を表す包括的な概念であり、かつ価値的要素をも内包するが故に明確な概念規定が困難である。それ故に人間の適応は心理学の枠を越えたところで問題にしなければならない。換言すれば人間が社会生活を営む限り、そこには他者との関係や社会に既に存する規範や秩序に対して調和的かつ適合した行動が求められる。したがって人間の適応性を決定するためには個々人を取り巻く社会の価値基準が問題にされなければならない。それ故に仲原の上述の立場に基づくならば「適応」概念はどこまでも倫理的側面から把握されるべきであり、「ここに教育的課題としての『適応』の問題が提出される」(8)ことになるのである。

ところで「適応」(adjustment)という概念はもともと生物学のなかで発達してきたものであり、「順応」(adaptation)と同義に用いられるが、厳密に区別するならば「順応」が遺伝による先天的な機制であるのに対して、「適応」は個体が後天的に学習し獲得してゆく機制であると考えられている。この「適応」概念には「単に受動的に環境に適合するよう自分を変えるだけでなく、より能動的・積極的に自分に適合するよう環境を変え、作り出していく『はたらきかけ』をも含む」(9)と考えられている。つまり個体と環境の調和的関係をどのような側面から捉えるかによって「外的適応」と「内的適応」の二つの可能性が存することとなる。「外的適応」とは「個体と環境の関係が社会・文化的基準に照らし合わせて、調和的関係にあるかどうかを問題」(10)とし、さらに「ある人の行動が社会的規範にそっているかどうか、他者と協調し他者に受容されているかどうかといった側面を指しており、客観的に評価できる」(11)(傍点筆者)適応、と定義することが可能であろう。この受動的、消極的な「外的適応」の延長線上に「役割」概念をも位置づけることができよう。なぜなら「役割」とは一人の人間が他者との行動的関係において広く是認された規範であり、「ある個人がある特定の社会や集団のなかで占めている位置（position）に対応して規定され、期待される行動型」[12]（傍点筆者）であるという定義からも明らかなように、「役割」概念も「外的適応」同様に広く一般に是認される社会規範を前提として他者に受容されるという特徴を持つからなのである。

このような「外的適応」や「役割」概念に対して「内的適応」は「個体と環境の調和的関係を個人の主観的な基準からみようとするもので、自分自身の価値観あるいは自己概念（self concept）に照らし合わせて、自己を受け入れることができるかどうか」[13]（傍点筆者）を問題とする。すなわち、「内的適応」においては個人の主観に重きが置かれるために、客観的に評価できる受動的・消極的な「外的適応」とは対照的に、むしろ「より能動的・積極的に自分に適合するよう環境を変え、作り出していく」[14]（傍点筆者）動きが存するものと考えられよう。

われわれはここで「適応への抵抗」あるいは「役割からの解放」の教育学的意義を考察してゆこうとするのであるが、その場合の「適応」とか「役割」という概念は、受動的・消極的に環境に適合するために自分を変えてゆく「外的適応」の意味における「適応」であり「役割」を指し示すものであることを確認しておきたい。なぜなら個体と環境の調和的関係を個人の主観的な基準から能動的・積極的にみようとする「内的適応」の意味での「適応」であれば、「〈汝〉という適応」――以下にブーバー（Martin Buber, 1878-1965）の〈我－汝〉論を考察する際に、〈我－それ〉の在り方を受動的・消極的「適応」として、そして〈我－汝〉の在り方を「適応への抵抗」あるいは「役割からの解放」という図式で論じている――とか「適応しない役割」という可能性も生じうるからである。いずれにせよ右の論述は能動的・積極的な「内的適応」概念そのものを否定するものではなく、むしろ一般的に「適応」という言葉を使用する際の概念規定をより明確にするためのものなのである。

人間は文化や社会のなかで「役割」を演じ「適応」することによってのみ摩擦のない社会を維持発展させることができるという前提のもとに、社会への「適応」概念が教育にとって不可欠の目標となり、クリークやペーターゼンなどの教育の定義も上述の文脈のなかで展開されてきたわけである。しかし果たしてこのような適応や役割を前提とした教育的課題を設定することが唯一究極的な教育目標となりうるのだろうか、また目標としてよいのだろうか。適応への教育を極端に押し進めてゆけば、従順な服従者を作り出すことはできても真に自立した主体的な判断をすることのできる人間が果たして育ちうるのかという「適応」概念への批判的視座がここでの出発点となるのである。

註

(1) 林忠幸著、小笠原道雄編著、「道徳教育の課題」、『道徳教育の理論と実践』、福村出版、一九八六年、第二刷、二二六頁―二二七頁参照。
(2) 池田秀男著、友田泰正編、「社会化の視点からみた教育」、『教育社会学』、有信堂、一九八二年、初版第一刷、四二頁。
(3) 星野命・明田芳久著、「適応」、細谷俊夫他編、『教育学大事典』、第四巻、第一法規出版、一九七八年、二九七頁。
(4) 星野命・明田芳久著、前掲書、二九七頁。
(5) 藤原喜悦著、「適応」、『教育社会学事典』、一九七二年、有斐閣。
(6) 仲原晶子著、『地域の変貌と学校教育』、法律文化社、一九七九年、初版、一二三頁。

(7) 仲原晶子著、前掲書、一二三頁。
(8) 仲原晶子著、前掲書、一二六頁。
(9) 星野命・明田芳久著、「適応」、『教育学大事典』、二九八頁。
(10) 星野命・明田芳久著、前掲書、二九八頁。
(11) 星野命・明田芳久著、前掲書、二九八頁。
(12) 古畑和孝著、「役割」、『教育学大事典』、第五巻、二四四頁。
(13) 星野命・明田芳久著、「適応」、『教育学大事典』、二九八頁。
(14) 星野命・明田芳久著、前掲書、二九八頁。

二　役割を演ずるということ

「適応」しない者は平和を妨げたり社会生活を妨害する存在になりうる、という視点から眺める限り、上述の社会化や文化化のいずれにせよ、「適応」することは原則的に一つの美徳であり、かつ社会の本質的な要求でもあろう。(1) その意味で社会学が「適応」概念に高い価値を見出す理由もわれわれには理解することができるのである。しかし一方で青年の現実に眼を向けるならば、既存の社会の要求に対して彼らはますます反抗的な態度を募らせ、適応しないことこそ、今や大きな美徳とさえ言われる程の状況を呈している。そうしたなかで理論と実践という二律背反を絶えず背負って立つ教育学が、「適応」概念を論ずることの重要さと同時に、他方で社会の要請に反抗する教育的課題の重要性もまた考え抜かれねばならないであろう。

換言すれば、一方で人間は社会の要求に従って適応し、社会の存続を図ろうとするなかで「社会化の過程においてそのような適応を目ざす教育の課題」(2) が生ずる。しかし同時に他方では社会の要求に対して自分の生活様式や権利を守り抜くための「適応への抵抗」が企てられるのである。その意味で教育学は「適応」か「適応への抵抗」かの二者択一ではなく、両者の調和のもとに開かれる道を歩まねばならない、とボルノーは考えたのである。

上述のとおり、現代の社会学の中心概念の一つである「役割」の問題は、まさに今日の矛盾に満ちた状況をよく表している。ボルノーが、人間とは自分の役割を演じることを学ぶ必要があると考えるときには、以上のような「適応」概念が教育の焦眉の問題点となってくる。すなわち、人間が世界のなかで有効に活動し、自分の役割を習得することは本人のみならず社会の利益にもなる。なぜなら社会のなかでの人間の役割は、「安定」の要素として作用しうるからであり、人々はその役割を予測し計算できるが故に、その役割を演ずる人間は信用されるのである。反対に、役割を演ずることのできない人間は社会において「当てにできないし、彼の何を拠り所にすべきかが分からず、彼とつき合うことは難しい」。(3)

ところで、人間は役割を演ずると同時に、その役割から距離を保つこともできるのではないか、という問題意識から多くの優れた戯曲を創作した劇作家の一人が、イタリア人のピランデルロ（Luigi Pirandello, 1967-1936）である。確かに人間はいつでも何らかの役割を社会で演じているが、ボルノーはここで役割を演じている存在そのもの「である」のかどうかをピランデルロの戯曲を端緒として考察している。現代の社会学が注目する「役割論」が形成されるずっと以前に創作されたピランデルロの戯曲の一つ『そう、ごらんのとおり』の結末では明確に、「わたしは、ひとがわたしをそうみなしている、そういう女なのです」(4)と述べられている。様々な役割が互いに矛盾し、やがては破綻してゆく運命を担うことになるピランデルロの描く先の人物のせりふの意味するところは、人間とは様々な「役割から独立に存在するようなものではない」(5)ということである。しかしボルノーは、「人間は絶対に、自分の役割から離れてしまう可能性ももっている」(6)という視点から、ピランデルロの役割論を次のようにさらに展開してゆく。すなわち、ある人間が一定の役割を演じて社会のなかで行動していようとも、それは本来の「私」ではない。逆に本来的な自己が成就された瞬間には、もはや役割は無意味なものとなり消滅するであろう。さらに先鋭化させるならば、本来的な自己は、「自分の演じている役割の『奥』にある、最も深い根底なのであり、それだからこそ、私は役割を『演じる』ことができる」(7)ことをボルノーは強調する。

ここで、役割を演ずるということの人間学的意味をさらに深めて考察してみよう。当然のことながら、演技は本気でやることと対立するが故に、演技している人間は、「自分は自分の役割と全面的に同一視されるべきではないという意識」(8)を持つことになる。たとえばボルノーはサルトル（Jean Paul Sartre, 1905-1980）の作品、『言葉』(9)のなかの喫茶店のボーイのいささか勤勉すぎる客への接待を引き合いに出し、ボーイのまめまめしい態度は彼の喜びながらの演技であり、ボーイはただそれを演じているだけであることを熟知し、したがって「役割演技にたいして内的自由を獲得しているからこそ、その役割をそのような完全性をもって演ずることができる」(10)のである、と述べている。同様に哲学者であり社会学者のヘルムート・プレスナー（Hermut Plessner, 1892-）も、役割概念は私的なものの領域や人格的自由という保留領域を可能にすると述べて、「役割距離」の可能性、すなわち、自分自身に対して自由にふるまうことのできる可能性を示唆している。

註

（1） O. F. Bollnow, Einführung in die philosophische Pädagogik.

（2）ボルノー著、浜田正秀訳、『哲学的教育学入門』、玉川大学出版部、第四刷、一四六頁参照。
（3）ボルノー著、前掲書、一四九頁－一五〇頁。
（4）ボルノー著、前掲書、一五二頁。
Luigi Pirandello: So ist es－wie Sie meinen. Deutsch von M. Veezi. Berlin 1925, S.133.
ピランデルロ著、岩田豊雄訳、『ピランデルロ名作集』、白水社、一九五八年、日本訳題名、「御意にまかす」。
（5）O. F. Bollnow, Erziehung zur Frage.
ボルノー著、森田孝・大塚恵一訳編、『問いへの教育』、川島書店、一九七八年、第二刷、二二五頁。
（6）ボルノー著、『哲学的教育学入門』、一五四頁。
（7）ボルノー著、前掲書、一五四頁。
（8）ボルノー著、『問いへの教育』、三三二頁。
（9）サルトル著、白井・永井訳、『言葉』、サルトル全集、人文書院、一九六四年。
（10）ボルノー著、『問いへの教育』、三四頁。

三　役割からの解放と〈我－汝〉論

ここまでのところでわれわれは、人間が社会のなかで適応し、役割を演ずることの重要性を指摘してきた。さらに、自分自身に対して自由にふるまうことのできる「役割距離」の可能性についても論じてきた。しかし人間はやはり本質的に、社会生活を営むなかでは依然として自分の役割に結び付けられている。そうであるならば、彼は共同生活において演ずる一定の役割を引き受けることによってしか自己を主張することができないのではないか。そこでここからは上述の問いに応答する形で、「役割からの解放」という概念を中心に、適応や役割を演ずるという教育的課題がなおざりにしている重要な問題点を掘下げてみたいと思う。それとの関連で、ブーバーの〈我―汝〉がいかにボルノーの唱える「役割からの解放」概念と共通項を内包しているか、という点も指摘してみたい。

人間がある事柄に専念するとき、さらに尖鋭化させていうならば人生においてまったく真剣になるとき、戦いのとき、人を愛するときに役割というものは喪失する、とボルノーは言う。本当の意味で人間関係が真剣になり愛し合うとき、そこでは役割演技は終わっている。結婚詐欺師は最後の瞬間までその役割を演じ続けるが故に、まさに詐欺師なのである。人間が本気になって愛するとき、彼はもはや何の役割も演ずることなく愛する人のもとにいる。

この問題を一般化して言うと、「わたしが他の人間を真の『汝』として経験するところではどこでも、つまり、われわれがことばの完全な意味で実存的に出会う場合にはいつでも役割は人間から離脱し」(1) 自己自身の実存の姿があますところなく現れるのである。一例としてピランデルロのこれまでのものとは性質の異なる戯曲、『お行儀よくすることの官能的よろこび』(2) では役割演技の人間的限界をきわだたせ、主人公が役割から解放される人間的しぐさを「ほんの一瞬ねがった」と言わせることによって、「役割性を放棄する可能性が底層にまどろみ続けていたこと」(3) すなわち、彼自身が実存的に存在することへの渇望を、われわれに暗示している。

教育の領域に限定して考察してみても、日常生活では教師や忠告者として役割を演じているが、それらはすべて人間の究極の核心に触れない一定の距離を置いた交わりでしかありえない。しかし人間同志が、たとえば一人の教師と一人の生徒がまったくの真剣さで向かい合うとき、各々の役割は消失してしまう。このように実存哲学が言うところの人間の直接的な「出会い」が生ずるところでは、もはやその人間は教師という役割演技でもって一人の生徒に関与することを停止し、いかなる役割も抜け落ちた「きわめて単純な人対人の関係」すなわち、一個の人格と人格の火花の散るような実存的交わりが成立することになる。(4)

完全な実存哲学的な意味で人間同志が真剣に向かい合うとき、そこには教師や生徒という役割は消失し、ブーバーが言うところの真の〈我―汝〉関係が成立する。有神論的実存主義の立場から人格的呼応関係の概念をみごとに樹立したブーバーの主著、『我と汝』(5)に依拠しつつ、ボルノーは「役割からの解放」の意義を以下のように述べてゆく。ブーバーによれば、人間は常に〈我―汝〉の〈我〉か、〈我―それ〉の〈我〉かのいずれかであるが、この両者の〈我〉の在り方は、言葉は同じでも実はまったく異なった存在形態を有しているのである。換言すれば後者は孤立した主観であり、前者は存在との交わりのなかにある人格であると言えよう。(6)〈我―それ〉の〈我〉は、対象を一方的に利用するために相手を手段化する恐れを孕む主観的かつ即物的な関わりにすぎず、さらにありのままの自己を相手に差し出すこともないために、そこでは役割を演ずる〈我〉でしかない。ブーバーも指摘するように、現代ほど〈我―それ〉の支配的な時代はなく、この〈我〉は究極的には自己の能力や業績、他人との比較などの相対評価によってのみ自己の価値判断を下してしまい、結局は自己自身をも〈それ〉化してしまう危険を孕んでいる。

孤立した主観である〈我―それ〉の〈我〉と真っ向から対立する在り方として、ブーバーは人間の生が「〈汝〉との共同性においてのみ、〈汝〉との相互作用によってのみ、展開されうる」(7)ところの〈我―汝〉関係の重要性を強調する。すなわち、一切の現実的で真実な人間の生は、どちらかが役割を演ずることによって生ずる主観的かつ即物的な連関を意味する〈それ〉の世界ではけっして捉えられるものではなく、むしろ「根本的に同等の権利をもち、同等の力をもつ実在、すなわち、〈我〉と〈汝〉との邂逅にもとづく」(8)実存的かつ主体的な関わりのなかで、初めて把捉しうるものであると言えよう。

上述したように、「適応」こそが摩擦のない社会の存続に必要不可欠なものであるとするならば、それはまさに社会の要求であり、人はそのために自己の役割を演ずることが求められ、それぞれ異なった役割に自己を一致させ適応させてゆくことを学ばないわけにはいかない。たとえば社会という公共的領域においては、上役や部下として、商人やボーイとして各々役割をこなし、また私的内部領域でも同様に、父親や息子として、妻や娘として役割を演じつつ生活しているけれども、それら「すべては人間の究極の核心には触れない、ある距離を置いたまま」(9)の状態にすぎない。同様の見解がボルノーの別の著書では次のように述べられている。すなわち役割演技の次元での〈我―それ〉関係における「自我の即物的世界は、相異なるものが、たがいにならんで、一つの共通な秩序のうちにありうるような、見通しのきく統一的な全体と関連する」。(10)

しかし一人の人間ともう一人の人間が直接的にまったくの真剣さで向かい合うとき、そこに根源的な仕方で〈我〉と〈汝〉との実存的かつ主体的な出会いが成就し、その瞬間、「役割」を演ずることはもはや無意味な行為と化す。一切の比較や計量が消え失せ、圧倒的な真実の〈汝〉である実在性をもって、この〈我〉の魂の最内奥が根本から揺さぶられ覆されつつ、自己自身がその真実在の呼びかけによって新たに生の決断を迫られる「このような、内容の明細書を一切こばむ、出会いという純粋な事実こそ、出会いの実存的性格を形づくるものである」。(11)

たとえば一人の教師が真実な問いかけを発し、彼の呼びかけが一人の生徒の心の底に深く達することによって、その生徒のこれまでのものの見方や考え方を根本的に揺るがし、覆すような覚醒を生じさせるとき、もはやそこには「教師と生徒」という役割関係を越えた真の〈我〉と〈汝〉の出会いが成立している、と考えることができよう。その意味で、「排他性をその特色とする」(12)とか「そこでは計量も比較も消え失せる」[13]というブーバーの「出会い」概念は、人間が非本来性から本来性へと覚醒されてゆく、度の強い非連続的な「出来事」を意味するのであり、「人をこれまでの発展の道筋から投げ出し、あらたにはじめからやり直すように強いるものである」[14]と言わねばならない。

このように「出会い」とは、ある法則にしたがってあらかじめ計算したり予測することが不可能な出来事であるが他方、「適応」などの社会での役割に即した態度は、「予測でき、計算できるようになっている」[15]のである。人がこの世界で有効かつ能率的に活動しようと欲すれば、おのずから「役割」を習得することが不可欠の要素となる。しかしこうした生き方が究極的に真実の人間性に即した在り方であるのかどうか、われわれは今一度吟味する必要があろう。

いずれにせよ、ブーバーの言う〈我〉と〈汝〉の出会いによって生じた真実の人間関係が成立したとき、社会のなかで有効かつ価値ありと信じ込んでいた「役割」や「適応」という概念は、究極的な人間の実存的視座から見直すならば、もはや唯一絶対のものではなくなり、そこから「人間自身の真正性の吟味」[16]が始まるのである。しかしこうした厳密な意味での「出会い」は比較的まれな決定的に重要な事象のみで、それは人間の予測と計算を越えた突発的な電光石火のように人間のなかへ割り込んできて、われわれの魂を動揺させる無時間的な「出来事」に他ならない。

註

(1) ボルノー著、『問いへの教育』、三八頁。
(2) Luigi Pirandello: Die Wollust der Anständigkeit. Ubertr, v. E. hecht. Berlin 1925. 『ピランデル

ロ名作集』の解説のなかでは、「誠実であることの喜び」となっている。

(3) ボルノー著、『問いへの教育』、三九頁。

(4) ボルノー著、『哲学的教育学入門』、一六〇頁参照。

(5) M. Buber, Ich und Du. Maritn Buber Werke, Erster Band, 1962.
ブーバー著、植田重雄訳、『我と汝・対話』、岩波書店、一九八五年、一〇刷。

(6) 松浪信三郎・飯島宗亨編、『実存主義辞典』、東京堂、一九六四年、初版、一八四頁―一八五頁参照。

(7) O. F. Bollnow, Existenzphilosophie und Pädagogik. Versuch über unstetigen Formen der Erziehung. Kohlhammer, Stuttgart, 6 Aufl., 1984, S.88 f.
ボルノー著、峰島旭雄訳、『実存哲学と教育学』、理想社、一九八七年、第一三刷。

(8) O. F. Bollnow, a. a. O. S.88.

(9) ボルノー著、『哲学的教育学入門』、一五九頁。

(10) O. F. Bollnow, Existenzphilosophie und Pädagogik, S.89.

(11) O. F. Bollnow, a. a. O. S.89.

(12) O. F. Bollnow, a. a. O. S.99.

(13) O. F. Bollnow, a. a. O. S.99.

(14) O. F. Bollnow, a. a. O. S.99.

(15) ボルノー著、『哲学的教育学入門』、一五二頁。

(16) O. F. Bollnow, Existenzphilosophie und Pädagogik, S.100.

四　自立への教育

――ボルノーと林竹二の教育思想に即しつつ――

われわれは「役割」を引き受けそれを演ずる際の教育的課題を、社会への「適応」という形で理解してきた。そしてこの「役割」こそ、子どもがやがて成長し社会の一員として役立つ人材になるために必要不可欠の要素でもあるという根拠づけを展開してきたのである。しかしまた他方で人間の真実な生や本来的な自己を確立するという問題をも考慮に入れる場合には、ここに第二の教育的課題が生じてきた。われわれはそれを「役割からの解放」もしくは「適応への抵抗」の意義、という側面から主としてボルノーの思想に依拠しつつ考察してきたのである。そこでこうした問題を「自立への教育」という観点から、そしてその際ボルノーの前述の思想と軌を一にすると思われる日本の教育思想家でかつ実践家である林竹二の「授業論」を一瞥することによって、より具体的な教育事象に即しつつ教育学的な結論としてまとめてみたい。

新聞・ラジオ・テレビなどの情報が氾濫するなかで特定の意見や価値づけが同時に伝達される現代社会において、人間はもはや「意志のない客体」となり、まさに「非人間的な状態」が作りだされる危険が多分に存すると言っても過言ではないだろう。こうした「権威的な体制にとってはきわめて安楽な部下を作りだしてくれるかもしれない」(1)状況を呈している現代社会のなかで、教育者は子どもたちに何を為しうるのだろうか。

学校では様々な知識が教授され、授業において子どもたちは組織的かつ規則正しいカリキュラムに即しつつ学習をしてゆくが、しかしこの段階では「学んだものの正しさへの洞察は、まだ判断を意味」(2)してはいない。ボルノーによれば、一人の人間の生活のなかで何かが妨げられるとき、これまで明らかなものとして認めていた見方が疑わしくなって、それを補足的な情報で説明できなくなり、その人が態度を決断しなければならない場面で初めて「独自の判断」が彼に要求されることになる。もちろんその判断は独善であってはならず、正しい客観的な知識を必要とはするが、その「知」そのものは未だ正しい判断を産みだすものではなく、それ故にここで「合理的に決定できないものを評価する能力」(3)が求められる。換言すれば、人生において「独自の判断」が形成されるためには、これまで自明だと思っていた自分の意見やものの見方が疑わしくなり揺さぶられなければならない。そしてそこで初めて自明な事柄に対して批判的な視座が定まり、「独自の判断」が芽ばえてくるのである。

ボルノーの言うところをまとめると、授業では当然組織的かつ客観的な知識を子どもたちに伝えることが要求されるが、そのような知識注入式の授業だけではけっして子どもの主体的な「判断能力」は形成されず、むしろいつでも子どもたちは外部情報などによって簡単に「操作」される危険性を孕んでいる。なぜなら彼らは自分のこれまでに知らず知らずのうちに作りあげた既成の価値観や通俗的見解に安住しているだけでなく、自分のなかに染み込んだ外部情報やマス・メディアからの「借り物の知識」が、あたかも「自分の考えた意見」であるかのような錯覚に捕らわれている場合が多いからである。

ここでわれわれは、日本の著名な教育学者であると同時に教育実践を行ってきた林竹二の思想が上述のボルノーの思想と極めて類似している点に注目してみたい。たとえば林竹二は『教えることと学ぶこと』のなかで、ボルノーの「役割からの解放」概念と軌を一にする以下のような卓越した教育的見解を述べている。すなわち、世間の生活のなかに埋没していると、「人間はだんだん仮面をみんなかぶる」(4)ようになる。一定の型にはまった子どもたちの行動もその仮面の一種に他ならない、という林竹二の発言はそのままボルノーの「役割」演技の概念と共通項を有する。ここでの問題は、「そういう仮面をかぶることを期待したり強要したりするのが教師」[5]であるという点であり、「こういうときにはこういうことを言うべきもんだということがあって、そこからはずれるものは罪になる」[6]という、生徒に対する既成概念が教師の生徒を見る眼のどこかに潜んでいる、という事実である。このような考え方が生ずる背景には、おそらく教育とは社会に適応すること、という暗黙の理解が前提にされているからであろう。

林竹二は、子どもたちも「成長するにつれて仮面的秩序に組み入れられてゆく」[7]という事実を認めたうえで「それでも彼らは、本来の生命をすっかりなくしている」[8]わけではなく、「その生地は折りにふれてちらちらすけて見える」[9]と述べている。しかしいずれにせよ、今日の教育の営みのなかで、子どもたちは仮面的秩序、すなわち、役割演技という形でしか生きることができず、いかに彼らの真の生命の輝きが失われてしまっているかを林は嘆き悲しんでいる。林は子どものこうした仮面的秩序や役割演技を取り除き、真の生命の輝きを再び取り戻すために、ソクラテス（Sōkratēs, 470-399B.C.）の「問答法」に依拠した授業論を提言し、同時に林自らがその授業を道徳教育において実践していったのである。

ソクラテスの場合、問答はいわゆる「ドクサ」（俗見）の吟味としておこなわれるのであるが、そのドクサとは「ひとが自然にもち合わせている、あるいはにわか仕込みの借りものの意見」[10]であり、大人であれば彼の「もち合わせている、いわばレディ・メードの意見で、実質的には、世間の通念」[11]として定義されている。世間一般に考えられ、皆のなかにいつの間にか染み込んでいる「ドクサ」（俗見）を、自分の考えであると思い込んでいる人が、それをそのまま自分の意見として発言しただけではソクラテス的問答法は成立しない。相手の人間が持ち合わせている考え方をいったん厳しい「吟味」にかけ否定することを通して、

「自分の意見の維持しがたいことを、腹の底から、自ら納得してはじめてその通俗的な物の見方、感じ方から、その人間は解放されてゆく」(12)とソクラテスは考えた。

こうしたソクラテスの「問答法」に依拠しつつ、林は彼の授業論を以下のように展開してゆく。林によれば、深さのある授業とは、たんなる知識の伝達ではなく自分自身との格闘を含んでおり、自分がこうだと思い込んでいた既成概念が、教師の発問によって揺らぎ出すこと——まさにソクラテス的吟味——から始まる。さらにこの子どもの既成概念の動揺こそが、教師と子どもの〈我—それ〉の即物的・非人格的呼応関係を崩す端緒となる。「ただ借りものの知識の操作があって、学習がないのが、現在の授業の実態」(13)ではないか、と考える林は教師の「発問」というものを、一人の子どもの魂を生かしも殺しもする程、重要な働きをする「ソクラテス的吟味」として位置づけている。

林によれば、「ふつうの授業においては、発問は授業を進行させるための手段にすぎない観」(14)があるが、しかし「発問は本来、外にあらわれない子どもの内部にさぐりを入れるための作業」(15)である、と言えよう。それゆえに授業の核心をなすものは、ドクサ(俗見、すなわち、まがいものの知識)としての子どもの発言ではなく、それの「吟味」でなければならない。そうでなければ、授業はたんなる知識伝達という上すべりした形式的なものにとどまりその子どもの主体的な判断能力の形成、すなわち、「自立への教育」には少しの貢献も為しえないことになろう。それゆえ教師の発問とは、子どもらの意見を厳しく「吟味」にかけて「子どもの魂(内部)を裸にして眺める作業」(16)である、と言わねばならない。こうした一連の教育的過程は、まさしくボルノーがブーバーに依拠して論じてきた〈我—汝〉の人格的呼応関係の教育的実践と看て取ることが許されよう。つまり教師が子どもたちの発言を厳しく吟味し、本当の子どもの姿が教師の前に現れ、そこで初めて子どもは学習の主体となり、真の授業すなわち、教師と子どもの間に真の〈我—汝〉の人格的呼応関係が成立するのだと林は考えた。

教師の発問を通して、子どものにわか仕込みの借り物の意見を徹底的に吟味することにより、子どもはそこから自分との格闘を始める。そうした過程のなかで、「自分の無知を悟ったものは大きな喜びを感ずる。（中略）無知というのはけがれであって、学んだことによってかれはこのけがれから解放されきよめられた」[17]というソクラテスの「カタルシス（浄化）作用」の言説を援用しつつ、林はそれ故に学問とはまさにカタルシス（浄化）作用に他ならないと明言する。「学問」とはカタルシス作用そのもので、その方法が俗見の「吟味」であり、人間の既成概念や通俗的見解というものを吟味し、人の心に垢のように付着している塵芥を洗い去り、そして魂を清める営みであると考えられよう。誤解を恐れずに述べるならば、このような教育的営みでの浄化作用を契機として、それ以前の教師と子ども、つまり〈我－それ〉の非人格的関係の位相が転換して、浄化作用の後に真実の〈我－汝〉の人格的関係へと変貌してゆく、と理解できよう。いずれにせよ、一人の子どもが本当に魂の深みで教師の真実の発問を受け止め、吟味され、浄化されてゆく過程のなかで初めて、子どもの深みにまどろんでいた真なる宝が徐々に浮かび上がり、その瞬間その子どもの表情の美しさはたんに内的精神的なものにとどまらず、彼の肉体的表情にも読み取れる、と林は自身の教育実践を踏まえて、カタルシス（浄化）作用の本質をわれわれに提示してくれた。

註

（1）　ボルノー著、『哲学的教育学入門』、一六四頁。
（2）　ボルノー著、前掲書、一六五頁。

(3) ボルノー著、前掲書、一六七頁。
(4) 林竹二・灰谷健次郎著、『教えることと学ぶこと』、小学館、一九八六年、第一版、二刷、一六二頁。
(5) 林竹二・灰谷健次郎著、前掲書、一六二頁。
(6) 林竹二・灰谷健次郎著、前掲書、一六二頁。
(7) 林竹二・灰谷健次郎著、前掲書、一六二頁。
(8) 林竹二・灰谷健次郎著、前掲書、一六二頁。
(9) 林竹二・灰谷健次郎著、前掲書、一六二頁。
(10) 林竹二著、林竹二著作集第七巻、『授業の成立』、筑摩書房、一九八六年、初版、第四刷、三六頁。
(11) 林竹二著、前掲書、三六頁。
(12) 林竹二著、前掲書、三七頁。
(13) 林竹二著、『教育の再生をもとめて』、筑摩書房、一九八五年、初版、第一九刷、六三頁。
(14) 林竹二著、前掲書、一九六頁。
(15) 林竹二著、前掲書、一九六頁。
(16) 林竹二著、前掲書、五六頁。
(17) 林竹二著、林竹二著作集第七巻、『授業の成立』、二六〇頁。

五　むすび

われわれは現代社会のなかで、ともすれば「適応」し「役割」を演ずることの重要性にばかり眼が注がれ、そこから生ずる人間の「本来性」喪失の問題、さらには他者を手段化することから生ずる〈我―汝〉の人格的呼応関係喪失の問題をなおざりにしがちである点を指摘してきた。そこからボルノーは逆に積極的な教育学的帰結として「適応への抵抗」もしくは「役割からの解放」という結論にまで至った。社会のなかで適応するために、われわれは様々な役割を演ずる必要性に迫られるが、そうした〈我－それ〉の非人格的呼応関係を打破する概念として、先の「適応への抵抗」すなわち、「役割からの解放」を実現するための〈我－汝〉の人格的呼応関係が考察されねばならなかった。

さらにこのようなボルノーの思想と軌を一にする日本の教育思想家、林竹二の見解によれば、「ソクラテス的問答法」による「俗見」の吟味を通して、子どもたちの既成概念を揺さぶり、まがいものの知識を浄化して初めて、彼らの自主的な判断が可能となるばかりか、このような教育的過程のなかでのみ、教師と子どもの関係が、〈我－それ〉の非人格的関係から、〈我－汝〉の人格的関係へと、すなわち、即物的かつ仮面的秩序から主体的出会いの位相へと変貌し昇華してゆく。こうした一連の教育的課題を、ボルノーは「役割からの解放」という概念でわれわれに示そうとしたのである。

補論　第一章　ボルノーにおける「練習の精神」の教育学的意義

人　名　索　引

あ　行

か　行

さ　行

た　行

な　行

は 行

ま 行

や 行

ら 行

わ 行

事項索引

き

く

け

こ

さ

し

す

せ

そ

た

ね

は

ひ

ふ

へ

ほ

はじめに

本章では、主として、ボルノー（Otto Friedrich Bollnow, 1903-1991）の「練習の精神」概念に依拠しつつ、従来消極的にしか把捉されていなかった「練習」という営みについて教育哲学的に再考し、本来の「練習」の積極的で正しい教育的意義を浮かび上がらせることにある。ボルノーによれば、人間は練習する場合にのみ、まったき意味での人間になるという。逆に言えば、人間が練習することを放棄したとき、彼は人間存在以下に落ち込んでしまうという。それゆえに、人間を正しく理解する哲学的人間学を通じて、「練習」の新たな教育的意義を見出すことが可能となる。正しく理解された「練習」は、教授法や教育方法論に対して新たな刺激を提供することになるだろう。

結論を先取りして言えば、次のようにまとめることができよう。すなわち、人間は「練習」の対象に我を忘れて没頭するときに、自己の「内的自由」への道を獲得する。その意味で、「練習」は人間の内的変化のために、人間の本来的で真の充実した生活を得るために営まれるものであると言えよう。私たちはこれから、ボルノーとともに、人間の内的自由への道としての「練習」の教育学的意味を探究してゆく。（①訳者解説、二一一九頁参照）

第一節　「練習」という営みに教育的意義が存在するのか

一　「練習」軽視の理由

〈西洋の教育学の伝統において、積極的な役割を演じられなかった「練習」〉

ところで「練習」(Üben)は、西洋の教育学の伝統において、あまり高い評価を受けてこなかった領域であり、とくに学校等の機関では、かなり軽視されてきた経緯がある。それゆえ「練習」の教育的意義は、哲学的人間学においてもほとんど等閑視され続けてきた。(① Vgl., S. 11. 一三頁参照)

ボルノーは別の著作でも、「練習」軽視の問題を次のように鋭く指摘している。元来、「練習」の問題は、学校生活や人間生活全般において広い範囲を占めている。「歩く」、「話す」等の基本的な人間としての活動の練習は、既に幼児の頃から日々の生活に深く浸透している。一般に人は絶えず忍耐を繰り返しつつ、練習し熟練してゆくことを学ばねばならない。「遊び」と区別されたこの「練習」はそれゆえ、教育の歴史の中でひととき、必然的な「悪」と捉えられる時も存在したほどである。同じ繰り返しを通じて、ほとんど気づかない進歩を目標とするこの「練習」という営みのどこに意味があるのかと人々は疑念の眼を向けてしまうのも無理からぬことでもあろう。こうした歴史的背景もあり、教育学理論では、この「練習」はほとんど積

極的な役割を演ずることができなかったとボルノーは指摘する。（②九二頁―九三頁参照）

〈人間は生涯、練習者であり続ける〉

しかしボルノーは、「人間は練習によって、そしてただ練習によってのみ、その生活の完全な発展と充実に至るのであり、（中略）練習はそれ自体の中に既に生活のそれ以上はあり得ないような充実を意味している」（① S. 11. 一三頁）と明確に考えている。その意味で、人間は生涯、練習者であり続けるわけであり、練習をやめることによって人は精神的な硬直状態に陥ってしまうのである。人間が練習しない場合には、人間存在以下に落ち込んでしまうと言われる所以である。（① Vgl. S. 11. 一四頁参照）

さてボルノーは、「練習」が軽視されている根拠および練習の必要性の根拠を認識することを試みている。それは同時に、すべての練習の目標としての「能力」の本質への問いへと通じてゆく。そこでは人間の「存在」自体が「能力」に存する者として現れるのであり、ただ、たえざる練習においてのみ、その「能力」は獲得され維持されることができる。（① Vgl. S. 12. 一四頁参照）

二　近代教育学における「練習」の位置

先述したとおり、「練習」の問題は、現代教育学においても非常に軽視されているのが実情である。ところが実際の教育現場では、持続的で忍耐強い反復を伴う「練習」の領域は学校生活において極めて大きい場所を占めている事実が存在する。読本、計算問題から体操、練習曲に至るまでの幅広い「練習」が、教育の中で要求される。また「遊び」と区別された真剣な「練習」の要求が開始されると同時に、子どもも教師もともに「喜び」を感じなくなることがしばしばである。そこでは練習の反復の「つまらなさ」に苦しむことも体験する。それゆえに人は、学校時代や修業時代が終わると、このつまらない「練習」の形式とは縁が切れて解放感を持つことが多い。これの意味するところは、一般的に「練習」とは、発育途上の人間にとってのみ必要なものであり、成熟した大人にはもはや用のないものという誤った理解である。

〈ヘルバルトや改革教育学が「練習」を軽視した理由〉

「練習」が教育学から軽視されている理由について、さらに考察を深めてみたい。近代教育学の父と呼ばれているヘルバルト（Johann Friedrich Herbart, 1776-1841）は「退屈であることは、授業の最もひどい罪である」と述べている。この文言からも理解できるように、近代教育学において、授業は魅力的でなければならず、生徒に興味や関心を与えることが良い授業の自明の大前提であった。授業が迅速にはかどるのは、常に新たな内容を提供する場合であり、それに対して「練習」は、概して退屈なものである。なぜなら、「練習」はそもそも既知のものにとどまって流暢にできるようになるまで繰り返し反復する営みだからである。（① Vgl., S. 14. 二一頁参照）

ボルノーは、「練習」に対する嫌悪感はとくに二十世紀への変わり目に生じた「改革教育学」(Reformpädagogik)において増幅したと指摘している。そこでは人々は「子どもの時代」という名のもとに、子どもの内面から湧き出る表現や創造的な諸力を尊重することに価値を置いてきた。人々は「子どもの中の芸術家」という表現で、子どもの直接性を重んじ、その結果として、繰り返しの求められる「練習」は、古いもの、完成したものとして、退けられることになった。（① Vgl., S. 14f. 二二頁参照）

〈どのようなときに「練習」が必要とされるのか〉

あるいはこうも言えよう。ボルノーは別の著作の中で次のように考えている。二十世紀初頭の改革教育学では、子どもの創造的な仕事を理想としてそこに価値を置いていたために、創造性とは対極に位置していた「すでに既知の練習を繰り返すこと」は、わずらわしい障害と把捉されていた。(②九三頁参照)

そのうえでボルノーは、「練習」ははたして本当に機械的で、退屈な現象なのかと改めて問いを私たちに投げかける。この問いかけはさらに「練習」の本質にまで遡り、授業や教授の領域だけに留まらず、人間の生全体にも関わる問題である。しかしそもそもどのようなときに「練習」が必要とされるのだろうか。知識や情報が得られるときには、練習の必要性は見出せない。むしろ「練習」が求められるのは、知識内容の繰り返しが必要とされるときである。しかもさらに精確に表現すれば、人が獲得しなければならない実際の熟練さが求められるときにこそ、「練習」が必要になる。たとえばスポーツや手仕事の熟練のとき、またそれに相応した精神力を得るとき等に「練習」が求められるのである。(②九四頁参照)

このような練習の問題は、「技能」と関連するとボルノーは指摘している。既存の知識を応用する程度では「技能」とはいえず、むしろ練習を必要とし、忍耐強い繰り返しによって、「技能」は完全さに向かう。そのとき初めて、苦労して練習を積んだことによって、軽快さを会得し、技巧と熟練の域へ入ってくるのである。(②九五頁参照)

第二節　「練習」が重要であると主張する教育学的立場

一　「練習」軽視に警告を発する教育学者たち

〈「練習」のみが創造性を紡ぎ出すと考えたケルシェンシュタイナー〉

このような「練習」に対する軽視について警告を発している教育学者たちも存在する。たとえば、改革教育学の枠内で、たとえ子どもの想像力を高めることをうたい文句にしていたとしても、その際に綿密な仕事、つまり練習を重んじなければ、改革教育学は未曾有の災いに陥るとケルシェンシュタイナー(Georg Kerschensteiner, 1854–1932)はすでに警告していた。具体的にケルシェンシュタイナーは「労作学校」(Arbeitsschule)の中で、「即物性」(Sachlikeit)の原理を主張していた。この点についてボルノーは、「即物性は仕事においてコントロール可能な精確さを要求し、そしてこの精確さは再び手仕事的な技能の熟知がなければ不可能である」(① S. 15. 二四頁)と指摘する。獲得された機械的な能力なしには、価値の高い創造性も発揮できないというわけである。価値の高い創造性はただ「練習」を遂行することによってのみ紡ぎ出されうるとケルシェンシュタイナーは確信していたことがうかがわれる。ボルノーはさらにアロイス・フィッシャー(Aloys Fischer)をも援用しつつ、繰り返しの機械的な要素、つまり本来的な「練習」なしには、価値の多い創造はあり得ないことを再度、浮き彫りにした。学校における強制教育や退屈に反対する改革派の立場のアロイス・フィッシャーでさえ、繰り返し反復する「練習」の存在意義を唱えたことは、私たちにとってもきわめて興味深い事実であろう。（①Vgl. S. 15f.　二四頁参照）

〈「練習」の本質は人間の内面的な態度が変化することである〉

上述との関連で、ボルノーは別の著書で、授業等において耐え難い重荷となる「練習」から、その退屈で煩わしい性格をいかにして取り除くことができるのかという問いに対して次のような鋭い示唆を与えてくれた。すなわち、習得すべき仕事を、同じ方法で繰り返すのではなく、新しい材料を導入することによって、「練習」の退屈さを紛らわせることは可能だろうが、それは抜本的な解決には至らないだろう。なぜなら、ある仕事を習得するのは、仕事そのものに注意を集中して、それが「なじむ」まで繰り返すことが求められるからである。こうした煩わしさが避けられない練習の具体例として、ボルノーはシュプランガー（Eduard Spranger, 1882-1963）のピアノの「練習曲」の事例を援用しつつ、以下のように指摘している。「（前略）練習の意味は、将来もたらされる完全さになるのではなく、練習そのものに満足することで与えられることである。それ故に、練習の活動そのものが喜びを与えてくれるように、練習を整えようとしなければならない」。（②九六頁）

この場合には個々の「練習」の試みは、最善の完成がめざされており、ここで練習する者の「内面的な態度」が変化する。完成されるまで、たえず新しい努力が継続されることになる。この練習方法はとくにスポーツにおいてあてはまるだろう。スキーの技術を習得した者は運動の喜びを実感しうるし、あるいは外国語で完全に自分の意見を表現する喜びも同様である。（②九七頁参照）

井谷信彦の指摘によれば、ボルノーは「練習」というものを、一定の技能を獲得するためだけの機能というものではなく、人間を「正しい生活」へと導くことにあると強調している。それでは、ボルノーのいう「正しい生活」とは、どのような生活なのだろうか。それは練習を通して育まれる「精神集中」を身につけ、注意散漫な状態を回避する生活のことであるという。精神集中を育むことによる人間の変化ことこそが、練習の目的であるとボルノーは考えた。(④四七二頁—四七三頁参照)

二　日本的な「練習」の精神を通じた人間の内的変化について

〈日本の禅仏教で育成された練習方法〉

上述したように一般的に「練習」は、西洋の伝統においてこれまであまり高い評価を受けてこなかったのであるが、日本の禅仏教で育成された「練習」の方法が、西洋においても体系的＝人間学的に関心をもって受け止められている実例がボルノーによって紹介されている。ここでの「練習」は、特殊な能力獲得のためではなく、「人間の内的変化のために、つまりは散漫な日常的自我の克服と彼の本来的で真の生活への突破のために営まれるという理解が展開されている」。(① S. 12.　一五頁)

ボルノーは日本の弓術等の術を具体例としつつ、人間学的にアプローチしようと試みている。そこでは、人間の生活の関連における「練習」の機能の根本的解明と、そこから生じる広範な道徳的帰結が問題にされている。

〈ヘリゲルの「弓と禅」における「練習」〉

ボルノーはここで日本的な練習の修業を完全に遂行したオイゲン・ヘリゲル（Eugen Herrigel, 1884-1955）の『弓と禅』を取り上げている。弓の「練習」においては、特定の目標に到達すること、すなわち的の中心に矢を射ることが最終的に大切なのではなく、そのときに受け容れられるべき特定の精神的な態度を学ぶことが真に重要なことなのである。（② 一〇一頁参照）

ボルノーによれば、ヘリゲルは当初、完全な仕事（弓道のこと）の秘訣はなんらかの技術的な能力を習得することと誤解していたのであるが、それはじつは誤りで、練習によってもたらされる精神的な態度がむしろ重要であることを最終的に理解した。つまり「練習する者自体が練習中に変化して、精神の完全さに達し、そこから完全な仕事が容易に苦もなく生まれる」（② 一〇一頁—一〇二頁）ことが「練習」の最終目的なのである。

ここで本質的なことは、射る者がその目標と一体になり、矢はおのずから弓を離れて確実に目標に到達し、自らの意志を捨てることこそが成功の前提となっているという点である。そしてここには空虚な名人芸の入る余地のない、一つの態度が確立されている。練習の成果は、練習する者の内面の精神的態度にかかっている。練習の中で本人の不安がなくなり、野心的な意志がぬぐい去られ、本人がその対象と一体化することによって、完成された達人の域に達することをボルノーは強調している。そのためには忍耐強い練習の成果が求められる。完全な仕事は、たえず繰り返される練習の中でのみ達成される。換言すれば、持続される練習だけが、人間の生命を新鮮に保持するのであり、練習が持続されなければ「命」は硬化してしまうことになる。

さらに井谷信彦によれば、ボルノーは「正しい生活」は、「無我」の境地をもとに、「内面の自由」と「放下」という概念で解明されるという。「内面の自由」は、人間のほうが自己を環境と調和しながら生きている状態のことである。「放下」とは、この「内面の自由」の基調をなしており、環境と衝突しかねない「我意」

を手放した状態を指し示す。それゆえ「練習」の教育的意義は、放下した「内面の自由」に向かって、自己変容を引き起こす点に存するのである。（④四七四頁―四七五頁参照）

三　「練習」の復権を唱える教育学者たち

〈「練習」の価値を認めるオーデンバッハとゲンシュの考え方〉

ところで、ボルノーは「練習」の復権を最初に唱えたカール・オーデンバッハ（Karl Odenbach）の「練習よりも重要なテーマは存在しない」という確信を援用しつつ、練習のかけがえのない意義を浮き彫りにしようと試みる。オーデンバッハは、「練習の法則」として練習の準備の重要性、繰り返しの効用、練習形式の変化等について論じている。（① Vgl., S. 16.　二六頁参照）さらにボルノーはマンフレート・ベンシュ（Manfred Bönsch）の『批判的、手段的教授法への寄稿』を紹介しつつ、練習を「繰り返しや繰り返される行為によって技能をまず作り出し、次にそれを洗練し、その容量を広げ、その経過を促進するという人間の能力」（① S. 17.　二七頁）として規定する。

〈ローザーにおける「練習」の教授法〉

最後にボルノーはフリッツ・ローザー（Fritz Loser）の論文「授業における練習および教授と学習の教育学理論への練習の寄与」を援用しつつ以下のように述べている。つまり、ボルノー学派がテュービンゲンで構築した教育人間学の手法を駆使して、「練習」の特殊な教授法的問題への移行に対してきわめて多大な貢献をしたことについてローザーは詳細に報告している。その内容を公式化すると以下のようになる。「人間の生活の中で練習が有意味で不可欠な遂行として、そこでのみ人間の生活がその完全な充実を見出し得るものとして現れるためには、我々は人間の生活を如何に把握しなければならないか、という問いに至る」（① S. 19. 二九頁）のである。

こうしてボルノーは教育学の領域において、これまで軽視されていた「練習」することの教育学的意義の深さを証明することによって、みごとに「練習」の教育学的復権を果たすことに成功した。つまり「練習」は幼児期から高齢に至るまで生涯にわたって本質的に人間に属するがゆえに教育学的に意義深い領域であることを証明したのである。それゆえ、以下では、「練習」の事象と人間生活の関わりの意義について実存的な側面から解明してゆくこととする。

第三節　「練習」と「実存」のかかわりについて

一　正しい「練習」の快活さについて

ボルノーによれば、本来的な「練習」には、行為への「忘我的没頭」や、前回よりもより良くするという「意欲」が要求されるという。「練習」は全身全霊をあげた行為にちがいないが、そこには緊張と開放の両方のバランスが求められているとボルノーは言う。練習は「静謐で落ち着いた快活であり、そこでは如何なる心配も人間を不安にせず、また如何なる過度の性急さも人間を追い立てることはない。そのようなバランスのとれた状態においてのみ、人間は成功裡に練習が出来るのである」。（①S. 55. 一〇一頁）

〈「放下（沈着）」の状態で「練習」に向かいあうことの大切さ〉

ボルノーは『学校の変遷』の著者であるマルセル・ミュラー＝ヴィーラント（Marcel Müller Wieland）を紹介しつつ、「正しい練習の快活さ」の意義を力説している。ヴィーラントによれば、芸術的な衝動と快活な根本気分から獲得された美的練習への転換が本来的な練習には求められるという。こうして「練習」には快活な心情状態が獲得されることが有効であり、性急で不機嫌な練習は学習力を削ぐことになるという。（①

Vgl., S. 55. 一〇一頁参照）ボルノーはヴィーラントに従いつつ、現在の瞬間に安らう「放下（沈着）」の状態で練習に向かいあうことが重要であるという。なぜなら、そうした心的状態だけが、練習においてたっぷりと必要な時間をかけることができるからである。その結果、練習は意欲をもって開始され、そして成功するのに必要な前提をじょじょに自ずから創造することができるようになる。（① Vgl., S. 56. 一〇二頁参照）

二 「正しい生活への道＝実存的な問題」としての練習

〈ハイデッガー的「非本来性」から脱却する道としての「練習」〉

ボルノーはここでハイデッガー（Martin Heidegger, 1889–1976）を援用しつつ、「練習」の本質には「実存的な問題」が深く関連することを確信している。このことは何を意味するのだろうか。私たちの日常生活はだらしなさと注意散漫な状態に陥っており、ハイデッガー的な表現を借用すれば、それはまさに現存在の「非本来性」の状態と言えよう。そこで私たちは自己をなんとかして「本来的な」真の生活へ改善する課題を担うことになる。ボルノーによれば、こうした日常生活における私たちの非本来的な状況において、実存哲学や先駆的覚悟性と対極に位置する「練習」の偉大な人間学的意義が浮かび上がるようになるという。（① Vgl., S. 57f. 一〇五頁参照）

ボルノーの重要な指摘は、人間は自己自身をけっして変えることはできないものの、一定の外的行為を企てて、それを自己自身の決断で実行することが可能となるという点である。ボルノーはさらに言う。「練習は、そうした外的行為に即して始まる。練習がそうした外的行為と共に始まって、全くこの練習に没頭すること

によって、人間自身の中で、いわばこの行為にまたがって変化が起こるのである」。（①S. 58. 一〇五頁）

〈「練習」のみが人を「正しい生活」の状態へと改善してゆく〉

ここで人間は、「練習」においてのみ、他の仕方では到達することのできない「正しい生活」の状態へと改善されてゆく。もはやこの段階では、「練習」はたんに獲得されるべき能力という目標から解き放たれて、従来は副次的なものとみなされていたこと、「つまり練習による人間の変化が、本来の目標となり得るのである。してみれば、練習はもはや単に教育学的＝教授法的な問題ではない。練習は人間をその最内奥の核心を突く実存的な問題」（①S. 58. 一〇五頁）へと高まるのである。

三「練習」と「実存的なもの」との関係
――森有正の「変貌」概念――

「練習」はいうまでもなく、生の連続的経過を前提とする事象である。正しい練習こそが、日常的生の落ち着きのなさからの解放と「内的自由」の獲得を現実のものとする。しかしボルノーによれば、これらの過程は結果として、「ラディカルな変化でさえ、ゆっくりとほとんど気づかずに生じる」（①S. 100. 一七九頁）との指摘はまことに正鵠を射るものと言えよう。これとの関連で、私たちは日本の哲学者、森有正（1911-1976）の経験概念の一つである「変貌」という概念をとりあげないわけにはゆかない。

〈森有正の経験概念としての「変貌」について〉

森有正は、「変貌」について論じた一文の中で、人間の内面の真の深まりは「変貌」による経験のみであって、「変化」という閉じた体験では深まらないとしたうえで、具体的に長い滞仏中に感じた経験を次のように述べている。ノートルダムの裏に植えられた菩提樹の苗木が、やがて直径一メートルの大木にかならず成長するのだという「事実」に、深い感動を受けたときのことを報告している。現にいくら見ていても、小指ぐらいの太さしかない菩提樹の苗が、じょじょに大きくなるところはだれにも観察しえない。しかし一年ほど経過すると、すでに直径五センチぐらいの木に成長している。小指ぐらいの枝が一年たつと太い木に成長している。その成長過程はどんなに見つめても気づかないものであるが、この眼に見えない成長、生命、経験というものが着実に成長してゆく過程を、森は「変貌」という概念でみごとに浮き彫りにした。（③一一二頁—一一三頁参照）

もう一つの例が「伝馬船」で説明されている。河の流れと風に逆らってのぼってくる船は、ほとんど動いていないほどのゆっくりとした速さで進んでくる。むしろわきを通っている通行人のほうが速いくらいである。しかし伝馬船のモーターはいっぱいはられており、ときには六つか七つの舟がつながれて、流れを下流はるかからゆっくりと上がってくる。こうした状況で森有正は次のように言う。「ああ、上がってくるなと思う。それが、しばらくすると、もう上流のほうに消えてしまっているのです。あんなにのろのろと上がって来るのが、どうしてあんなに速くいなくなってしまうのか、それが、まぎれもない実感でした」。（③一一四頁）

〈「経験」とは絶えざる「変貌」である〉

森有正は、物が移ってゆくという絶え間ない時間の働き、それが「経験」というものの本質的な要素であると考えている。だから、自分には過去のすばらしい経験があると安心していると、それはいずれ硬直化した「体験」になりさがってしまうと警告を発するのである。経験が経験として生きている間はたえず「変貌」しているのであり、その意味では、「経験とは絶えざる変貌である」とも断言できよう。「変貌」という場合に、これは体験ではなく経験の問題でしかありえない。体験それ自体が変貌することはありえず、一見新しいようなものでも「体験」は表面的なものにすぎない。それに対して「経験」は、外から来たものをも受け入れるけれども、それを生かす内面的生命が、「持続」（デュレー）することによって、それが「経験」を成立させている。フランスの哲学者ベルグソン（Henri Louis Bergson, 1859-1941）のいう「持続」にしてもそれ以外のものとしては考えられないと、森は考えるのである。（③一一五頁参照）

私見であるが、「練習」という単調な繰り返しを、しかも継続的に遂行する中で、実は人間は確実に「変貌」を遂げており、より深い生が出現するとボルノーは確信する。それと同様に森有正もまた真の「経験」における「変貌」を通じてしか、人間の深まりはありえないという思想に至る。この両者の考え方はきわめて深い共通項を有していると思われる。

四　「実存」を迎えるまでは忍耐強く「練習」しなければならない

〈実存的飛躍をまえもって「練習」することはできない〉

ボルノーは、連続的経過が突然、中断される瞬間について次のように論じている。次第に切迫する危機の後で、解放的解決をもたらす決断があり、ハイデッガーはそれを「覚悟性への突破」として把捉した。人間は非本来性の中で失った生活を総括するときがやって来るが、一般に実存的なものの領域、あるいは宗教的なものの領域では、「新しい状態」は漸進的な接近ではなく、一度に飛躍的に達成される。この「飛躍」を前もって練習することはできない。その点についてボルノーは次のように述べている。「我々はこの飛躍を、自分の生活に真剣に全責任を持つことにおいてのみ実施することが出来る。したがってここで、我々はあらゆる練習可能性の究極的、原則的な限界にぶつかるのである」。（①S. 100.　一八〇頁）

〈実存的出会いを準備することとしての「練習」〉

今一度、ここでボルノーの理解をまとめておこう。一定の術あるいは技能の「練習」の過程において、能力のより高い段階への突然の突発的出来事が出現することがあり得る。そしてその際には連続的形式の生の経過の中に、突如として非連続的形式が出現する。しかしこの非連続的形式は、「練習」の時空には存在しない。ここでボルノーが強調するのは「求められた遂行が強要されないこと、それが予期されなかつた時間に自らのごとく生じるまで、むしろ忍耐強くさらに練習しなければならないこと」（①S. 101.　一八〇頁）である。本来的実存的な状況では、突然の決断が要求され、そこにおいて私たちは、忍耐強く待つことはできず、瞬間に決断しなければならない。ここにこそ、究極的決断は「練習」によっては準備され得ない根拠が存するのである。

他者への関係性に際して、直接的な個人的・実存的「出会い」を作り出すことは不可能である。しかしそれにもかかわらず、ここでボルノーは次のことを強調する。ある範囲内に限定されるものの、礼儀と会話の作法を通じて、実存的な「出会い」の準備をすることは可能であり、その意味で、「それ自体は練習できない実存的決断を、練習で入手し得る準備によって容易にするある一定の可能性が存在する」(①S. 101. 一八〇頁—一八一頁) ことをボルノーは確信する。

第四節　マリア・モンテッソーリにおける「練習」の意義

一　マリア・モンテッソーリの「教育学的独創性」について

〈子どもの「内的集中」と「より深い生活」〉

ここまでは、練習の考察対象が主として大人であったが、ボルノーは果たして「練習」の形式が大人から幼い子どもたちにも適応されうるのかどうかを問うてゆく。（①Vgl., S. 102. 一八三頁参照）

そこで具体例として提出されるのがマリア・モンテッソーリ（Maria Montessori, 1870-1952）の教育実践である。子どもの「内的集中」やそれと関連した「より深い生活」の出現が、幼い子どもにも生じることをモンテッソーリは彼女の教育実践を通じて証明しようと試みたと、ボルノーは鋭く指摘する。かつて人々はモンテッソーリの教育実践を、道具を使用しておこなう「感覚機能の訓練」という受け止め方しかしなかったと、ボルノーは批判している。もちろん十九世紀末という時代的制約の中で活動した、しかも医学出身のモンテッソーリにとって、「生物学的＝実証主義的精神」に彩られた研究を超え出られなかった事実は否めなくもないが、私たちはここでボルノーに従いつつ、彼女の本当の教育学的な独創性を高く評価しなければならないだろう。（①Vgl., S. 102f. 一八四頁—一八五頁参照）

ボルノーによれば、モンテッソーリが「個々の感覚機能の分離によって達成しようと望んだのは、その純粋な形における練習の実現であった。（中略）練習は完全へともたらされるべき個別的遂行を解き放つことを要求するからである。（中略）彼女にとって肝要なのは、ただ全体としての人間の変化のみであった」。（① S. 103. 一八五頁）

二　モンテッソーリが指摘する子どもの「根本的な変化」について

〈「練習」を通じて得られる根本的な変化〉

モンテッソーリは、子どもが自らの「練習」に我を忘れて没頭する遂行について以下のように報告している。一人の幼い女の子は、正しい穴にはめ込むべき木製の円柱を四十四回繰り返し、周囲の騒ぎに乱されることなく集中し、しかも幸福そうにその行為を遂行していたと報告している。（① Vgl., S. 103. 一八五頁参照）

ここでモンテッソーリにとって最も関心のあることは、子どもが獲得された技能で何を始めるかではなく、集中された「練習」を経験することを通して得られた子どもの「根本的な変化」であった。モンテッソーリはそれを「注意深さの分極化」（筆者注：モンテッソーリの後期著作では「正常化」という言葉を使用しているとボルノーが指摘しているため、本稿でもそれに習い、以後は「注意深さの正常化」で統一する）と表現している。モンテッソーリによれば、「注意深さの正常化」を経験した子どもは、より一層落ち着きが増し、話し好きになり、まるで宗教的な「回心」のような現象を想起させると報告している。（① Vgl., S. 103. 一八六頁参照）

〈「練習」を通じて子どもは生き始める〉

モンテッソーリによれば、練習をとおして獲得された「注意深さの正常化」を経て、子どもは自分自身が「生き始める」ことを実感するという。つまり、手の技能の「練習」を通じて、注意散漫の状態から「真の生活」の状態に生まれ変わることを子ども自身が感覚的に把握するというのである。モンテッソーリは明確にこれを「創造の人間と堕落した人間という人間の二重の性質」（①S. 104.　一八七頁）と表現している。「注意散漫な日常生活」と、集中的な練習において生ずる「真の生活」との間の区別は、宗教的な回心の経験に匹敵する転換であるばかりか、ボルノーに従えば「それは人間を彼の深みにおいて捉える結局は宗教的な経験なのである」。（①S. 105.　一八八頁）その際に本質的なことは、この子どもたちの内的変化が手の技能の「練習」に即して生ずるという事実である。

私見であるが、このモンテッソーリの手の技能の「練習」を通じて得られる子どもの良き変化は、まさにケルシェンシュタイナーの労作学校の「即物性の原理」にも相通ずる教育実践である。価値の高い創造性は、ただ手仕事的な「練習」を遂行することによってのみ紡ぎ出されるというケルシェンシュタイナーの思想と、モンテッソーリの手の技能の「練習」とはきわめて共通項の多い教育思想・実践であると思われる。

〈大切なのは、練習によって人間の内面の態度が変化すること〉

ボルノーは別の著作でも同様の信念を謳っている。「大切なのは、練習によって人間の内面の態度が変化することである。なぜなら、今述べられた内面の態度、すなわち日常の性急ないとなみを超越することは、仕事の完全さに到達する前提であるばかりでなく、それはそれなりに、練習によって到達されるべき目標となる。日常の生活を克服する点で、最後には宗教的に理解されるべき意識が問題であるために、この練習そ

のものがこうして宗教的な関連のなかに秩序付けられ、そのより深い意味を得るにいたる」。(②一〇二頁―一〇三頁)

第五節　「練習」の教授法のまとめと課題

最後に私たちはボルノーが取り上げた「練習」の本質についての「まとめ」に従いつつ、本章で触れた内容に関連づけて整理して終わることにしたい。

「練習」は、元来、重荷として受け止められるべきでなく、練習それ自体が、喜びを作り出すものであり、けっして強制されないことが重要である。とは言うものの、規律を要求する禁欲的な精神によって「練習」は、単なる「遊び」から区別されるべきである。その際、完全な放下を要求する「練習」のみが、完全な成功に導く「精神」となる。「練習」において見出された「内的状態」は、それ自体が高い教育的意義を有している。大人に対して判明した「内的自由」は、安らいだ生活の状態として経験されると同時に、練習において達成された純粋で非の打ちどころのない完全な能力は、最高の満足感を媒介し、他の幸福感と明瞭に区別されるべきである。また、「術」は快活さによって規定されており、その意味で「術」は日常生活から際立たされている。「練習」もまたこの快活さの精神において生じなければならず、「練習」が憂鬱に感じるのであれば、いかなる成果のある練習も成功しえない。しかしここで心得ておくべき態度として、獲得された能力への正当な喜びは、けっして自慢に至ってはならないということである。「練習」は、行為への子どもの忘我的な没頭を要求するため、教育者は子どもが周囲を気にすることなく、自らの活動に集中できるように配慮するべきである。最後に、言語史的に、"üben"（練習する）という語の使用は、礼拝的背景があり、すべての真の練習は、礼拝的行為であり、慎重さの精神によって、日常生活連関から区別されるべきであり、この「敬虔な」態度こそが、単純な「練習」においても包含されるべきであろう。そうすることで、「練習」は内的な飛躍として生活の向上として幸せに経験され、完全な遂行へと至る。（①Vgl., S. 116-118. 二〇七頁—二一〇頁参照）

以上、ボルノーとともに「練習」の本質をまとめてきたが、最後に結論としては次のようにまとめうるであろう。「練習」で重要な姿勢は、早く獲得するべき単なる「技術」ではなく、むしろ練習中の正しい「精神」であり、それは日常的生活を越えて、完全な仕事に没頭することを通じてのみ可能となる。自分だけで「技能」に満足してはならず、自分を忘れてその行為に専念しながら、自我をその中で消し去ることが肝要である。このなんらかの「敬虔な」態度が、最も簡単な「練習」の中にも含まれていなければならない。それが達成されるようになると、「練習」はもはや退屈で煩わしいものではなくなり、精神的な飛躍として経験され、同時に完全な仕事になるのである。（②一〇五頁参照）

註

① O.F.Bollnow. *Vom Geist des Übens:Eine Rückbesinnung auf elementare didaktische Erfahrung.* Herderbücherei Verlag Herder Freiburg im Breisgau 1978.
ボルノウ著、岡本英明訳、『練習の精神』、北樹出版、二〇〇九年、初版一刷。（以下、本文中に①と略記し、原書頁、訳書頁の順で記載することとする。）

② ボルノー著、浜田正秀訳、『哲学的教育学入門』、玉川大学出版部、一九八八年、八刷。なお、本書はボルノ

ー教授が日本で行った講演の内容で、ドイツ語による原書は出版されていないことを記しておく。（以下、本文中に②と略記し、頁数を記載することとする。）

③ 森有正著、『生きることと考えること』、講談社、一九七七年、一四刷。（以下、本文中に③と略記し、頁数を記載することとする。）

④ 井谷信彦著、補章「O・F・ボルノウ『練習の精神』とメビウスの輪」、『存在論と宙吊りの教育学――ボルノウ教育学再考――』、京都大学学術出版会、二〇一三年。（以下、本文中に④と略記し、頁数を記載することとする。） 本書はボルノー教育学を建設的な批判精神で深く洞察している点で、現時点でのボルノー教育学研究の最高峰の一つと言えるだろう。

※本章は、広岡義之著、「ボルノーにおける『練習の精神』の教育学的一考察」、兵庫大学論集、一五号、兵庫大学、二〇一〇年、一〇一頁―一一〇頁に掲載された論文に、加筆訂正を加えたものである。

補論　第二章　道徳の時間［「特別の教科　道徳」］の内容項目とボルノーにおける徳論の共通点

はじめに

倫理学が道徳性についての哲学的な研究であることは一般に周知されているところであるが、もう一歩踏み込んで、それでは「道徳的とはどういう意味を持つのか？」という問いかけについて、それは人間の探究の中心問題の一つであるものの、具体的な考察となるとなかなか困難を極めることになる。そこで本章では、ボルノー（Otto Friedrich Bollnow, 1903-1991）の徳論に焦点をあててその本質を探ってみたい。本章のねらいは、ボルノーの広範な徳論の主要概念を一瞥することによって、今日なおざりにされがちな教育における道徳教育の領域の「徳論」の現代的意義をよみがえらせ、浮かびあがらせることにある。

第一節　ボルノーの徳論

〈ボルノーの徳論の前提〉

ボルノー自身は、彼の徳論を近代倫理学との比較で論究しており、具体的な倫理学としての徳論を「人間学的＝現象学的な視座」から論じている。ボルノーの思想の特徴は、「諸々の徳を大きな精神史を背景にして規定し、その際同時に人間学を展開して、人間の日常的現実を大きな全人的連関に取り込んで人間学的＝現象学的に解釈することによって、現代の道徳的状況を鋭くかつ明白に解明した点」（②訳者解説二二四頁）にある。

先のボルノーの徳論は三つの領域に区分することが可能である。ボルノーの徳論の主著の一つ、『徳の本質と変遷』の中では、第一に実存主義の概念としての「本来的自己」が規定され、第二に実存主義克服の主要概念である「やすらぎ」や「信頼」に基づく「新しい庇護性」の考察に言及されている。そして第三に平明で単純な徳が説かれており、これらは他系列の徳のどの場合にも、理性の機能が重要な要素として組み込まれている。（⑩三一二頁参照）

このようにボルノーの徳論に依拠しつつ、具体的に徳目を分類してみると、まず、実存主義の徳目として「自律」が、そして実存主義克服の「新しい庇護性」の徳目として「やすらぎ」「信頼」「希望」「忍耐」「感謝」等の徳目が位置づけられた。これらの「新しい庇護性」の徳目が教育においてもっとも重要視されるべきだとボルノーによって指摘されている。そして第三に「平明・単純な徳」である「正直」「謙虚」「勇気」が問われることになる。

ボルノーの徳論の特徴の一つは、いかなる徳の体系も存在しえないということの確信であり、その徳の未来の可能性については開かれたままにしておかねばならないということである。換言すれば、徳論そのものは、個々人の実存的決断を先取りすることはできず、あくまでも各人の「決断」は個々人の無条件的自由から可能となる。ここで重要なことは、人間学的な「徳論の倫理的意味」とはそれゆえ個々の人間の魂の実存的な決断を通して、主体的な責任が初めて呼び醒まされる、という事実なのである。こうした哲学的徳論の実存的アプローチの重要性という立場に基づいて初めて、現代の教育的状況にとって真に必要な教育的徳目への道が開かれてゆく。なぜなら現代の教育の中で「徳」のもつ意味は、はなはだしくなおざりにされているからだという。しかし、教育学が正しくその任務を果たすためには、この実存的な徳目が不可欠なものとなり、これがなければ教育学は魂の抜けた技術になりさがってしまう。

本章では、ボルノーの徳論に従いつつ、小・中学校の学習指導要領における「道徳の時間」「「特別の教科　道徳」」の内容項目と比較検討して、可能なかぎり具体的な道徳教育論的考察を深めてみたい。その際、実践的な道徳教育を推進している横山利弘の徳論の解釈にも言及することになる。

第二節　「自律」という徳論
――実存主義的な徳――

一　ボルノーの「自律」＝「自己投入・参加」の理解

ボルノー自身は、主体的な真の自己自身とかかわり、またそのことによって他者と意義深く交わるかかわりについて実存主義の観点から、ほぼ「自律」と同じ意味で「自己投入」(Einsatz)・「参加」(engagement)について深く考察をめぐらせている。人間の無制約的な「自己投入」には、一つの究極的かつ絶対的な価値があり、さらにそこには歴史的情況の相対性を乗り越えた価値があるとボルノーは確信している。それゆえ、各個人の主体的な「自己投入」には、人間の成功や不成功を超えた究極的な意味が存するのである。そしてそこから真の情熱的で行動的な道徳の基礎の一つである「参加」という概念が生まれてくる。(7) Vgl., S. 118f. 二一〇頁―二一一頁参照)

二　中学校「道徳の時間」（「特別の教科　道徳」）の「自律」の内容

学校における道徳教育においても「自律」は重要な道徳的課題である。□で囲まれた文面は学習指導要領の「道徳の時間」（「特別の教科　道徳」）の内容項目の文章を意味する。

中学校1―（3）〔A―（1）〕自律の精神を重んじ、自主的に考え、誠実に実行してその結果に責任をもつ。

自ら考え、判断し、実行し、自己の行為の結果に責任をもつことが道徳の基本である。したがって自ら規範意識を高め、自らを律することができなければならない。小さな行為でさえ、自分で考え、自分の意志で決定すれば、人間はそれに責任をもつようになり、道徳的自覚に支えられた自律的な生き方ができるようになる。中学生の時期は、自我に目覚め、自主的に考え、行動することができるようになる。しかし一方では自由の意味をはき違えて奔放な生活を送ったり、周囲の思惑を気にして他人の言動に左右されやすくなる。指導に当たっては、自己の気高さに気づき、何が正しく、何が誤りであるかを自ら判断し望ましい行動がとれるようにすることが重要である。そのためには、悪を悪として理解し、それを毅然として退けて善を行おうとする良心の大切さに気づくようにしなければならない。自由を放縦と誤解してはならず、自分や社会に対して常に誠実でなければならないことを自覚し、人間として誇りを持った責任ある行動が取れるように指導することが大切である。〔⑧四二頁および⑪二六頁参照〕

三　横山利弘における「自律」の理解

ここで横山利弘に従いつつ、道徳の内容項目「自律」の解釈を進めるならば、「自律」とは、行動の無制限な自由を意味するのではなく、むしろ自らが自らを律するという制限の意味合いの方が強いという。学習指導要領では「自律の精神を重んじる」という箇所で、衝動に負けて悪いことをしないように自分を律するという一般的意味よりも、むしろ積極的に「よいと思うことを進んで行い」「正しいと思うことを、勇気をもって行う」「何が正しく、何が誤りであるかを自ら判断して望ましい行動がとれる」ことの方に重点を置いている。自律の精神を重んじるということは、そこに当然「自由を大切にし」(小学校五・六年)「自主的に考え、判断し、誠実に実行」(中学校)することが含まれている。

動物が本能で生きているのと違って、人間は状況の中で何をするべきか自ら考え、判断し、決断して、実行する。「自律」とは、この一連の段階を自分自身で辿ることであり、その意味で自律の精神を重んじることとは人間教育の基本となる。(①九七頁—九九頁参照)

第三節　実存主義克服の「新しい庇護性」の徳

ボルノーは、実存主義の徳の限界を突破するものとして、実存主義克服の「新しい庇護性」の徳を主張した。この「新しい庇護性」の徳は、とくに教育において必要不可欠なものとして捉えられている。私たちはここでボルノーあるいは道徳の内容項目とも関連させつつ論じることとする。

一　感謝の徳

〈ボルノーにおける「感謝」の理解〉

他方でボルノーもまた主著の一つ『新しい庇護性――実存主義克服の問題――』の中の「感謝」の徳目の箇所でサルトル批判を展開しており、私たちはその裏づけとなる思想をボルノーの以下の文言から感じとることができる。ボルノーは言う。元来、感謝の念は、たとえば安眠後の覚醒の幸福感や、一般の生の喜びの中に、支持的な基盤として潜んでいる。もしわれわれの生が恩恵によって贈られていなければ、われわれの生を営むことがそもそも不可能である。その意味で、サルトルらの立場の実存主義者はいかなる感謝の念も知らないし、感謝的な気分性も理解できない。これは実存主義の自由概念の必然的な結果であり、特にサルトルの公式にしたがえば、人間は全く独力で自分があるところのものになろうとし、他の誰にも頼ろうとしない。しかしそうしたことは実際の人生においては不可能であるばかりか、そこからは絶望しか生じ得ないとボルノーは厳しくサルトルを批判する。生一般に対する深い感謝とともに初めて、実存主義的硬直を克服することができ、その意味で、感謝の徳は庇護性の必然的表現となるとボルノーは考えた。この庇護性は何か贈り物のような形で思いがけずに私たちに授けられる「あるもの」なのである。(③ Vgl., S. 143. 一六二頁—一六三頁参照) しかもこうした感謝の徳はある意味で、究極的、絶対的領域に接触しており、生に対する一つの究極的関係の中で完結するが、生はこの関係の実現を贈り物として、あるいは恩寵として受け取るのみである。ここにボルノー独特の実存主義克服の思想が存すると思われる。

〈道徳の時間〔「特別の教科　道徳」〕の「感謝」の内容〉

学校における道徳教育においても、「感謝」は二〇〇八年の学習指導要領改訂で、これまでの2—(2)「温かい人間愛の精神を深め、他の人々に対して感謝と思いやりの心をもつ」の文言から「感謝」が取り出され、独立した項目として新たに取り上げるべき内容に変更されている。それだけ「感謝」の内容の重要性が増したともいえる改訂である。

> 中学校2—(6)〔B—(6)〕多くの人々の善意により日々の生活や現在の自分があることに感謝し、進んでそれに応え、人間愛の精神を深めること。

人間は、互いに助け合い、協力し合って生きている。この相互の助け合いや協力を支えているのは、互いの感謝の心であり、その意味で感謝は、潤いのある人間関係を築く上で欠かせない。感謝の心は、他の人が自分のことを大切に思ってくれていることに触れ、相手の行為をいわば心の贈り物として、ありがたいと感じたときに起こる人間の自然な感情である。中学生の時期は、自立心の強まりとともに、自分を支えてくれる多くの人々の善意に気づく一方で、感謝の気持ちを素直に伝えることの難しさも感じている。具体的支援であれば、直ぐに感謝の気持ちを伝えることができるが、自分の存在に深く関わる事柄であれば、言葉と行動でうまく感謝の気持ちを表現できない。指導に当たっては、自分の心の中にある感謝の気持ちを素直に表現して、それが相手の心に届くことによって、潤いのある人間関係が構築できることを自覚させることが大切である。感謝の心は、他の人との関わりに始まり、多くの社会の人々への感謝、さらには自然の恵みへの感謝と広がっていくものである。（⑧五〇頁および⑪三六頁参照）

〈横山利弘における「感謝」の徳の理解〉

一般に思いのよらない贈り物を受けたとき、人はためらいを感じるが、成長期の中学生や高校生ならばなおさらのことだと考える。横山によれば、対象のちがいによって感謝の念には二つの質の異なるものがあるという。一つは、感謝の対象が特定の人物の行為である場合で、その際、感謝の念は「だれだれのおかげで」という気持ちになる。もう一つは、対象が特定されていない多くの人々や社会全体、あるいは自然の場合、自然への恵みへの感謝とか、生きていることそのものへの感謝の気持ちである。前者は道徳内容の第二［B］の視点、つまり「主として人との関わりに関すること」であり、後者は第四［D］の視点つまり「主として生命や自然、崇高なものとの関わりに関すること」になるが、この第二［B］の領域と第四［D］の領域は密接に関連しあっているという。なぜなら第四［D］の領域は、第二［B］の経験の積み重ねを前提とするからである。「人との関わり」を積み重ねれば必然的に「生命や自然、崇高なものとの関わり」の心情に至るのではなく、その心情に至るためには、病気等の深刻な体験の克服や、年齢に伴った精神的な成熟がこれにつけ加わらなければならないという。(①一〇九頁―一一〇頁参照)

横山はまた、ボルノー著『実存主義克服の問題』を援用しつつ、実存的倫理では捉えきることのできない道徳的価値の一例として、「感謝の念」を取り上げている。実存主義の道徳的な根本態度は、その偉大さにおいて認識され、承認されるべきである。しかしその人間学的前提の一面性を克服して、より広い人間学的基礎を獲得しなければ、人間の現存在が歪められてしまい、そのことによって道徳的行動も不十分なものとなる。実存主義克服の徳として、「忍耐」「希望」「やすらぎ」そしてこの「感謝」をボルノーは取り上げる。

横山の見解にしたがいつつ、ボルノーの徳論をさらに深めてみたい。実存主義的な倫理学の基本概念は、周知のとおり、決断・決意性・自己投入である。「あれかこれか」の行為選択が迫られる状況の中で、実存的に他の誰でもないこの「私」が一つの行為を選択し、その実行のために自己を投入する在り方は、人間を非本来的状態から、本来的な状態へ立ち返らせるあり方で、ここに実存主義倫理学の本来の功績が認められたのである。しかし人間の道徳的あり方を実存的倫理だけに限定することは、人間存在の多様な豊かさを締め出すことにもなりかねない。たとえば「感謝」という徳は、決断したり、判断したりして行う徳ではなく、世界から贈与されるべき性質の徳なのである。その意味で、感謝の心情は、実存的な倫理学では把握することが不可能な領域といえよう。しかし実存的な倫理で把握しきれない感謝の念が「人間の現存在の究極の基礎とじかにふれている」がゆえに、「人間の内的、精神的、倫理的健全さの状態を認識させるのに、人間のもつ感謝するという能力ほど、適切な人間の固有性は、ほかにない」(ボルノー)といわれるのである。(①一一〇頁―一一一頁参照)

人間は、一人ひとり独立した存在であり、自己責任で生きてゆかねばならない。しかしながら、同時に相互依存の「間柄存在」でもあり、他者とともにあって、初めて生きていける存在でもある。感謝の念で明らかになる相互依存関係とは、社会的な行為を超えた、人間と人間との心の交わりの世界に生じるものなのである。感謝の対象となる人は、その人の自由意志で、人間的な温かさを心の贈り物として、感謝する人に与えるのである。こういう経験を通して、人間ははじめて健全な生活が可能になる。だからこそ感謝の念は、人間の現存在の究極の基礎とじかに触れているのである。(①一一二頁参照)

〈子どもが捉える感謝――豊かな心と感謝の念〉

横山によれば、「不足」が不足しているといわれる現代社会において、子どもたちには感謝の念が育ちにくいのは当然のことといえよう。ここでは、こうした時代に、中学校での道徳の指導でいかにして感謝の念を指導することが有効なのだろうかを考えてみたい。人間とは、自立しながらしかも他に依存しつつ生きるという矛盾的存在である。中学生ぐらいになると、依存よりも自立心が急に強くなり、何事も他人に依存したくないと考えるようになる。そのために、感謝しなければならないような状況に身を置く事で、裏を返せば、感謝の念もそれだけ深まっていることを意味する。横山は、横断歩道で、小学校低学年の子どもであれば、止まってくれた車に対して「ありがとう」という言葉が素直に出てくるのに対して、中学生になると、なかなか素直に出てこないという例を出しつつ、これを道徳の「退行」とみるべきでないと鋭く主張する。精神的に自立しようとすればするほど、多くの他者にお世話になっている自分という事実を自覚せざるを得なくなる。だからこそ、自立する意識が深まれば深まるほど、同時に感謝の念も深くなるのである。それが中学生レベルの発達段階なのである。しかしあえて無関心を装うというその心的変化に、人間(中学生)の本質を読み取ろうとする深いまなざしを、教師は持つことが大切であると説いている。(①一一三頁―一一八

頁参照）

〈本当の感謝とは「心の中でするもの」だと思っている中学生〉

思春期の中学生に対して、「感謝の言葉を口に出すように」と指導すると、「恩着せがましい」と感じる生徒がでてくる場合が多くなる。それでも強制すると、「そんなことというぐらいなら、してくれなくてもいい」と拒絶的にすらなりかねない。つまり「ありがとうと言ってほしくてしたことなのか。自分はこんなに心で受け止めていたのに」と思う中学生が多いのである。彼らは概して、感謝の言葉を要求されるとすべてが台無しになると思っているのである。この段階の子どもは、本当の感謝とは「心の中でするもの」だと思っている。だから、自分が頼んでしてもらったことに対してはすぐに「ありがとう」と言えるのだが、それ以上の深いことがらに対しては、言葉での感謝を表現するのが苦手でありむずかしくなるという。（①一一九頁参照）

横山によれば、感謝することは、未来に生ずる事柄において、まったく自発的に応える覚悟があることを意味する。こうした一切の協定を越え出た姿の中に、「感謝」という人間関係の特異な尊さがあると指摘する。それゆえ、中学校段階では、たんに「ありがとうと感謝の言葉を口に出すようにしなさい」というような皮相的な道徳的指導では不十分であり、感謝の表現をしなければ相手に通じにくいということ、さらには感謝の機会を逃すと永久に表現できない場合があることに気づかせることが中学生になると重要であるという。それとの関連で言えば、いずれ感謝の意をふさわしいときにしようと思っていたのに、相手の死によって、永遠にその機会が失われる場合があるが、読み物教材「足袋の季節」はそうしたテーマを含んだ良質の教材である。（①一二〇頁参照）

二　安定性＝やすらぎの徳

〈ボルノーの安らぎ概念〉

私見であるが、ボルノーが『新しい庇護性――実存主義克服の問題――』の中で主張している「安らいでいること」の概念は、サルトルを代表とする（無神論的）実存主義者たちの「決意していること」(Getrost-sein)の概念の対極に位置するものと考えられる。「決意性」はなるほど今日の最後の偉大な徳であることにはちがいない。この決意性の強固さは、もはや外部的なにものにも依存せずに、かろうじて人間の意志にのみ依存している点で偉大なのである。しかしボルノーが指摘するように、「決意性」が人間にのみ依存しているところに、同時に絶望的な傾向が感じられるという。その意味でボルノーは、決意性は無信仰となった世界の最後の偉大さなのであり、人間にのみ依存している決意性は、寝付くことを許さないと考えた。（無神論的）実存主義的人間はいつでも完全な意識を必要とするのに対して、「安らいでいること」(Getrost-sein)の本質は、安らいでいる人は自分を寝かせてもよいということである。「安らいでいること」の中で生きている人間は、一日中目を覚まして見張ってなくてもよい。なぜなら、その人は人間を超えた存在によって守護されているからである、とボルノーは主張する。(③ Vgl., S. 59. 六〇頁―六一頁参照)「安らいでいること」という信頼を獲得できるときにのみ、人は安らぎの中で一つの展開を持ち望むことが可能となる。「人間は、つまり、あらゆる威嚇の背後にはどうしても救助してくれる存在が、つまり、健全であり、自己の健全さにおいても他を健全にする存在が控えていることを確信している、いっそう包括的な存在信仰の基盤の上で、安らいでいるのである」。（③ S. 63. 六七頁）この意味で、安らぐことのできない「決意性」（ボルノーは「決意性」そのものを批判しているのではない）の中の倫理的弱点を克服する新たな視点を「新しい庇護性」という概念で乗り越えようとしたのである。

三　忍耐の徳

〈ボルノーの「忍耐」の徳〉

ボルノーによれば、人間を、常軌を逸した「決意性」へと駆り立てるものは、なんといっても「忍耐」の欠如にあり、それの欠如はまた現代の文明的生活の最大の欠陥の一つでもあると指摘する。ボルノーは、忍耐の徳こそが、人間をこうした実存主義的痙攣から脱却させ、人間に世界の贈り物に対して開かれている生活を可能にすることに根本的に寄与できるという。（③ Vgl. S. 70. 七六頁参照）

忍耐は、目標が達成される可能性がある「信頼」を内包している。そしてこの一点で、単なる許す「寛大」の徳と対照的に位置づけられることになる。「この未来にたいする信頼に満ちた関係において、忍耐は、希望にたいする直接的な（中略）関係の中に入る」。（③ S. 79. 八七頁）つまり「希望」があるところにおいて「忍耐」も可能なのであり、希望とともに忍耐も消滅するという。

ボルノーは『教育的雰囲気』（邦訳『教育をささえるもの』）の中で、教育者の重要な特性の一つに「忍耐」を挙げて次のように論じている。教育者は予見できない未来に心を開いておくために、忍耐の徳性を身につけておかねばならない。手工業の職人が製品を入念につくろうとする忍耐や有機体の自然な成長を待つ忍耐と異なり、教育者の忍耐は、急ぎ立てすぎという形をとる。母親は子どもが進歩を早く見せるのを自慢し、教師は生徒が早く成果をあげるのを誇りとする。ボルノーによれば、こうした急ぎ立ての傾向は教育の特質と結合しているという。なるほど教育には植物の栽培と類似するところもあるが、教育者の技量と子どもたちの自由意志とが、発達をある程度左右する。とくに精神的・道徳的発達に関わる教育においては、急ぎ立ては禁物である。この領域では、自分と同様に子どもたちも人間的な弱さを持っていることを理解して、共々により沿うことが必要である。（④ Vgl., S. 60. 四三頁参照）

またボルノーは、教育者が子どもたちの弱点や悪意に対して、「とりわけ子どもたちが誠実に更生を約束したのに、いつも再びもとに戻ってしまったとき、忍耐心をもたねばならない」（⑤二〇頁）と述べている。そこで初めて忍耐は「許すことのできる力」と「新しい始まりへの力」を促進するが、ここに教育者の新たな課題が生ずる。すなわち「あらゆる失望ののちに新しい信頼をもって開始できるために、教育者はつねに許し、また理解しなければならない。（中略）教育者がそれをなしうるのは、かれが逆転を乗り越え、長い目でみれば教育者の忍耐強い仕事は無駄にはならない、という堅い信念をもつときだけなのである」。（⑤二一頁）

四　信頼

〈ボルノーの「信頼」の理解〉

ボルノーはどのような「信頼」の徳についての論を展開しているのだろうか。ボルノーは言う。相手を信頼する場合、いちいちの歩みを不信の念を持ってみることはない。しかし信頼が欠けるところでは、人間はあらゆる瞬間に見張り、他者がしでかすであろうことを、疑念を持って待ち受けてしまう。これに反して、「私」が一人の人を信頼するとき、「私」は他者のふるまいをいつも監督しようとは考えない。「私」は首尾よく事が運ぶであろうと確信しており、その限り「私」は、管理されていない自由の空間を彼に与えるのである。（⑥ Vgl. S. 179. 二四七頁参照）

またボルノーは、ニコライ・ハルトマン（Nicolai Hartmann, 1882-1950）を援用しつつ、「信念」について次のように述べている。すなわち「信念から発する道徳的な力は…（中略）…この信念が向けられている人間を、信ずるに価する、信頼でき、頼りにすることができる人間たらしめることができる」あるいは「信念は人間を作りかえることができる」（⑥ S. 180. 二四八頁）と。ここから理解できることは、教育者にとって子どもの中で発達してくるものは、教育者の信頼の力に依存しているのであり、その限り教育者はまさしく信頼への義務を負っているということである。

〈横山利弘における「信頼」の理解〉

横山利弘もまた、上述のハルトマンの言説「人間関係の不思議は、相手の中にあると信じたものが、相手の中に育ってくるということである。」を援用した後、友情が互いを支えあう力を持つのは、お互いの中に、お互いを大切に思っているということを信じあうことによると考えている。しかし「信頼」というものが賭けである以上、外れることもあり、信頼を裏切られたときの挫折感、虚しさは耐え難いものであると述べた後で、それゆえ、ボルノーの『実存哲学と教育学』の最終章が「挫折」で結ばれていることは意味の深いことであると指摘している。深刻な挫折から再び立ちあがる力は、もはや人間の努力や意志力を超えた領域にあり、やはりここでも世界から贈与されるたぐいのものとして、世界や人間への信頼によるほかはなく、「存在への信頼」を再び、勝ち取るしかない。（①一三三頁参照）なおこうした横山の指摘からも、実存主義的な倫理を基盤としつつも、それの弱点を克服するために、実存主義克服の領域から「信頼」という「新たな庇護性」という徳が導きだされることが傍証されている。

「信頼」の徳は、友情に限らず広く社会全般でも問題にされる。特に教師と子どもの信頼関係は重要な道徳教育的課題である。日ごろから教師と子どもの人間関係が成立していなければ道徳教育はもとより、充実した学級経営も展開できない。そのとき、教師が子どもを信頼しているかどうかが一番重要な視点となる。教師の何気ない不信が子どもを苦しめ歪めていることがないだろうかと自問する必要があるだろうと横山利弘は鋭く指摘している。（①一三〇頁参照）

〈道徳の時間〔「特別の教科　道徳」〕における「信頼」の内容〉

それでは小学校・中学校で行われている道徳の時間〔「特別の教科　道徳」〕の「信頼」に関する内容項目はどのように設定されているのだろうか。

> 中学校2―（3）〔B―（8）〕友情の尊さを理解して心から信頼できる友達をもち、互いに励まし合い、高め合う。

真の友情は、相互に変わらない信頼があって成立するものであり、相手に対する敬愛の念がその根底にある。このような時期にこそ、真の友情について理解を深め、実際の友情を確かなものにするように指導することが求められる。豊かな人間関係を促進しつつ、相手の表面的な言動だけでなく、内面的な善さに目を向け、相手の成長を願って互いに励まし合い、忠告し合える信頼関係を育てることが重要である。そして友達の善さを発見し、信頼を基盤として成立する友情が、人間としての生き方の自覚を深める上でいかに尊いものであるかを実感させる必要がある。（⑧四七頁および⑪四〇頁参照）

ここで真の友情の理解を深めたり、学級や学年を超えて人間関係を構築する際に、「信頼」が必要であるという考え方は、ボルノーの「信頼」理解と軌を一にする。横山によれば、ペスタロッチもまた「愛と信頼が教育的関係の本質」であることを明確にしているという。教師と子どもの関係において、「愛と信頼」があることが、教育が成立するための不可欠の前提である。なぜなら人は一般に、信じていない人から何事かを学ぶということはあり得ないからである。「信じている人からのみ何事かを学ぶ」という前提から、中学校のこの内容の末尾が「互いに励まし合い、高め合う」となっているとの横山利弘の指摘は鋭い。（①一三〇頁―一三二頁参照）

五　希望

〈ボルノーの希望論〉

行動の安らいだ気持ちの背後に、また待つことの忍耐の背後には「希望」の徳が存在するとボルノーは確信している。実存主義を超脱することができると望まれる諸徳が「希望」の徳においてさらに深められるという。（③ Vgl., S. 86.　九六頁参照）いずれにせよ、希望は、「安らいでいること」と「忍耐強いこと」を初めて可能にするいっそう深い根底を表現しており、人間はこの根底が存在しなければ、緊張した注意を解くことも、また安らかに寝入ることもけっしてできないのである。（③ Vgl., S. 113f. 一三二頁参照）ここでは詳細な議論はできないが、ボルノーによれば、ハイデッガーは「希望」を「憂慮」と同一資格の人間の時間性の現象であると説明している。希望は憂慮よりもいっそう本源的なものであり、ここに実存主義との対決が徹底的に果たされなければならないとボルノーは考えている。希望の徳はここに至って、実存主義を克服する見通しをもつことになる。（③ Vgl., S. 119. 一三八頁参照）

また、希望の徳は、勇気や正義などのように、人間の自力によって産み出されうるものではなく、また最も緊張した意志によって獲得されうるものでもなく、忍耐や安らいでいることと同様に、人間に贈与されなければならない何ものかである。人間の関与にかかわりなく、人間を訪れる特殊な種類の徳なのである。（③ Vgl. S. 126f. 一四二頁参照）

教育者は希望と期待をもって、子どもたちの成長を見守る存在である。子どもたちの未来の成長を教育者が期待するのは、元来、教育という営みが現在を越えて未来へ先走る内容を含むからであり、教育とは、未来において実現すべき目標をめざして積み上げてゆく仕事なのである。しかしながら子どもが教育者たちの願っていた期待どおりに発達しなければ、幻滅を覚える。それでは教育者はどの程度まで、子どもに期待をかけることが許されるのだろうか。もちろんある程度、教育者が慎重に立てた要求を、子どもが実現することを期待することは許されるものであるが、そのような正当な期待さえも常にある程度短い時間の範囲について可能であるにすぎない。（④ Vgl., S. 55. 一三二頁—一三三頁参照）

設定された期待が真に意味ある場合、それはあくまでも生が計画可能な人間の手で融通しうる範囲内でのことである。それゆえ、あらかじめ見通しえない子どもの発達については、期待することに限界があることはいうまでもない。しかし実際の教育の世界では子どもの未来を予測可能なものにしようとする不遜な態度が往々にして見られるが、ボルノーはそうした在り方を教育者のなかにうごめく虚栄心という人間の弱さとして批判している。教育者のこうした不遜な態度によって、子どもの固有な生が不当に狭められてしまうおそれがあるという。ボルノーはだからこそ、教育者は転換を図られねばならないと以下のような主張をする。「あまりにも確定的に形づくられた期待は、教育者の視野を狭ばめ、みのり豊かな新しいものに対して、彼を全く盲目にしてしまう。（中略）だからこそ、未来が新しいものや予期しなかったものに垣間見させてくれることがらに対して、開かれた信頼の心をもっていることが、決定的に重要なのである」。（④ S. 56. 一三四頁）ボルノーはガブリエル・マルセル（Gabriel Marcel, 1889-1973）の随意性の概念を援用しつつ、先入観にとらわれることなく、予期しない新たな展開の呼びかけに応えうる人間の能力の重要性にも言及して、そこから真の希望の徳へと続いていく。

〈中学校道徳の時間〔「特別の教科　道徳」〕の「希望」の内容〉

それでは道徳教育において「希望」はどのように受け止められているのか、参考に紹介しておきたい。

中学校1―（2）〔A―（4）〕より高い目標を目指し、希望と勇気をもって着実にやり抜く強い意志をもつ。〔より高い目標を設定し、その達成を目指し希望と勇気をもち、困難や失敗を乗り越えて着実にやり遂げること。〕

人間としてより善く生きるには、目標や希望や勇気を持つことが大切である。特に中学生の時期は、希望や勇気をもって生きる崇高な生き方に憧憬を抱く年代である。しかし逆に障害や困難に直面すると直ぐに挫折しあきらめてしまうことも少なくない。指導に当たっては、達成できたときの成就感や満足感を繰り返し

味わわせることを通じて、希望と勇気が生まれてくることを自覚するように指導することが大切である。そのためには広い視野に立って、物事を正しく判断し、目標を実現するための諸条件を検討しながら希望と勇気をもって実行する強い意志と態度を育てるように指導することが必要である。(⑧四一頁参照)

また困難や失敗を乗り越える強い意志や、逆境から立ち直る力を育成するためには、積極的な自己像の形成や、困難に直面したときの心構えについても、繰り返し学習し、積極的な思考や行動を習慣化していく指導も求められるだろう。(⑪三二頁参照)

私見によれば、この内容項目は当然、中学生がより高い目標を目指すために、希望と勇気をもつことの重要性を説いている。しかし、ボルノーの希望の徳は、教育者がもつべき徳を中心に考察されている。内容項目の希望は、中学生の側からの課題が述べられている。それゆえ、両者の力点の置き方と、内容項目のそれとの間には温度差がでるのはしかたないことであろう。

第四節　平明・単純な徳

私たちはここまで、ボルノーの徳の分類に依拠しつつ、前節では、実存主義克服の観点から「新しい庇護性」の諸徳を考察してきたが、最後の節では、実存主義的な徳でもないし、また実存主義を克服する徳にもあてはまらない、いわば「平明で単純な徳」について論じてゆきたい。ここでは、どのような時代状況であろうと、いつの時代でも普遍的に変化のない、人間の理性的機能が重要な要素となる諸徳が集められている。考察の対象となる徳は、「謙虚」、「正直」、「勇気」の三つである。

一　謙虚

〈ボルノーにおける謙虚な人の内的確信〉

ボルノーは、『徳の現象学』の中のある節で「謙虚」を取り上げ、その現象学的考察の一つに、「謙虚な人の内的確信」という小項目を設定しておよそ次のようなことを述べている。謙虚の独特な内的優越性を「大ぶろしきを広げる者ら」との対比でボルノーは言う。「大ぶろしきを広げる者ら」はいつも自分たちの評価を気にかけていなくてはならない。彼らはあらゆる瞬間に警戒し、経済的なことにおいても精神的なことに関しても、たえず身分不相応な気張った生活をしなければならない。それゆえに「大ぶろしきを広げる者ら」は永遠の内的な落ち着きなさの中に押し込められる。しかし謙虚な人たちは、外部への効果に左右されないし、それゆえに確信して自己自身のうちに安らっていることができる。そのことに彼らの独特な優越が由来し、かつそのことが真の謙虚の誇らかな意識となるのである。（⑥ Vgl., S. 134. 一八五頁参照）

〈道徳の時間［「特別の教科　道徳」］における「謙虚」の内容〉

それではこの「謙虚」の徳は小・中学校の道徳教育ではどのように取り扱われているのだろうか。ここでは中学校の内容項目で検討する。

> 小学校5・6年　2―（4）〔B―（11）〕および中学校2―（5）〔B―（9）〕謙虚［相互理解］・寛容……それぞれの個性や立場を尊重し、いろいろなものの見方や考え方があることを理解して、寛容の心をもち、謙虚に他に学ぶ。

中学生の時期は、ものの考え方に違いが現れてくるとともに個性がはっきりしてくる。そのために自分の考えや立場に固執する傾向が強くなり、友人の間で、意見の対立や摩擦が生じることもでてくる。また反抗期に入る中学生もいるため、その過程でわがままを言ったり、寛容さと謙虚さに欠ける場合もでてくる。指導にあたっては、多様な個性を認め、それぞれの差異を尊重する態度を育成することが大切である。その際、現実から逃避したり、今の自分さえよければよいといった「閉じた個」ではなく、自己と対話を重ね自分自身を深めつつ、他者とともに生きるという自制を伴った「開かれた個」が大切であることを理解できるような指導が求められる。こうした指導を通して、個性の尊重や寛容の心をもち、謙虚に他に学ぶことが人間の

成長に役立つことを中学生は理解できるようにすることが大切である。(⑧四九頁参照)
またこうした指導を通して、いじめや不正をけっして見逃さずそれらを排除しようとし、不正を指摘する資質や能力を培うことにつなげていくことができる。(⑪四二頁参照)

〈横山利弘の捉える謙虚の徳〉

小・中学校の道徳教育との関連で、横山利弘によれば、「広い心」を支える「謙虚さ」について次のように考えている。謙虚さを持たない人間を傲慢というが、おごり高ぶることなく、真理や真実の前に開かれた心であることをいう。この徳は、単に相手を立てるとか控え目に振舞うという処世的な態度に重点があるのではなく、真理や真実に対して謙虚であるところにその特徴が見出される。たとえば、自分ではなく相手の意見に真理があるのではないかという留保の慎みの大切さを取り上げるのである。自己主張を抑えることでもなく、そうかといって相手の言い分を丸呑みにすることでもなく、相共に真理と真実を求めようとする人間的姿勢の大切さが強調されている。(①一三七頁—一三八頁参照)

二　正直

〈ボルノーの「正直」の徳〉

ボルノーは、「正直」(die Aufrichtigkeit)という徳について以下のように定義している。すなわち、へつらったり、お世辞をいったりしないまっすぐな姿勢を言い表しており、正直の反対概念は、ありもしない友好的な心情を装う「見せかけ」であると考えている。さらにボルノーは一歩進めて言う。「正直」は自由な人の印であり、この点で奴隷的なまた卑屈な心情に対立している。こうして「正直」は「不屈の自尊心」（Der umbeugsame Stolz）と結合する。「正直」の反対は、すぐさま順応し譲歩する「弱腰」である。この「弱腰」は、他者の目を率直自由に見つめようとしない覚束なさである。これに対して「正直」は、自分自身の力への自由な信頼を前提としている。「正直」は人間の振る舞いの背後にある人間の心情をも性格づける。（⑥ Vgl., S. 142-144.、一九六頁―一九八頁参照）

〈道徳の時間 〔「特別の教科 道徳」〕 における「正直」の内容〉

次に私たちは、小学校で行われている道徳の時間 〔「特別の教科 道徳」〕 の内容項目でも「正直」は以下の文言で触れられている。

小学校３・４年 １―（４）〔A―（２）〕 過ちは素直に改め、正直に明るい心で元気よく生活する。

この段階においては、特にうそをついたりごまかしたりすることなく、自分自身に正直であることの快適さを自覚できるようにすることが求められる。過ちを犯したときには素直に反省し、すぐに正直に伝えるなどして改めようとする気持ちを育むことが大切である。正直であるからこそ、明るい生活が実現できるのであり、児童それぞれが元気よく生活できるように指導することが望まれる。（⑨四九頁参照）

児童が健康的な自分らしさを発揮できるようにするには、自分の気持ちに偽りのないようにすることが大切である。また自己の過ちを認め、改めていく素直さとともに明るく楽しい生活を心がけるようにすることも肝要である。（⑫二一八頁参照）

三　勇気

〈ボルノーの「勇気」の理解〉

人間にとって「勇気」(Courage)はまた、未知の世界に踏み込むときに必要となる。子どもの成長がどこまで続くのか、見当がつかないときがあるばかりか、そもそもこの「私」自身が将来、どのようなものになるのかも予測できないときさえある。ボルノーは、「勇気」について、勇敢との対比で論じている。勇気はいつでも何事かへの勇気であり、ひとは何かあることをなす勇気をもつのである。ひとはあらゆる善い行いへの勇気をもつ。しかし勇敢はいつでも単独のままであり、ひとは何かあることに対して勇敢であるのではなく、せいぜい一定の状況の中で勇敢であるにすぎない。(⑥ Vgl., S.80. 一〇七頁参照)

さらに勇気は魂の根底から直接に湧き出るのであり、それゆえいつでも何か能動的で大きく掴み取るようなところがある。これに対して、ひとは辛抱し屈服しないということにおいて勇敢であり、たとえば痛みを耐え忍ぶことにおいて勇敢なのであるといえる。勇敢さは受動的なものであり、いつでも勇気の無邪気さに対してどこか屈折しているという。勇敢の反対は臆病である。臆病は、あえて賭けようとせず、危険を恐れて退くようなひとである。これに対して勇気の反対は、気乗りせず、けだるく、優柔不断であるという意味での勇気のなさである。ここから理解できることは、勇気とは、生命力から、生の根底そのものからゆるぎなく湧きあがるものであると言えよう。しかしこれに反して勇敢さは努力の末に獲得されるべきものである。(⑥ Vgl.,S.81., 一〇八頁参照)

〈道徳の時間〔「特別の教科　道徳」〕における「勇気」の内容〉

中学校で行われている道徳の時間〔「特別の教科　道徳」〕の内容項目でも「勇気」は以下の文言で触れられている。

中学校　1―（2）〔A―（4）〕より高い目標を設定し、その達成を目指し、希望と勇気をもち、困難や失敗を乗り越えて着実にやり遂げること。

人間としてより良く生きるためには目標や希望を持つことが重要である。より高い目標を設定することで、生きることへの希望も育まれてくる。中学校時代は希望と勇気を持って生きる崇高な生き方にあこがれを持つ。達成できたときの成就感や満足感を繰り返し味わわせることを通して、希望と勇気が生まれてくることを自覚するように指導することが大切であろう。（⑧四一頁参照）

「勇気」は、不安や恐れを抱いて、躊躇する気持ちに屈することなく、自分が正しいと思うことをやり遂げようとする積極的な気力である。（⑪三二頁参照）

第五節　まとめと今後の課題

私たちは、ボルノー徳論と道徳の内容項目に照らし合わせながら考察を終えることとする。こうした徳論の「現象学的＝人間学的作業」は、道徳教育の中核としての「道徳性の育成」をさらに進化させるための、いわば「基礎研究」ともいえる領域であろう。しかしこうした地味な徳論の研究を、常に現代の教育的課題と照らし合わせつつ深めてゆく学問的継続性なしには、「道徳性の育成」の深化もありえないだろう。

こうした考察を経て、一つの問題点も浮き彫りになった。具体的には、「希望と勇気」という徳目の分類の問題である。ボルノーの考え方に従えば、「希望」は実存主義克服の「新しい庇護性」の類型に所属し、他方で「勇気」はいつの時代にも変わりにくい平明・単純な徳の類型に所属する。しかしながら、小・中学校の道徳の内容項目では同じカテゴリー（主として自分自身に関すること）に所属している。もちろん、「主として自分自身に関すること」という括りと、ボルノーの考える徳論の括りはそもそも別の規準で論じられているために矛盾はないのであるが、こうした具体例からも、今後さらなる詳細な徳論の研究が必要であることが理解できるだろう。

最後に、本章ではまったく触れることができなかった数多くの道徳の内容項目について、さらなる「現象学的＝人間学的作業」を進める課題が残っている。その際にも、導きの示唆を与えてくれるのは、広範なボルノーの著作で扱われている徳論の解釈である。こうした基礎研究の積み重ねこそが、日本の道徳教育に貢献しうる確実な一歩であると思われる。

註

以下の文献については、本文中に番号で文献を、その後に原書頁、訳書頁の順で記載することとする。

① 横山利弘著、『道徳教育、画餅からの脱却』、暁教育図書、二〇〇七年。
② O. F. Bollnow, *Einfache Sittlichkeit. Kleine Philosophische Aufsätze*, Göttingen, 1947, 4 Aufl. 1968. ボルノー著、岡本英明訳、『道徳の人間学的エッセイ』、玉川大学出版部、一九七八年。
③ O. F. Bollnow, *Neue Geborgenheit. Das Problem einer Überwindung des Existentialismus*. Kohlhammer, Stuttgart, 4 Aufl. 1979. ボルノー著、須田秀幸訳、『実存主義克服の問題——新しい被護性——』、未來社、一九七八年。
④ O. F. Bollnow, *Die Pädagogische Atmosphäre. ——Untersuchungen über die gefühlsmässigen zwischenmenschlichen Voraussetzungen der Erziehung*, Heidelberg. 4 Aufl. 1970. ボルノー著、森昭・岡田渥美訳、『教育を支えるもの——教育関係の人間学的考察——』、黎明書房、一九八〇年。
⑤ O. F. Bollnow, *Über die Tugenden des Erziehers*, Tokyo, 1987. ボルノー著、玉川大学教育学科編訳、『教育者の徳について』、玉川大学出版部、一九八二年。
⑥ O. F. Bollnow, *Wesen und Wandel der Tugenden*, Frankfurt a. M. 1981. ボルノー著、森田孝訳、『徳の現象学——徳の本質と変遷——』、白水社、一九八三年。
⑦ O. F. Bollnow, *Existenzphilosophie*, Kohlhammer, Stuttgart, 8Aufl. 1978. ボルノー著、塚越敏・金子正昭訳、『実存哲学概説』、理想社、一九七六年。
⑧ 文部科学省、『中学校学習指導要領解説道徳編』、日本文教出版、二〇〇八年。
⑨ 文部科学省、『小学校学習指導要領解説道徳編』、東洋館出版社、二〇〇八年。

⑽　広岡義之著、『ボルノー教育学研究』下巻、創言社、一九九八年。
⑾　文部科学省、『中学校学習指導要領解説　特別の教科　道徳編』、文部科学省ホームページ、二〇一五年七月。
⑿　文部科学省、『小学校学習指導要領解説　特別の教科　道徳編』、文部科学省ホームページ、二〇一五年七月。

※本章は、広岡義之著、『ボルノー教育学研究』下巻、創言社、一九九八年、の第五章第一節「ボルノーの徳論」の一部、および吉原恵子・広岡義之編著、『ケアリング研究へのいざない――理論と実践――』、風間書房、二〇一一年、の第八章「メイヤロフのケアリング概念における徳論の一考察――ボルノーの徳論および小・中学校の道徳教育の内容項目と対比しつつ――」の内容に加筆訂正したものである。特に「特別の教科　道徳」の内容項目が今回の学習指導要領改訂で新たになったために、それらの内容をも可能な限り反映した。

『ボルノー教育学研究　増補版』(上巻) あとがき

一九九八年の『ボルノー教育学研究』(上・下巻) の刊行から、すでに約二十年が経過した。その間、ボルノー教育学研究も、若手・中堅の研究者を中心に、日本国内でも着実に進展している。個々の研究者によるボルノー教育学研究論文は、常に新たな切り口から継続的に発表されている。

さらに、一九九八年以降、管見の限り、三つの博士学位論文が提出されている。筆者が把握しているだけでも以下のものがある。なおここで紹介するのは、博士学位論文の題目に「ボルノー」あるいは「ボルノウ」の名前が掲げられているものに限定している。部分的にボルノーについて論じられている博士学位論文も数編散見されたが、ここでは割愛させていただいた。

- 松井玲子著、「ボルノーの解釈学的教育学」、博士学位論文 (奈良女子大学)、二〇〇〇年七月。
- 後藤さゆり著、「ボルノウ教育学に基づく住環境教育に関する研究：人間と環境の創造的関係のための理論構築と実践への展開」、博士学位論文 (東京学芸大学)、二〇〇四年九月。
- 井谷信彦著、「存在論と『宙吊り』の教育学――ボルノウ教育学再考を軸に――」、博士学位論文(京都大学)、二〇一一年三月。

これを基に、大幅な加筆・修正を施して出版されたものが次の著作である。

井谷信彦著、『存在論と宙吊りの教育学――ボルノウ教育学再考――』、京都大学学術出版会、二〇一三年三月。

また拙著『ボルノー教育学研究』(上・下巻) が一九九八年に刊行されて以降、次のボルノーの原書が邦訳されている。

• O. F. Bollnow. *Vom Geist des Übens:Eine Rückbesinnung auf elementare didaktische Erfahrung.* Herderbücherei Verlag Herder Freiburg im Breisgau 1978.
ボルノウ著、岡本英明訳、『練習の精神』、北樹出版、二〇〇九年。

• O. F. Bollnow. *Die Ehrfurcht,* Frankfurt am Main, 1947, 2. Aufl. 1958.
ボルノー著、岡本英明訳、『畏敬』、玉川大学出版部、二〇一一年。

教育の価値観の多様化、あるいは教育の混迷が続く中で、教育哲学的あるいは臨床教育学的研究が、教育現場でいくばくかの支えとなることを筆者は願っている。また教育哲学研究あるいは臨床教育学研究に取り組み始めた若手研究者の方々に対するささやかな学問的支援となることを願って、今回の『ボルノー教育学研究　増補版』（上巻）を刊行する運びとなった。なお『ボルノー教育学研究　増補版』（下巻）は来年度に刊行予定である。

最後に、出版事情が極めて厳しくなっている折に、本書の意義を理解されて出版をご快諾いただいた風間書房の風間敬子社長に、この場をお借りして心から御礼を申し上げたい。

二〇一七年暮秋

広岡義之

著者略歴

広岡　義之（ひろおか・よしゆき）

1958年　神戸生まれ
現在：神戸親和女子大学発達教育学部教授／同大学院文学研究科担当　博士（教育学）
専攻：教育学（教育哲学・臨床教育学）

主要業績
著書
・『ボルノー教育学研究』（上・下巻）、創言社、1998年。（単著）
・『フランクル教育学への招待』、風間書房、2008年。（単著）
・『ボルノー教育学入門』、風間書房、2012年。（単著）
・『フランクル人生論入門』、新教出版社、2014年。（単著）
・『教育の本質とは何か』、ミネルヴァ書房、2014年。（単著）
・『森有正におけるキリスト教的人間形成論』、ミネルヴァ書房、2015年。（単著）

翻訳
・J. A. パーマー編著、『教育思想の50人』、青土社、2012年。（共訳）
・V. E. フランクル／ピンハス・ラピーデ著、『人生の意味と神』、新教出版社、2014年。（共訳）
・V. E. フランクル著、『絶望から希望を導くために』、青土社、2015年。（共訳）
・V. E. フランクル著、『虚無感について』、青土社、2015年。（共訳）
・A. レーブレ著、『教育学の歴史』、青土社、2015年。（共訳）
・V. E. フランクル著、『もうひとつの〈夜と霧〉』、ミネルヴァ書房、2017年。（共訳・著）

ボルノー教育学研究　増補版　上巻

二〇一八年一月三一日　初版第一刷発行

著者　広岡義之
発行者　風間敬子

発行所　株式会社　風間書房
101-0051　東京都千代田区神田神保町一－三四
電話　〇三－三二九一－五七二九
FAX　〇三－三二九一－五七五七
振替　〇〇一一〇－五－一八五三

印刷　平河工業社
製本　高地製本所

　NDC 分類：371
ISBN978-4-7599-2217-2　Printed in Japan